国家级教学成果奖

中国人民大学会计系列教材

《财务管理学（第9版·立体化数字教材版）》

学习指导书

主编　王化成　刘俊彦　荆　新

Study Guide to Financial Management

中国人民大学出版社
· 北京 ·

总　序

中国人民大学会计系列教材（简称系列教材）自1993年推出至今，已近30年。这期间我国经济高速发展，会计制度与会计准则发生巨大变化，大学会计教育无论规模还是质量都有了长足进步。回顾近30年的发展历程，系列教材中的每一本每一版，都在努力适应会计环境和教育环境的变化，尽可能满足高校会计教学的需要。

系列教材第1版是由我国当时的重大会计改革催生的。编写时关注两个重点：一是适应我国会计制度的变化，遵循1992年颁布的“两则两制”的要求；二是教材之间尽可能避免重复。系列教材包括：《初级会计学》《财务会计学》《成本会计学》《经营决策会计学》《责任会计学》《高级会计学》《财务管理学》《审计学》《计算机会计学》。

自1997年10月起，系列教材陆续推出第2版。为适应各院校的课程开设需要，将《经营决策会计学》与《责任会计学》合并为《管理会计学》。

自2001年11月起，系列教材陆续推出第3版。根据国家修订的《会计法》、国务院颁布的《企业财务会计报告条例》、财政部修订和颁布的企业具体会计准则以及颁布的《企业会计制度》等进行修订。

自2006年7月起，系列教材陆续推出第4版。进一步修订了教材与2007年1月1日开始实施的《企业会计准则》和中国注册会计师审计准则之间的不协调之处，并将《计算机会计学》变更为《会计信息系统》。

自2009年6月起，系列教材陆续推出第5版。对《高级会计学》《财务管理学》《财务会计学》等的框架结构做了较大调整，新增《会计学（非专业用）》一书。

自2012年6月起，系列教材陆续推出第6版。针对教育部强化本科教育实务性、应用性的要求，新增“简明版”和“模拟实训”两个子系列，并为《初级会计学》和《成本会计学》配备实训资料。

自2014年4月起，系列教材陆续推出第7版。深入阐释了财政部自2014年1月先后发布或修订的多个会计准则。新增《财务报表分析》一书。为适应会计准则的变化，《财务会计学》修订加快，推出第8版。

自2017年8月起，系列教材陆续推出第8版。体现了营改增、会计准则、增值税税率变化等最新动态，其中《初级会计学》修订至第10版，《财务会计学》修订至第12版，并新增《政府与非营利组织会计》，在“简明版”中新增《会计学》《中级财务会计》。为适应数字化对教学的影响，《财务会计学》率先推出“立体化数字教材版”。

自2020年11月起，系列教材陆续推出第9版。根据《普通高等学校教材管理办法》《高等学校课程思政建设指导纲要》对教材的要求，以及数字时代线上线下教学相结合的特点，重点体现立体化数字教材、课程思政内容。此外，为了应对人工智能、大数据等技术对会计实践和教学的影响，拟新增《智能会计》。至此，形成了如下课程体系：

主教材（11本）	学习指导书（7本）	模拟实训（5本）	简明版（8本）
《会计学（非专业用）》	√		《会计学》
《初级会计学》	√	√	
《财务会计学》	√	√	《中级财务会计》
《财务管理学》	√	√	《财务管理》
《成本会计学》	√	√	《成本与管理会计》
《管理会计学》	√	√	
《审计学》			《审计学》
《会计信息系统》			《会计电算化》
《高级会计学》	√		
《财务报表分析》			
《政府与非营利组织会计》			《政府会计》
			《会计专业英语》

系列教材在近30年的出版历程中，以高品质荣获众多奖项，也多次入选国家级规划教材。2001年，系列教材入选由教育部评选的“经济类、管理类专业和法学专业部分主干课程推荐教材”；2003年，系列教材入选“普通高等教育‘十五’国家级规划教材”；2005年，系列教材以“精心组织，持续探索，打造跨世纪会计精品教材（教材）”荣获“第五届高等教育国家级教学成果奖二等奖”；2008年，系列教材入选“普通高等教育‘十一五’国家级规划教材”，其中《会计信息系统》被教育部确认为2008年度普通高等教育精品教材，《审计学》被教育部确认为2009年度普通高等教育精品教材，“简明版”中的《财务管理》被教育部确认为2011年度普通高等教育精品教材；2012年，系列教材入选“‘十二五’普通高等教育本科国家级规划教材”；2014年，系列教材以“以立体化教材建设支撑会计学专业教学改革（教材）”荣获“2014年国家级教学成果奖（高教类）二等奖”。

当前中国高等教育，培养什么人、怎样培养人、为谁培养人是根本问题，立德树人成效是检验高校一切工作的根本标准。具体到会计学专业，在会计准则国际趋同的大背景下，要着力培养既能立足祖国大地又有国际视野的时代新人。基于此，系列教材积极融入习近平新时代中国特色社会主义思想，深刻把握会计专业学生培养目标，积极应对数字化对教学的冲击和挑战，更加重视学生的长远发展，以及学生基本素质和能力的培养，尤其是培养学生发现问题、分析问题和解决问题的能力。

系列教材是在我国著名会计学家阎达五教授等老一辈会计学者的精心呵护下诞生，在广大兄弟院校的大力支持下逐渐成长的。我们衷心希望系列教材能够继续得到大家的认可，也诚恳地希望大家多提改进建议，以便我们在今后的修订中不断完善。

中国人民大学会计系

前　言

中国人民大学会计系列教材《财务管理学》至今已推出第 9 版，近 30 年来这部教材一直受到全国众多高等院校师生及广大读者的认可和厚爱。为了适应教学的需要，我们根据第 9 版教材的内容编写了《〈财务管理学（第 9 版·立体化数字教材版）〉学习指导书》。本书是在第 8 版学习指导书的基础上修订的，对一些习题进行了更新。

《〈财务管理学（第 9 版·立体化数字教材版）〉学习指导书》是教材的配套学习参考书，是教材的重要补充。财务管理学是一门实践性很强的学科，为了更好地学习和理解财务管理的基本理论和方法，学生应当做适量的习题。但是，由于教材的篇幅所限，在教材中不能编写过多的习题。为此，我们借鉴国内外同类教材的经验，在《〈财务管理学（第 9 版·立体化数字教材版）〉学习指导书》中精心编写了大量典型的练习题，旨在帮助学生巩固教材中所学的知识。本书既可以作为学生课后练习使用，也可以作为学生应对各类考试的复习参考书。

本书具有如下特点：

1. 根据第 9 版教材的内容，阐述了每章的学习重点和难点。这部分内容有利于学生了解各章学习的目的，抓住学习的重点和难点，加深对教材内容的理解。

2. 根据第 9 版教材的内容，对各章练习题进行了增减和修改，更新了案例。这些练习题和案例都是作者及其同事多年教学成果的积累，有利于学生熟练掌握财务管理学的基本原理和基本方法，具有较强的针对性。为了方便学习，对各章练习题和案例都给出了参考答案。

3. 详细给出了教材各章思考题、练习题的参考答案。这些答案有利于学生检查每章的学习成果，开阔思路，提高学生理论联系实际的能力。

本书由王化成、刘俊彦、荆新主编。各章编写分工为：第 1，2，7～10 章由王化成执笔，第 4～6 章由荆新执笔，第 3，11，12 章，以及综合模拟题由刘俊彦执笔。在编写过程中，曲进同学帮助收集了大量资料，中国人民大学出版社的编辑陈永凤提供了大量的帮助，在此一并致谢！

编者

目　录

第 1 章 总 论

Chapter 1

学习指导

1. **学习重点**：本章的学习重点是在理解企业财务活动与财务关系的基础上，掌握财务管理的概念及特点，理解财务管理目标的主要观点和与之相关的利益冲突；财务管理环境对财务活动的影响也是需要重点掌握的内容之一。从总体上来说，本章要求学生能够建立起财务管理学习的一个系统性概念框架，以便在以后的章节中进行充实和完善。

2. **学习难点**：如何理解并区分不同财务管理目标的特点，理解财务管理环境对理财活动的影响，并在案例和实践分析中加以运用，是本章的学习难点。在学习过程中要注意理论学习与案例剖析有机结合。

练习题

一、名词解释

1. 财务管理
2. 企业财务活动
3. 财务管理的目标
4. 股东财富最大化
5. 财务管理环境
6. 企业财务关系
7. 利息率
8. 纯利率

二、判断题

1. 在企业经营引起的财务活动中，主要涉及的是固定资产和长期负债的管理问题，其中关键是资本结构的确定。（　　）

2. 企业与所有者之间的财务关系可能会涉及企业与法人单位的关系、企业

与商业信用者之间的关系。（ ）

3. 股东财富由股东所拥有的股票数量和股票市场价格两方面来决定。如果股票数量一定，当股票价格达到最高时，股东财富也达到最大。（ ）

4. 股东与管理层之间存在委托-代理关系，由于双方目标存在差异，因此不可避免地会产生冲突，一般来说，这种冲突可以通过一套激励、约束和惩罚机制来协调解决。（ ）

5. 当存在控股股东时，企业的委托-代理问题常常表现为中小股东与大股东之间的代理冲突。（ ）

6. 普通合伙企业的合伙人必须对合伙企业的债务承担无限连带责任。（ ）

7. 企业的信用程度可分为若干等级，等级越高，信用越好，违约风险越小，利率水平越高。（ ）

8. 一项负债期限越长，债权人承受的不确定因素越多，承担的风险也越大。（ ）

三、单项选择题

1. 股份公司财务管理的最佳目标是（ ）。

A. 总产值最大化　　B. 利润最大化
C. 收入最大化　　D. 股东财富最大化

2. 企业与其所有者之间的财务关系反映的是（ ）。

A. 经营权与所有权关系　　B. 债权债务关系
C. 投资与受资关系　　D. 债务债权关系

3. 企业与其债权人之间的财务关系反映的是（ ）。

A. 经营权与所有权关系　　B. 债权债务关系
C. 投资与受资关系　　D. 债务债权关系

4. 企业与其被投资单位之间的财务关系反映的是（ ）。

A. 经营权与所有权关系　　B. 债权债务关系
C. 投资与受资关系　　D. 债务债权关系

5. 企业与其债务人之间的财务关系反映的是（ ）。

A. 经营权与所有权关系　　B. 债权债务关系
C. 投资与受资关系　　D. 债务债权关系

四、多项选择题

1. 企业的财务活动包括（ ）。

A. 企业筹资引起的财务活动　　B. 企业投资引起的财务活动
C. 企业经营引起的财务活动　　D. 企业分配引起的财务活动
E. 企业管理引起的财务活动

2. 企业的财务关系包括（ ）。

A. 企业与其所有者之间的财务关系
B. 企业与其债权人之间的财务关系
C. 企业与其被投资单位之间的财务关系
D. 企业与其债务人之间的财务关系
E. 企业与税务机关之间的财务关系

3. 在经济繁荣阶段，市场需求旺盛，企业应（　　）。
A. 扩大生产规模　　B. 增加投资
C. 减少投资　　D. 增加存货
E. 减少劳动力

4. 通货膨胀对企业财务活动的影响主要体现为（　　）。
A. 减少资金占用量　　B. 增加企业的资金需求
C. 降低企业的资本成本　　D. 引起利率的上升
E. 企业筹资更加容易

5. 下列说法中正确的有（　　）。
A. 影响纯利率的因素是资金供应量和需求量
B. 纯利率是稳定不变的
C. 无风险证券的利率除纯利率外，还应加上通货膨胀因素
D. 资金的利率由三部分构成：纯利率、通货膨胀补偿和风险报酬
E. 为了弥补违约风险，必须提高利率

五、简答题

1. 简述企业的财务活动。
2. 简述企业的财务关系。
3. 简述企业财务管理的特点。
4. 简述以利润最大化作为企业财务管理目标的合理性及局限性。
5. 简述与利润最大化目标相比，以股东财富最大化作为企业财务管理目标的优点。

六、论述题

1. 试述股东财富最大化是财务管理的最优目标。
2. 试述经济环境变化对企业财务管理的影响。

七、案例题

宏伟公司财务管理目标与利益冲突案例

宏伟公司是一家从事IT产品开发的企业，由三位志同道合的朋友共同出资120万元，三人平分股权共同创立。企业发展初期，创始股东都以企业的长远发展为目标，关注企业的持续增长能力。他们注重加大研发投入，不断开发新产品，提高了企业的竞争力，企业营业收入高速增长。在开始的几年间，销售业绩

以年均60%的速度提升。然而，随着利润的不断快速增长，三位创始股东在收益分配上产生了分歧。股东王力、张伟倾向于分红，股东赵勇则认为应将企业取得的收益用于扩大再生产，以提高企业的持续发展能力，实现长远利益的最大化。矛盾不断升级，最终导致坚持企业长期发展的赵勇被迫出让其持有的1/3股份而离开企业。

但是，此结果引起了与企业有密切联系的广大供应商和分销商的不满，因为他们的业务发展壮大都与宏伟公司密切相关，深信宏伟公司的持续增长将给他们带来更多的机会。于是他们声称，如果赵勇离开企业，将断绝与企业的业务往来。面对这一情况，其他两位股东提出他们可以离开，条件是赵勇必须收购他们的股份。赵勇的长期发展战略需要较多的投资，这样做将导致企业陷入没有资金维持生产的困境。这时，众多供应商和分销商伸出了援助之手，他们或者主动延长应收账款的期限，或者预付货款，最终使赵勇重新回到企业，成为公司的掌门人。

经历股权变更的风波后，宏伟公司在赵勇的领导下不断加大投入，实现了企业规模化发展，在同行业中处于领先地位，企业的竞争力和价值不断提升。

要求：

（1）赵勇坚持企业长远发展，而其他股东要求更多分红，你认为赵勇的目标是否与股东财富最大化的目标相矛盾？

（2）拥有控制权的大股东与供应商和客户等利益相关者之间的利益是否矛盾？如何协调？

（3）像宏伟这样的公司，所有权与经营权合二为一，这对企业的发展有什么利弊？

（4）重要利益相关者能否对企业的控制权产生影响？

练习题部分答案

一、名词解释

1. 财务管理：企业财务管理活动是企业管理的一个组成部分，是根据财经法规制度，按财务管理的原则，组织企业财务活动，处理财务关系的一项经济管理工作。

2. 企业财务活动：企业财务活动是指以现金收支为主的企业资金收支活动的总称。

3. 财务管理的目标：财务管理的目标是企业理财活动所希望实现的结果，是评价企业理财活动是否合理的基本标准。

4. 股东财富最大化：股东财富最大化是指通过财务上的合理运营，为股东带来最多的财富。在股份公司中，股东财富由其所拥有的股票数量和股票市场价格两方面来决定。如果股票数量一定，当股票价格达到最高时，股东财富也最大。所以，股东财富最大化又演变为股票价格最大化。

5. 财务管理环境：又称理财环境，是指对企业财务活动和财务管理产生影响的企业外部条件的总和。

6. 企业财务关系：企业财务关系是指企业在组织财务活动过程中与各有关方面发生的经济关系。主要包括企业同其所有者、债权人、被投资单位、债务人、内部各单位、职工、税务机关之间的财务关系。

7. 利息率：简称利率，是衡量资金增值量的基本单位，即资金的增值同投入资金的价值之比。

8. 纯利率：纯利率是指在没有风险和没有通货膨胀情况下的均衡利率。

二、判断题

1. ×	2. ×	3. √	4. √	5. √
6. √	7. ×	8. √		

三、单项选择题

1. D	2. A	3. D	4. C	5. B

四、多项选择题

1. ABCD	2. ABCDE	3. ABD	4. BD	5. ACDE

五、简答题

1. 答：(1) 企业的财务活动是以现金收支为主的企业资金收支活动的总称。

(2) 财务活动的四个方面：筹资引起的财务活动、投资引起的财务活动、经营引起的财务活动、分配引起的财务活动。

(3) 上述财务活动的四个方面不是相互割裂、互不相关的，而是相互联系、互相依存的。正是上述互相联系而又有一定区别的四个方面构成了完整的企业财务活动，这四个方面也正是财务管理的基本内容：企业筹资管理、企业投资管理、营运资本管理、利润及其分配的管理。

2. 答：(1) 企业的财务关系是指企业在组织财务活动过程中与各有关方面发生的经济关系。

(2) 财务关系的几个方面：企业与其所有者之间的财务关系、企业与其债权人之间的财务关系、企业与其被投资单位之间的财务关系、企业与其债务人之间的财务关系、企业内部各单位之间的财务关系、企业与职工之间的财务关系、企业与税务机关之间的财务关系。

3. 答：(1) 财务管理是一项综合性的管理工作。社会经济发展要求财务管理主要运用价值形式对经营活动实施管理，把企业的一切物质条件、经营过程和经营成果都合理地加以规划和控制，达到企业效益不断提高、财富不断增加的目的。

（2）财务管理与企业各方面有着广泛联系。企业每个部门都会通过资金的使用与财务部门发生联系，每个部门也都要在合理使用资金、节约资金支出等方面接受财务部门的指导，受到财务制度的约束，以确保企业经济效益的提高。

（3）财务管理能迅速反映企业生产经营状况。在企业管理中，决策是否恰当、经营是否合理、技术是否先进、产销是否顺畅，都可以迅速地在企业财务指标中得到反映。

4. 答：（1）合理性：利润最大化是西方微观经济学的理论基础，西方经济学家以往都以利润最大化这一标准来分析和评价企业的行为和业绩。利润代表了企业新创造的财富，从会计的角度看，利润是股东价值的来源，也是企业财富增长的来源。

（2）局限性：利润最大化目标没有考虑时间价值问题、风险问题、利润与投入资本的关系。利润最大化是基于历史的角度，不能反映企业未来的盈利能力，会使企业的决策具有短期行为倾向。会计处理方法的多样性和灵活性可能导致利润并不能反映企业的真实情况。

5. 答：（1）股东财富最大化目标考虑了现金流量的时间价值和风险因素，因为现金流量获得时间的早晚和风险的高低会对股票价格产生重要影响。

（2）股东财富最大化在一定程度上能够克服企业在追求利润方面的短期行为，因为股票的价格很大程度上取决于企业未来获取现金流量的能力。

（3）股东财富最大化反映了资本与报酬的关系，因为股票价格是对每股股份的一个标价。

六、论述题

1. 答：（1）股东财富最大化是指通过财务上的合理运营，为股东创造最多的财富。在股份公司中，股东财富由其所拥有的股票数量和股票市场价格两方面决定。

（2）与利润最大化目标相比，股东财富最大化目标考虑了现金流量的时间价值因素，能够在一定程度上克服企业在追求利润方面的短期行为，反映了资本与报酬的关系。

（3）股东财富最大化目标也是判断企业财务决策是否正确的标准。企业的投资、筹资决策和股利分配政策的好坏将通过股票的市场价格表现出来，企业在做出财务决策时要综合考虑多种因素，以符合股东的最大利益。

（4）在利益相关者的利益受到完全的保护、没有社会成本的约束条件下，在股东财富最大化的过程中将不存在与相关者的利益冲突，股东财富最大化成为财务管理的最佳目标。

2. 答：（1）财务管理环境是指对企业财务活动和财务管理产生影响的企业外部条件的总和。

（2）经济环境对财务管理活动的影响主要涉及经济周期、经济发展水平、通货膨胀状况、经济政策四个方面。以经济周期为例，在经济复苏阶段，社会购买力逐步提高，企业应采取增加存货和放宽信用条件的应收账款管理政策；在经济繁荣阶段，企业应采取扩张策略；在衰退阶段，企业应收缩规模，投资无风险资产以获得稳定报酬。

（3）法律环境对财务管理活动的影响主要涉及企业组织法规、财务会计法规、税法三个方面；企业组织必须依照《中华人民共和国公司法》（以下简称《公司法》）、《中华人民共和国个人独资企业法》、《中华人民共和国合伙企业法》、《中华人民共和国中外合资经营企业法》、《中华人民共和国外资企业法》等设立，依照《企业财务通则》《企业会计准则》《企业会计制度》等进行各类财务活动，实施财务管理。

（4）金融市场对公司财务活动的影响体现在为公司筹资和投资、实现长短期资金相互转化提供场所，为企业理财提供相关信息。除此之外，利率在资金的分配以及个人及企业做出财务决策的过程中起重要作用，在发达的市场经济条件下，资金从高报酬项目到低报酬项目的依次分配，是由市场机制通过利率的差异来决定的。

（5）社会文化环境的各方面对财务管理的影响程度各不相同，社会整体教育水平、社会整体资信程度、不同文化背景等各方面都会给财务管理带来意想不到的影响。

七、案例题

答：（1）赵勇坚持企业长远发展目标，恰是股东财富最大化目标的具体体现。

（2）拥有控制权的股东王力、张伟与供应商和分销商等利益相关者之间的利益取向不同，可以通过股权转让或协商的方式解决。

（3）所有权与经营权合二为一，虽然在一定程度上可以避免股东与管理层之间的委托-代理冲突，但从企业的长远发展来看，不利于公司治理结构的完善，会制约公司规模的扩大。

（4）重要的利益相关者可能会对企业的控制权产生一定影响，只有企业以股东财富最大化为目标，增加企业的整体财富，利益相关者的利益才会得到有效满足；反之，利益相关者则会为维护自身利益而对控股股东施加影响，从而可能导致企业的控制权发生变更。

教材习题解析

一、思考题

1. 答：（1）股东财富最大化目标相比利润最大化目标具有三方面的优点：

考虑了现金流量的时间价值和风险因素，克服追求利润的短期行为，反映了资本与报酬之间的关系。

（2）通过企业投资工具模型分析，可以看出股东财富最大化目标是判断企业财务决策是否正确的标准。

（3）股东财富最大化是以保证其他利益相关者利益为前提的。

2. 答：（1）代理关系与利益冲突之一：股东与管理层。股东作为企业的所有者，委托管理层经营管理企业，但是管理层努力工作创造的财富不能由其独享，而是由全体股东分享，因此，管理层希望在增加股东财富的同时获得更多的利益。但是，所有者则希望以最小的管理成本获得最大的股东财富报酬，由此便产生了管理层个人目标与股东目标的冲突。

（2）代理关系与利益冲突之二：大股东与中小股东。大股东通常是指持有企业大多数股份的控股股东，他们能够左右股东大会和董事会的决议，从而掌握企业的重大经营决策，拥有对企业的控制权。人数众多但持有股份数量很少的中小股东基本没有机会接触到企业的经营管理，尽管他们按照各自的持股比例对企业的利润具有索取权，但由于与控股股东之间存在严重的信息不对称，他们的权利很容易被控股股东以各种形式侵害。在这种情况下，所有者和经营者之间的委托-代理问题实际上就演变成中小股东和大股东之间的代理冲突。

（3）代理关系与利益冲突之三：股东与债权人。企业向债权人借入资金后，两者就形成了委托-代理关系。但是，股东获得债权人的资金后，在实施其财富最大化目标时可能会在一定程度上损害债权人的利益。

3. 答：（1）利益相关者的利益与股东利益在本质上是一致的，在企业实现股东财富最大化的同时，也会增加企业的整体财富，其他相关者的利益会得到更有效的满足。

（2）股东的投资报酬要求权是“剩余要求权”，是在其他利益相关者的利益得到满足之后的剩余权益。

（3）企业是各种利益相关者之间的契约的组合。

（4）对股东财富最大化需要进行一定的约束。

4. 答：财务经理将现金用于投资，公司在生产经营过程中创造现金流，然后，公司将现金支付给债权人、股东和政府。财务经理的一部分工作就是在企业与金融市场之间进行资金运作，另一部分工作是配合公司经营活动，安排资金收支，如进行流动资产、流动负债的管理，进行固定资产的投资决策等。

5. 答：（1）为企业筹资和投资提供场所。

（2）企业可通过金融市场实现长短期资金的互相转化。

（3）金融市场为企业的理财提供相关信息。

6. 答：（1）利率由三部分构成：纯利率、通货膨胀补偿、风险报酬。

（2）纯利率是指在没有风险和没有通货膨胀情况下的均衡利率，通常以无通货膨胀情况下的无风险证券利率来代表纯利率。

（3）通货膨胀情况下，资金的供应者必然要求提高利率水平来补偿购买力损失，所以“短期无风险证券利率＝纯利率＋通货膨胀补偿”。

（4）风险报酬要考虑违约风险、流动性风险、期限风险，它们都会导致利率增加。

二、练习题

答：（1）总裁作为公司的首席执行官，全面负责企业的生产经营；总裁下设副总裁，负责不同部门的经营与管理；按业务性质来说，一般需要设置生产、财务、营销、人事等部门，各部门总监直接向副总裁负责。

（2）财务管理目标：股东财富最大化。可能遇到委托-代理关系产生的利益冲突，以及正确处理企业社会责任的问题。针对股东与管理层的代理问题，可以通过一套激励、约束与惩罚机制来协调解决。针对股东与债权人可能产生的冲突，可以通过保护性条款惩罚措施来限制股东的不当行为。企业应树立良好的社会责任价值观，通过为职工提供合理的薪酬、良好的工作环境，为客户提供合格的产品和优质的服务，承担必要的社会公益责任等行为来实现股东财富与社会责任并举。

（3）主要的财务活动：筹资、投资、运营和分配。在筹资时，财务人员应处理好筹资方式的选择及不同方式筹资比率的关系，既要保证资金的筹集能满足企业经营与投资所需，还要使筹资成本尽可能低，筹资风险可以掌控；在投资时，要分析不同投资方案的资金流入与流出，以及相关的报酬与回收期，尽可能将资金投放在报酬最高的项目上，同时有应对风险的能力；在经营活动中，财务人员需重点考虑如何加速资金的周转、提高资金的利用效率；在分配活动中，财务人员要合理确定利润的分配与留存比例。

（4）金融市场可以为企业提供筹资和投资的场所、提供长短期资金转换的场所、提供相关的理财信息。金融机构主要包括：商业银行、投资银行、证券公司、保险公司，以及各类基金管理公司。

（5）市场利率的构成因素主要包括三部分：纯利率、通货膨胀补偿、风险报酬。纯利率是指在没有风险和没有通货膨胀情况下的均衡利率，通常以无通货膨胀情况下的无风险证券利率来代表纯利率；通货膨胀情况下，资金的供应者必然要求提高利率水平来补偿购买力的损失，所以“短期无风险证券利率＝纯利率＋通货膨胀补偿”；在通货膨胀的基础上，违约风险、流动性风险、期限风险是影响利率的风险报酬因素。违约风险大、流动性差、期限长都会导致利率水平上升。违约风险产生的原因是债务人无法按时支付利息或偿还本金；流动性风险产生的原因是资产转化为现金能力的差异；期限风险则与负债期限的长短密切相关，期限越长，债权人承受的不确定因素越多，风险越大。

第 2 章
Chapter 2 财务管理的价值观念

学习指导

1. **学习重点**：本章的学习重点是理解货币时间价值的概念，掌握复利终值与复利现值、年金终值与现值的计算方法及实践应用；风险与报酬的概念及度量方法也是本章的重点内容，在此基础上还需要理解和掌握资本资产定价模型。从总体上说，本章的学习有助于学生较为系统地掌握基本的财务管理工具，为后续的学习打好基础。

2. **学习难点**：如何正确理解货币时间价值的概念，并在具体问题中选择恰当的方法是本章的学习难点之一；资本资产定价模型的内涵与应用是本章的学习难点之二。学习过程中可通过理论解释与例题解析、实践应用相配合，增强学生的理解能力，在举一反三中提高学生的应用能力。

练习题

一、名词解释

1. 时间价值
2. 复利
3. 复利现值
4. 年金
5. 后付年金
6. 先付年金
7. 延期年金
8. 永续年金
9. 风险性决策
10. 可分散风险
11. 市场风险
12. 复利终值
13. 资本资产定价模型

二、判断题

1. 货币的时间价值原理，正确地揭示了不同时点上资金之间的换算关系，是财务决策的基本依据。（　）

2. 由现值求终值，称为折现，折现时使用的利息率称为折现率。（　）

3. n 期先付年金与 n 期后付年金的付款次数相同，但由于付款时间的不同，n 期先付年金终值比 n 期后付年金终值多计算一期利息。因此，可先求出 n 期后付年金的终值，再乘以 $(1+i)$，便可求出 n 期先付年金的终值。（　）

4. n 期先付年金现值与 n 期后付年金现值的付款次数相同，但由于付款时间不同，在计算现值时，n 期先付年金比 n 期后付年金多折现一期。因此，可先求出 n 期后付年金的现值，再乘以 $(1+i)$，便可求出 n 期先付年金的现值。（　）

5. 英国曾发行一种没有到期日的国债，这种债券的利息可以视为永续年金。（　）

6. 复利计息频数越高，复利次数越多，终值的增长速度越快，相同期间内终值越大。（　）

7. 决策者对未来的情况不仅不能完全确定，而且对其可能出现的概率也不清楚，这种情况下的决策为风险性决策。（　）

8. 利用概率分布的概念，我们能够对风险进行衡量，即期望报酬率的概率分布越集中，则该投资的风险越大。（　）

9. 如果两个项目期望报酬率相同、标准差不同，理性投资者会选择标准差较大，即风险较小的那个。（　）

10. 在其他条件不变时，证券的风险越大，投资者要求的必要报酬率越高。（　）

11. 如果组合中股票数量足够多，则任意单只股票的可分散风险都能够消除。（　）

12. 经济危机、通货膨胀、经济衰退以及高利率通常被认为是可分散的市场风险。（　）

13. 平均风险股票的 β 系数为 1.0，这意味着如果整个市场的风险报酬上升了 10%，通常而言此类股票的风险报酬也将上升 10%；如果整个市场的风险报酬下降了 10%，该股票的风险报酬也将下降 10%。（　）

14. 证券组合投资要求补偿的风险只是市场风险，而不要求对可分散风险进行补偿。（　）

15. 证券组合的风险报酬是投资者因承担可分散风险而要求的超过时间价值的那部分额外报酬。（　）

16. 在其他因素不变的情况下，风险报酬取决于证券组合的 β 系数，β 系数

越大，风险报酬就越小。（　　）

17. 有效投资组合是指在任何既定的风险程度上，提供的期望报酬率最高的投资组合。（　　）

18. 市场的期望报酬是无风险资产的报酬率加上因市场组合的风险所需的补偿。（　　）

19. 所有资产都是无限可分的，并有完美的流动性是资本资产定价模型的假设之一。（　　）

20. β 系数不会因一个企业的负债结构等因素的变化而改变。（　　）

21. 套利定价模型与资本资产定价模型都建立在资本市场效率的原则之上，套利定价模型仅仅是同一框架下的另一种证券估值方式。（　　）

22. 债券到期时间越长，其风险越大，债券的票面利率也越高。（　　）

23. 政府发行的债券有国家财力作后盾，其本金的安全性非常高，通常视为无风险证券。（　　）

24. 利率随时间上下波动，利率的下降会导致流通在外债券价格的下降。（　　）

25. 普通股股东与公司债权人相比，要承担更大的风险，其报酬也有更大的不确定性。（　　）

26. 优先股则是公司发行的求偿权介于债券和普通股之间的一种混合证券，债券的估值方法也可用于优先股估值。（　　）

27. 与固定报酬证券相比，普通股能有效地降低购买力风险。（　　）

28. 由于股票的价格受到多种因素的影响，股票投资具有较大的风险。（　　）

29. 当两个目标投资公司的期望报酬相同时，标准差小的公司风险较低。（　　）

30. 可以将资本市场线看作所有风险资产的有效集。（　　）

三、单项选择题

1. 将 100 元钱存入银行，利息率为 10%，计算 5 年后的终值应用（　　）来计算。

A. 复利终值系数　　B. 复利现值系数

C. 年金终值系数　　D. 年金现值系数

2. 每年年底存款 1 000 元，求第 10 年年末的价值，可用（　　）来计算。

A. $PVIF_{i,n}$　　B. $FVIF_{i,n}$

C. $PVIFA_{i,n}$　　D. $FVIFA_{i,n}$

3. 下列项目中的（　　）称为普通年金。

A. 先付年金　　B. 后付年金

C. 延期年金　　　　D. 永续年金

4. A 方案在 3 年中每年年初付款 100 元，B 方案在 3 年中每年年末付款 100 元，若利率为 10%，则 A，B 两方案在第 3 年年末时的终值之差为（　　）元。

A. 33.1　　　　B. 31.3

C. 133.1　　　　D. 13.31

5. 计算先付年金现值时，可以应用下列（　　）公式。

A. $V_0=A\times PVIFA_{i,n}$　　　　B. $V_0=A\times PVIFA_{i,n}\times(1+i)$

C. $V_0=A\times PVIF_{i,n}\times(1+i)$　　　　D. $V_0=A\times PVIF_{i,n}$

6. 已知某证券的 β 系数等于 2，则该证券（　　）。

A. 无风险

B. 有非常低的风险

C. 与金融市场所有证券的平均风险一致

D. 是金融市场所有证券平均风险的 2 倍

7. 当两种股票完全负相关时，将这两种股票合理地组合在一起，则（　　）。

A. 能适当分散风险　　　　B. 不能分散风险

C. 能分散掉一部分市场风险　　　　D. 能分散掉全部可分散风险

8. 如果向一只 $\beta=1.0$ 的投资组合中加入一只 $\beta>1.0$ 的股票，则下列说法中正确的是（　　）。

A. 投资组合的 β 值上升，风险下降

B. 投资组合的 β 值和风险都上升

C. 投资组合的 β 值下降，风险上升

D. 投资组合的 β 值和风险都下降

9. 下列关于证券组合投资的说法中，正确的是（　　）。

A. 证券组合投资要求补偿的风险只是市场风险，而不要求对可分散风险进行补偿

B. 证券组合投资要求补偿的风险只是可分散风险，而不要求对市场风险进行补偿

C. 证券组合投资要求补偿全部市场风险和可分散风险

D. 证券组合投资要求补偿部分市场风险和可分散风险

10. 无风险利率为 6%，市场上所有股票的平均报酬率为 10%，某种股票的 β 系数为 1.5，则该股票的报酬率为（　　）。

A. 7.5%　　　　B. 12%

C. 14%　　　　D. 16%

11. 甲公司对外流通的优先股每季度支付股利每股 1.2 元，年必要报酬率为 12%，则该公司优先股的价值是每股（　　）元。

A. 20　　B. 40

C. 10　　D. 60

四、多项选择题

1. 下列关于时间价值的说法中，正确的有（　　）。

A. 并不是所有货币都有时间价值，只有把货币作为资本投入生产经营过程才能产生时间价值

B. 时间价值是在生产经营中产生的

C. 时间价值包含风险报酬和通货膨胀贴水

D. 时间价值是扣除风险报酬和通货膨胀贴水后的真实报酬率

E. 银行存款利率可以看作投资报酬率，但与时间价值是有区别的

2. 设年金为A，利息率为i，计息期为n，则后付年金现值的计算公式为（　　）。

A. $PVA_n=A\times PVIF_{i,n}$　　B. $PVA_n=A\times PVIFA_{i,n}$

C. $PVA_n=A\times(P/A，i，n)$　　D. $PVA_n=A\times PVIF_{i,n}\times(1+i)$

E. $PVA_n=A\times FVIFA_{i,n}$

3. 设年金为A，计息期为n，利息率为i，则先付年金终值的计算公式为（　　）。

A. $V_n=A\times FVIFA_{i,n}\times(1+i)$　　B. $V_n=A\times PVIFA_{i,n}\times(1+i)$

C. $V_n=A\times PVIFA_{i,n}-A$　　D. $V_n=A\times FVIFA_{i,n+1}-A$

E. $V_n=A\times PVIF_{i,n}-A$

4. 假设最初有m期没有收付款项，后面n期有等额的收付款项A，利率为i，则延期年金现值的计算公式为（　　）。

A. $V_0=A\times PVIFA_{i,n}\times PVIF_{i,m}$

B. $V_0=A\times PVIFA_{i,m+n}$

C. $V_0=A\times PVIFA_{i,m+n}-A\times PVIFA_{i,m}$

D. $V_0=A\times PVIFA_{i,n}$

E. $V_0=A\times PVIFA_{i,m}$

5. 下列关于年金的说法中，正确的有（　　）。

A. n期先付年金现值比n期后付年金现值的付款次数多一次

B. n期先付年金现值与n期后付年金现值付款时间不同

C. n期先付年金现值比n期后付年金现值多折现一期

D. n期后付年金现值比n期先付年金现值多折现一期

E. n期先付年金现值等于n期后付年金现值乘以折现率

6. 关于风险的度量，以下说法中正确的有（　　）。

A. 利用概率分布的概念，可以对风险进行衡量

B. 期望报酬的概率分布越集中，则该投资的风险越小
C. 期望报酬的概率分布越集中，则该投资的风险越大
D. 标准差越小，概率分布越集中，相应的风险也就越小
E. 标准差越大，概率分布越集中，相应的风险也就越小

7. 关于证券组合的风险，以下说法中正确的有（　　）。
A. 利用某些有风险的单项资产组成一个完全无风险的投资组合是可能的
B. 由两只完全正相关的股票组成的投资组合与单只股票具有相同的风险
C. 若投资组合由完全正相关的股票组成，则无法分散风险
D. 由两只完全正相关的股票组成的投资组合具有比单只股票更小的风险
E. 当股票报酬完全负相关时，所有的风险都能被分散

8. 下列各项中属于可分散风险的有（　　）。
A. 国家财政政策的变化　　B. 某公司经营失败
C. 某公司工人罢工　　D. 通货膨胀
E. 宏观经济状况的改变

9. 资本资产定价模型是建立在一系列严格假设基础之上的，主要包括（　　）。
A. 投资者对期望报酬率、方差以及任何资产的协方差评价一致，即投资者有相同的期望
B. 没有交易费用
C. 没有税收
D. 所有投资者都是价格接受者
E. 卖空资产有严格限制

10. 关于证券市场线的理解，以下说法中正确的有（　　）。
A. 证券市场线是对资本资产定价模型的图示
B. 证券市场线说明必要报酬率与不可分散风险 β 系数之间的关系
C. 证券市场线反映了投资者规避风险的程度——直线越平滑，投资者越规避风险
D. 当风险规避增加时，风险报酬率也随之增加，证券市场线的斜率也变大
E. 当风险规避增加时，风险报酬率也随之减小，证券市场线的斜率也变小

11. 下列关于 β 系数的说法中，正确的有（　　）。
A. β 系数度量了股票相对于平均股票的波动程度
B. $\beta=2$，说明股票的风险程度也将为平均组合的 2 倍
C. $\beta=0.5$，说明股票的波动性仅为市场波动水平的一半
D. 证券组合的 β 系数是单个证券 β 系数的加权平均，权数为各种股票在证券组合中所占的比重
E. β 系数一般不需投资者自己计算，而由一些投资服务机构定期计算并

公布

12. 下列关于证券估值的说法中，正确的有（　　）。

A. 任何金融资产的估值都是资产期望创造现金流的现值

B. 带息债券在发行时，票面利率一般会设定在使债券市场价格等于其面值的水平

C. 带息债券在发行时，票面利率一般会设定在使债券市场价格高于其面值的水平

D. 普通股估值时考虑的现金收入由两部分构成：一部分是在股票持有期间收到的现金股利，另一部分是出售股票时得到的变现收入

E. 债券的估值方法也可用于优先股估值

五、简答题

1. 简述年金的概念和种类。
2. 按风险程度，可把财务决策分为哪三类？
3. 单项资产的风险如何衡量？
4. 什么是证券市场线？
5. 股票的估值与债券的估值有什么异同点？

六、计算与分析题

1. 假设利民工厂有一笔123 600元的资金，准备存入银行，希望在7年后利用这笔款项的本利和购买一套生产设备，当时的银行存款利率为复利10%，7年后预计该设备的价格为240 000元。

要求：试用数据说明7年后利民工厂能否用这笔款项的本利和购买设备。

2. 某合营企业于年初向银行借款50万元购买设备，第1年年末开始还款，每年还款一次，等额偿还，分5年还清，银行借款利率为12%。

要求：试计算每年应还款额。

3. 小王现在准备存入一笔钱，以便在以后的20年中每年年底得到3 000元，假设银行存款利率为10%。

要求：计算小王现在应存入的金额。

4. 小李每年年初存入银行50元，银行存款利息率为9%。

要求：计算第10年年末的本利和。

5. 时代公司需用一台设备，买价为1 600元，可用10年。如果租用，则每年年初需付租金200元。除此以外，买与租的其他情况相同。假设利率为6%。

要求：用数据说明购买与租用何者为优。

6. 某企业向银行借入一笔款项，银行贷款的年利率为10%，每年复利计息一次。银行规定前10年不用还本付息，但第11～20年每年年末偿还本息5 000元。

要求： 用两种方法计算这笔借款的现值。

7. 某企业在第 1 年年初向银行借入 100 万元，银行规定第 1～10 年每年年末等额偿还 13.8 万元。当利率为 6%时，年金现值系数为 7.360；当利率为 8%时，年金现值系数为 6.710。

要求： 计算这笔借款的利息率。

8. 时代公司目前向银行存入 140 000 元，以便在若干年后获得 300 000 元，假设银行存款利率为 8%，每年复利计息一次。

要求： 计算存款的本利和达到 300 000 元所需的年数。

9. 不同经济情况下麦林电脑公司和天然气公司的报酬率及概率分布如表 2-1 所示。

表 2-1　报酬率与概率分布

经济情况	发生概率	各种情况下的期望报酬率（%）	
		麦林电脑公司	天然气公司
繁荣	0.3	100	20
正常	0.4	15	15
衰退	0.3	−70	10

要求： 比较两公司风险的大小。

10. 无风险报酬率为 7%，市场上所有证券的平均报酬率为 13%，现有四种证券，如表 2-2 所示。

表 2-2　证券的 β 值

证券	A	B	C	D
相应的 β 值	1.5	1.0	0.6	2.0

要求： 计算上述四种证券各自的必要报酬率。

11. 国库券的利息率为 4%，市场证券组合的报酬率为 12%。

要求：

(1) 计算市场风险报酬率。

(2) 计算 β 值为 1.5 时的必要报酬率。

(3) 如果一项投资计划的 β 值为 0.8，期望报酬率为 9.8%，判断是否应当进行投资。

(4) 如果某只股票的必要报酬率为 11.2%，计算其 β 值。

12. 某公司持有由甲、乙、丙三种股票构成的证券组合，它们的 β 系数分别为 2.0，1.0 和 0.5，它们在证券组合中所占的比重分别为 60%，30%和 10%，股票的市场报酬率为 14%，无风险报酬率为 10%。

要求： 试确定这种组合的风险报酬率。

13. 5 年前发行的一种第 20 年年末一次还本 100 元的债券，债券票面利率为6%，每年年末付一次利息，第5次利息刚支付过，目前刚发行的与之风险相当的债券，票面利率为8%。

要求：计算该债券目前的市价。

14. 某股票投资者拟购买甲公司的股票，该股票刚支付的每股股利为2.4元，现行国库券的利率为12%，股票市场的平均风险报酬率为16%，该股票的β系数为1.5。

要求：

（1）假设股票股利保持不变，目前该股票的市价为15元/股，该投资者是否应购买？

（2）假设该股票股利固定增长，增长率为4%，则该股票的价值为多少？

15. C公司在2003年1月1日发行5年期债券，面值1 000元，票面利率10%，于每年12月31日付息，到期一次还本。

要求：

（1）假定2003年1月1日金融市场上与该债券同类风险投资的利率是9%，该债券的发行价应定为多少？

（2）假定1年后该债券的市场价格为1 049.06元，该债券2004年1月1日的到期报酬率是多少？

七、案例题

案例一　瑞士田纳西镇巨额账单案例

如果你突然收到一张事先不知道的1 260亿美元的账单，你一定会大吃一惊，但这样的事就发生在瑞士田纳西镇的居民身上。纽约布鲁克林法院判决田纳西镇应向美国投资者支付这笔钱。最初，田纳西镇的居民以为这是一件小事，但当收到账单时，他们被这张巨额账单惊呆了。他们的律师指出，若高级法院支持这一判决，为偿还债务，所有田纳西镇的居民在余生不得不靠吃麦当劳等廉价快餐度日。

田纳西镇的问题源于1966年的一笔存款。斯兰黑不动产公司在内部交换银行（田纳西镇的一家银行）存入一笔6亿美元的存款。存款协议要求银行按每周1%的利率（复利）付息。（难怪该银行第二年破产！）1994年，纽约布鲁克林法院做出判决：从存款日到田纳西镇对该银行进行清算的7年中，这笔存款应按每周1%的复利计息，而在银行清算后的21年中，每年按8.54%的复利计息。

要求：

（1）请你用所学的知识说明1 260亿美元是如何计算出来的。

（2）如利率为每周1%，按复利计算，6亿美元增加到12亿美元需多长时间？增加到1 000亿美元需多长时间？

（3）本案例对你有何启示？

案例二　华特电子公司证券选择案例

假设你是华特电子公司的财务分析员，目前正在进行一项针对四个备选方案的投资分析工作。各方案的投资期都是一年，对应于三种不同经济状况的估计报酬率如表2-3所示。

表2-3　不同经济条件下华特电子公司四种方案的估计报酬率

经济状态	概率	备选方案			
		A	B	C	D
衰退	0.20	10%	6%	22%	5%
一般	0.60	10%	11%	14%	15%
繁荣	0.20	10%	31%	−4%	25%

要求：

(1) 计算各方案的期望报酬率、标准差、离散系数。

(2) 公司的财务主管要求你根据四个待选方案各自的标准差和期望报酬率来确定是否可以淘汰其中某一方案，应如何回复？

(3) 上述分析思路存在哪些问题？

(4) 假设方案D是一种经过高度分散的基金性资产，可以用来代表市场投资。试求各方案的β系数，并用资本资产定价模型来评价各方案。

练习题部分答案

一、名词解释

1. 时间价值：时间价值是扣除风险报酬和通货膨胀贴水后的真实报酬率。

2. 复利：复利就是不仅本金要计算利息，利息也要计算利息，即通常所说的"利滚利"。

3. 复利现值：复利现值是指未来年份收到或支付的现金在当前的价值。

4. 年金：年金是指一定时期内每期相等金额的收付款项。

5. 后付年金：后付年金是指每期期末有等额收付款项的年金。

6. 先付年金：先付年金是指在一定时期内，各期期初等额的系列收付款项。

7. 延期年金：延期年金是指在最初若干期没有收付款项的情况下，后面若干期有等额的系列收付款项的年金。

8. 永续年金：永续年金是指期限为无穷的年金。

9. 风险性决策：决策者对未来的情况不能完全确定，但它们出现的可能性——概率的具体分布是已知的或可以估计的，这种情况下的决策称为风险性决策。

10. 可分散风险：股票风险中能够通过构建投资组合被消除的部分称作可分散风险。

11. 市场风险：股票风险中不能够通过构建投资组合被消除的部分称作市场

风险。

12. 复利终值：复利是指不仅本金要计算利息，利息也要计算利息。终值是指当前的一笔资金在若干期后所具有的价值。复利终值是指一笔资金用复利方式计算的终值。

13. 资本资产定价模型：在一系列严格假设的基础之上，资本资产定价模型的一般形式为 $R_i=R_F+\beta_i(R_M-R_F)$。式中，R_i 表示第 i 种股票或第 i 种证券组合的必要报酬率；R_F 表示无风险报酬率；β_i 表示第 i 种股票或第 i 种证券组合的 β 系数；R_M 表示所有股票或所有证券的平均报酬率。

二、判断题

1. √	2. ×	3. √	4. ×	5. √
6. √	7. ×	8. ×	9. ×	10. √
11. √	12. ×	13. √	14. √	15. ×
16. ×	17. √	18. √	19. √	20. ×
21. √	22. √	23. √	24. ×	25. √
26. √	27. √	28. √	29. √	30. ×

三、单项选择题

1. A	2. D	3. B	4. A	5. B
6. D	7. D	8. B	9. A	10. B
11. B				

四、多项选择题

1. ABDE	2. BC	3. AD	4. AC	5. BD
6. ABD	7. ABCE	8. BC	9. ABCD	10. ABD
11. ABCDE	12. ABDE			

五、简答题

1. 答：(1) 年金是指一定时期内每期相等金额的收付款项。

(2) 年金按付款方式，可分为后付年金（普通年金）、先付年金（即付年金）、延期年金和永续年金。后付年金是指每期期末有等额收付款项的年金；先付年金是指在一定时期内，各期期初等额的系列收付款项；延期年金是指在最初若干期没有收付款项的情况下，后面若干期有等额的系列收付款项的年金；永续年金是指期限为无穷的年金。

2. 答：(1) 按风险的程度，可以把公司的财务决策分为三种类型：确定性决策、风险性决策、不确定性决策。

(2) 决策者对未来的情况是完全确定的或已知的决策，称为确定性决策；决策者对未来的情况不能完全确定，但它们出现的可能性——概率的具体分布是已知的或可以估计的，称为风险性决策；决策者不仅对未来的情况不能完全确定，而且对其可能出现的概率也不清楚，这种情况下的决策称为不确定性决策。

3. 答：(1) 对投资活动而言，风险是与投资报酬的可能性相联系的，因此对风险的衡量就要从投资报酬的可能性入手。

(2) 主要步骤包括：

1) 确定概率分布。将所有可能的事件或结果都列示出来，并对每个事件都赋予一个概率，则得到事件或结果的概率分布。

2) 计算期望报酬率。将各种可能结果与其所对应的发生概率相乘，并将乘积相加，则得到各种结果的加权平均数即期望报酬率。

3) 计算标准差。利用概率分布的概念能够对风险进行衡量，即期望报酬的概率分布越集中，则该投资的风险越小。

4) 利用历史数据度量风险。在实际决策中，更普遍的情况是已知过去一段时期内的报酬数据，即历史数据，此时报酬率的标准差可用来估计投资风险。

5) 计算离散系数。离散系数度量了单位报酬的风险，为项目的选择提供了更有意义的比较基础。

4. 答：(1) 资本资产定价模型通常可以用图形来表示，该图形又叫证券市场线。它说明必要报酬率 R 与不可分散风险 β 系数之间的关系。

(2) 证券市场线 (SML) 反映了投资者规避风险的程度——直线越陡峭，投资者越规避风险。

(3) 随着时间的推移，证券市场线在变化。

5. 答：(1) 相同点：资产期望创造现金流的现值是股票与债券估值的共同出发点；优先股的支付义务很像债券，每期支付的股利与债券每期支付的利息类似，因此债券的估值方法也可用于优先股估值。

(2) 不同点：债券具有固定的利息支付与本金偿还，未来现金流量是确定的，可以直接套用年金和复利现值的计算公式；普通股股票未来现金流量是不确定的，依赖于公司的股利政策，通常需要进行固定股利支付或股利稳定增长的假设，在此基础上对复利现值求和。

六、计算与分析题

1. 解：根据复利终值的计算公式：

$$FV_n = PV \times FVIF_{i,n} = 123\,600 \times FVIF_{10\%,7}$$
$$= 123\,600 \times 1.949 = 240\,896.4(\text{元})$$

由以上计算可知，7 年后这笔存款的本利和为 240 896.4 元，比设备价格高 896.4 元，故 7 年后利民工厂可以用这笔存款的本利和购买设备。

2. 解：根据普通年金的计算公式：

$$PVA_n = A \times PVIFA_{i,n}$$

$$500\,000=A\times PVIFA_{12\%,5}$$

$$A=\frac{500\,000}{PVIFA_{12\%,5}}=\frac{500\,000}{3.605}=138\,696(元)$$

由以上计算可知，每年应还款138 696元。

3. 解：根据普通年金现值的计算公式：

$$\begin{aligned}PVA_n&=A\times PVIFA_{i,n}\\&=3\,000\times PVIFA_{10\%,20}\\&=3\,000\times 8.514=25\,542(元)\end{aligned}$$

4. 解：根据先付年金终值的计算公式：

$$\begin{aligned}XFVA_n&=A\times FVIFA_{i,n}\times(1+i)\\&=50\times FVIFA_{9\%,10}\times(1+9\%)\\&=50\times 15.193\times 1.09=828(元)\end{aligned}$$

5. 解：利用先付年金现值的计算公式计算出10年租金的现值。

$$\begin{aligned}XPVA_n&=A\times PVIFA_{i,n}\times(1+i)\\&=200\times PVIFA_{6\%,10}\times(1+6\%)\\&=200\times 7.360\times 1.06=1\,560.32(元)\end{aligned}$$

由以上计算结果可知，10年租金的现值低于买价，因此租用较优。

6. 解：此题属于延期年金现值的计算问题，两种方法分别为：

第一种方法：

$$\begin{aligned}V_0&=A\times PVIFA_{i,n}\times PVIF_{i,m}\\&=5\,000\times PVIFA_{10\%,10}\times PVIF_{10\%,10}\\&=5\,000\times 6.145\times 0.386\\&=11\,860(元)\end{aligned}$$

第二种方法：

$$\begin{aligned}V_0&=A\times(PVIFA_{i,m+n}-PVIFA_{i,m})\\&=5\,000\times(PVIFA_{10\%,20}-PVIFA_{10\%,10})\\&=5\,000\times(8.514-6.145)\\&=11\,845(元)\end{aligned}$$

两种方法计算结果相差15元，是由于对小数四舍五入造成的。

7. 解：根据年金现值的计算公式：

$$100=13.8\times PVIFA_{i,10}$$

$$PVIFA_{i,10}=\frac{100}{13.8}=7.246$$

已知利率为 6%时，系数为 7.360，利率为 8%时，系数为 6.710，所以利率在 6%～8%之间。设利率为 i，利用插值法计算：

$$\frac{i-6\%}{8\%-6\%}=\frac{7.246-7.360}{6.710-7.360}$$

$$i=6.35\%$$

8. 解：根据复利终值的计算公式：

$$FV_n=PV\times FVIF_{i,n}$$

$$FVIF_{i,n}=\frac{FV_n}{PV}$$

$$FVIF_{8\%,n}=\frac{300\ 000}{140\ 000}=2.143$$

查复利终值系数表知，在 8%一栏中，与 2.143 接近但比 2.143 小的终值系数为 1.999，其期数为 9 年；与 2.143 接近但比 2.143 大的终值系数为 2.159，其期数为 10 年。所以本题 n 值一定在 9～10 年之间，利用插值法进行计算。

$$\frac{n-9}{10-9}=\frac{2.143-1.999}{2.159-1.999}$$

$$n=9.9(\text{年})$$

由以上计算结果可知，需要 9.9 年，存款的本利和才能达到 300 000 元。

9. 解：(1) 先计算两公司的期望报酬率。

$$\text{期望报酬率}=\hat{r}=P_1r_1+P_2r_2+\cdots+P_nr_n=\sum_{i=1}^{n}P_ir_i$$

麦林电脑公司的期望报酬率为：

$$R-0.3\times100\%+0.4\times15\%+0.3\times(-70\%)=15\%$$

天然气公司的期望报酬率为：

$$R=0.3\times20\%+0.4\times15\%+0.3\times10\%=15\%$$

(2) 再计算两公司的标准差。

$$\text{标准差}=\sigma=\sqrt{\sum_{i=1}^{n}(r_i-\hat{r})^2P_i}$$

麦林电脑公司的标准差为：

$$\sigma=\sqrt{(100\%-15\%)^2\times0.30+(15\%-15\%)^2\times0.40+(-70\%-15\%)^2\times0.30}$$
$$=65.84\%$$

天然气公司的标准差为：

$$\sigma=\sqrt{(20\%-15\%)^2\times0.30+(15\%-15\%)^2\times0.40+(10\%-15\%)^2\times0.30}$$
$$=3.87\%$$

由以上计算结果可知，两公司的期望报酬率相等，但天然气公司的标准差远低于麦林电脑公司的标准差，所以可以判断，麦林电脑公司的风险更大。

10. 解：根据资本资产定价模型分别计算如下：

$$R_A=R_F+\beta_i(R_M-R_F)=7\%+1.5\times(13\%-7\%)=16\%$$
$$R_B=R_F+\beta_i(R_M-R_F)=7\%+1\times(13\%-7\%)=13\%$$
$$R_C=R_F+\beta_i(R_M-R_F)=7\%+0.6\times(13\%-7\%)=10.6\%$$
$$R_D=R_F+\beta_i(R_M-R_F)=7\%+2\times(13\%-7\%)=19\%$$

11. 解：根据资本资产定价模型计算如下：

（1）市场风险报酬率$=12\%-4\%=8\%$

（2）必要报酬率$=R_F+\beta_i(R_M-R_F)=4\%+1.5\times(12\%-4\%)=16\%$

（3）该投资计划的必要报酬率为：

必要报酬率$=R_F+\beta_i(R_M-R_F)=4\%+0.8\times(12\%-4\%)=10.4\%$

因为该投资计划的必要报酬率大于期望报酬率，所以不应进行投资。

（4）必要报酬率$=R_F+\beta_i(R_M-R_F)$

$$\beta=\frac{11.2\%-4\%}{12\%-4\%}=0.9$$

12. 解：确定证券组合的β系数。

$$\beta_p=\sum_{i=1}^{n}w_i\beta_i$$
$$=60\%\times2.0+30\%\times1.0+10\%\times0.5=1.55$$

计算该证券组合的风险报酬率。

$$R_p=\beta_p(R_M-R_F)$$
$$=1.55\times(14\%-10\%)=6.2\%$$

13. 解：$R=8\%$

$n=20-5=15$（年）

$I=100\times6\%=6$（元）

$F=100$（元）

$P=6\times PVIFA_{8\%,15}+100\times PVIF_{8\%,15}=82.85$（元）

14. 解：$R=12\%+1.5\times(16\%-12\%)=18\%$

（1）$d=2.4$(元)

$V=2.4/18\%=13.33$(元)

因为计算得到的股票价格小于目前市价，所以不应购买。

(2) $d_0=2.4$(元)

$d_1=2.4\times(1+4\%)=2.496$(元)

$g=4\%$

$V=2.496/(18\%-4\%)=17.83$(元)

15. 解：(1) 债券的发行价格$=1\,000\times PVIF_{9\%,5}+1\,000\times10\%\times PVIFA_{9\%,5}$

$=1\,000\times0.650+1\,000\times10\%\times3.890$

$=1\,039$(元)

(2) $1\,049.06=1\,000\times PVIF_{i,4}+1\,000\times10\%\times PVIFA_{i,4}$

$i=9\%$　　右式$=1\,032$

$i=8\%$　　右式$=1\,066.2$

利用插值法，可求得：

到期报酬率$=8.5\%$

七、案例题

案例一

答：(1) 根据复利终值公式计算：

$FV=6\times(1+1\%)^{\frac{365}{7}\times7}\times(1+8.54\%)^{21}=1\,267$(亿美元)

(2) 设需要 n 周的时间才能增加 12 亿美元，则

$12=6\times(1+1\%)^n$

计算得：$n=69.7$(周)≈70(周)

设需要 n 周的时间才能增加 1 000 亿美元，则

$1\,000=6\times(1+1\%)^n$

计算得：$n\approx514$(周)≈9.9(年)

(3) 这个案例的启示主要有两点：

1) 货币时间价值是财务管理中一个非常重要的价值观念，我们在进行经济决策时必须考虑货币时间价值因素的影响。

2) 时间越长，货币时间价值因素的影响就越大。因为资金的时间价值一般都是按复利的方式进行计算的，“利滚利”使得时间越长，终值与现值之间的差额越大。而且，在不同的计息方式下，其时间价值有非常大的差异。在该案例中我们看到，一笔 6 亿美元的存款在 28 年之后变成了 1 260 亿美元，金额是原来的 210 倍。所以，在进行长期经济决策时，必须考虑货币时间价值因素的影响，并且在进行相关的时间价值计算时，必须准确判断资金时间价值产生的期间，否则

就会做出错误的决策。

案例二

答：(1) 解答如下：

1）计算四种方案的期望报酬率。

$$R_A = 10\% \times 0.20 + 10\% \times 0.60 + 10\% \times 0.20 = 10\%$$

$$R_B = 6\% \times 0.20 + 11\% \times 0.60 + 31\% \times 0.20 = 14\%$$

$$R_C = 22\% \times 0.20 + 14\% \times 0.60 + (-4\%) \times 0.20 = 12\%$$

$$R_D = 5\% \times 0.20 + 15\% \times 0.60 + 25\% \times 0.20 = 15\%$$

2）计算四种方案的标准差。

方案A的标准差为：

$$\sigma = \sqrt{(10\%-10\%)^2 \times 0.20 + (10\%-10\%)^2 \times 0.60 + (10\%-10\%)^2 \times 0.20} = 0\%$$

方案B的标准差为：

$$\sigma = \sqrt{(6\%-14\%)^2 \times 0.20 + (11\%-14\%)^2 \times 0.60 + (31\%-14\%)^2 \times 0.20} = 8.72\%$$

方案C的标准差为：

$$\sigma = \sqrt{(22\%-12\%)^2 \times 0.20 + (14\%-12\%)^2 \times 0.60 + (-4\%-12\%)^2 \times 0.20} = 8.58\%$$

方案D的标准差为：

$$\sigma = \sqrt{(5\%-15\%)^2 \times 0.20 + (15\%-15\%)^2 \times 0.60 + (25\%-15\%)^2 \times 0.20} = 6.32\%$$

3）计算四种方案的离散系数。

方案A的离散系数为：

$$CV = 0\%/10\% = 0\%$$

方案B的离散系数为：

$$CV = 8.72\%/14\% = 62.29\%$$

方案 C 的离散系数为：

$$CV=8.58\%/12\%=71.5\%$$

方案 D 的离散系数为：

$$CV=6.32\%/15\%=42.13\%$$

(2) 根据各方案的期望报酬率和标准差计算出来的离散系数可知，方案 C 的离散系数 71.5%最大，说明该方案的相对风险最大，所以应该淘汰方案 C。

(3) 尽管离散系数反映了各方案的投资风险大小，但是它没有将风险和报酬结合起来。如果只以离散系数来确定投资项目的取舍而不考虑风险报酬的影响，那么我们就有可能做出错误的投资决策。

(4) 由于方案 D 是经过高度分散的基金型资产，可用来代表市场投资，所以市场投资报酬率为 15%，其 β 系数为 1；而方案 A 的标准差为 0，说明是无风险的投资，所以无风险报酬率为 10%。

方案 D 的标准差的精确值为 $\sigma_D=6.3246\%$①。

各方案的 β 系数为：

$$\beta_A=\frac{\text{cov}(R_A,R_D)}{\text{var}(R_D)}=\frac{\sum_{i=1}^{3}(R_{Ai}-R_A)\times(R_{Di}-R_D)\times p_i}{\sigma_D^2}$$

$$\begin{aligned}&=[(10\%-10\%)\times(5\%-15\%)\times0.20\\&\quad+(10\%-10\%)\times(15\%-15\%)\times0.60\\&\quad+(10\%-10\%)\times(25\%-15\%)\times0.20]/(6.3246\%)^2\\&=0\end{aligned}$$

$$\beta_B=\frac{\text{cov}(R_B,R_D)}{\text{var}(R_D)}=\frac{\sum_{i=1}^{3}(R_{Bi}-R_B)\times(R_{Di}-R_D)\times p_i}{\sigma_D^2}$$

$$\begin{aligned}&=[(6\%-14\%)\times(5\%-15\%)\times0.20\\&\quad+(11\%-14\%)\times(15\%-15\%)\times0.60\\&\quad+(31\%-14\%)\times(25\%-15\%)\times0.20]/(6.3246\%)^2\\&=1.25\end{aligned}$$

$$\beta_C=\frac{\text{cov}(R_C,R_D)}{\text{var}(R_D)}=\frac{\sum_{i=1}^{3}(R_{Ci}-R_C)\times(R_{Di}-R_D)\times p_i}{\sigma_D^2}$$

$$=[(22\%-12\%)\times(5\%-15\%)\times0.20$$

① 为计算准确，此处精确到小数点后四位。

$$+(14\%-12\%)\times(15\%-15\%)\times0.60$$
$$+(-4\%-12\%)\times(25\%-15\%)\times0.20]/(6.3246\%)^2$$
$$=-1.30$$

$$\beta_D=1$$

根据 CAPM 模型可得：

$$R_A=10\%$$
$$R_B=10\%+1.25\times(15\%-10\%)=16.3\%$$
$$R_C=10\%-1.30\times(15\%-10\%)=3.5\%$$
$$R_D=10\%+1\times(15\%-10\%)=15\%$$

由此可以看出，方案 A 和方案 D 的期望报酬率等于其必要报酬率，方案 C 的期望报酬率大于其必要报酬率，而方案 B 的期望报酬率小于其必要报酬率，所以方案 A、方案 C 和方案 D 值得投资，而方案 B 不值得投资。

教材习题解析

一、思考题

1. 答：(1) 国外传统的定义是：即使在没有风险、没有通货膨胀的条件下，今天 1 元钱的价值也大于 1 年以后 1 元钱的价值。股东投资 1 元钱，就失去了当时使用或消费这 1 元钱的机会或权利，按时间计算的这种付出的代价或投资报酬，就叫作时间价值。

(2) 并不是所有货币都有时间价值，只有把货币作为资本投入生产经营过程才能产生时间价值。同时，将货币作为资本投入生产经营过程所获得的价值增加并不全是货币的时间价值，因为货币在生产经营过程中产生的报酬不仅包括时间价值，还包括货币资金提供者要求的风险报酬和通货膨胀贴水。

(3) 时间价值是扣除风险报酬和通货膨胀贴水后的真实报酬。在没有风险、没有通货膨胀的情况下，银行存款利率、贷款利率、各种债券利率、股票的股利率可以看作时间价值。

2. 答：(1) 单利是指一定期间内只根据本金计算利息，当期产生的利息在下一期不作为本金，不重复计算利息。

(2) 复利就是不仅本金要计算利息，利息也要计算利息，即通常所说的“利滚利”。复利的概念充分体现了资金时间价值的含义，因为资金可以再投资，而且理性的投资者总是尽可能快地将资金投入到合适的方向，以赚取报酬。

3. 答：不一定，年金是指一定时期内每期相等金额的收付款项。例如，每月月末发放等额的工资就是一种年金，这一年的现金流量共有 12 次。

4. 答：(1) 对投资活动而言，风险是与投资报酬的可能性相联系的，因此，对风险的衡量就要从投资报酬的可能性入手。

（2）风险与报酬的相关性为：风险大，期望报酬就高；反之，风险小，期望报酬就低。

5. 答：（1）股票风险中能够通过构建投资组合被消除的部分称作可分散风险，也称公司特别风险，或非系统风险。而不能够被消除的部分则称作市场风险，又称不可分散风险，或系统风险，或贝塔风险，是分散化投资之后仍然残留的风险。

（2）二者的区别在于，公司特别风险是由某些随机事件导致的，如公司遭受火灾，公司在市场竞争中的失败等。这种风险可以通过证券持有的多样化来抵消。市场风险则产生于那些系统影响大多数公司的因素：经济危机、通货膨胀、经济衰退以及高利率。由于这些因素会对大多数股票产生负面影响，故无法通过分散化投资消除市场风险。

6. 答：（1）同时投资于多种证券的方式，称为证券的投资组合，简称证券组合或投资组合。由多种证券构成的投资组合可以减少风险，报酬率高的证券会抵消报酬率低的证券带来的负面影响。

（2）证券组合的期望报酬是指组合中单项证券期望报酬的加权平均值，权重为整个组合中投入各项证券的资金占总投资额的比重。期望报酬率的计算公式为：

$$\hat{r}_p = w_1\hat{r}_1 + w_2\hat{r}_2 + \cdots + w_n\hat{r}_n$$

$$= \sum_{i=1}^{n} w_i\hat{r}_i$$

式中，$\hat{r}_p$ 为投资组合的期望报酬率；$\hat{r}_i$ 为单只证券的期望报酬率，证券组合中有 n 只证券，w_i 为第 i 只证券在其中所占的权重。

7. 答：（1）$\beta_i = \left(\frac{\sigma_i}{\sigma_M}\right)\rho_{iM}$

式中，ρ_{iM} 表示第 i 只股票的报酬与市场组合报酬的相关系数；σ_i 表示第 i 只股票报酬的标准差；σ_M 表示市场组合报酬的标准差。

（2）β 系数通常用于衡量市场风险的程度。β 系数为 1.0。这意味着如果整个市场的风险报酬上升了 10%，通常而言此类股票的风险报酬也将上升 10%；如果整个市场的风险报酬下降了 10%，该股票的风险报酬也将下降 10%。

8. 答：（1）资本资产定价模型认为市场的期望报酬是无风险资产的报酬率加上因市场组合的内在风险所需的补偿，用公式表示为：

$$R_M = R_F + R_P$$

式中，R_M 为市场的期望报酬；R_F 为无风险资产的报酬率；R_P 为投资者因持有市场组合而要求的风险溢价。资本资产定价模型的一般形式为：

$$R_i=R_F+\beta_i(R_M-R_F)$$

式中，R_i 代表第 i 种股票或第 i 种证券组合的必要报酬率；R_F 代表无风险报酬率；β_i 代表第 i 种股票或第 i 种证券组合的 β 系数；R_M 代表所有股票或所有证券的平均报酬率。

（2）套利定价模型基于套利定价理论，从多因素的角度考虑证券报酬，假设证券报酬是由一系列产业方面和市场方面的因素确定的。套利定价模型把资产报酬率放在一个多变量的基础上，它并不试图规定一组特定的决定因素，相反，它认为资产的期望报酬率取决于一组因素的线性组合，这些因素必须经过实验来判别。套利定价模型的一般形式为：

$$R_j=R_F+\beta_{j1}(\overline{R}_{F1}-R_F)+\beta_{j2}(\overline{R}_{F2}-R_F)+\cdots+\beta_{jn}(\overline{R}_{Fn}-R_F)$$

式中，R_j 代表资产报酬率；R_F 代表无风险报酬率；n 代表影响资产报酬率的因素的个数；$\overline{R}_{F1}$，$\overline{R}_{F2}$，…，$\overline{R}_{Fn}$ 代表因素 1 到因素 n 各自的期望报酬率；相应的 β 代表该资产对于不同因素的敏感程度。

二、练习题

1. 解：用先付年金现值计算公式计算 8 年租金的现值：

$$\begin{aligned}V_0&=1\,500\times PVIFA_{8\%,8}\times(1+8\%)\\&=1\,500\times5.747\times(1+8\%)=9\,310.14(\text{元})\end{aligned}$$

因为设备租金的现值大于设备的买价，所以企业应该购买该设备。

2. 解：（1）查 $PVIFA$ 表得：$PVIFA_{16\%,8}=4.344$。由 $PVA_n=A\cdot PVIFA_{i,n}$ 得

$$A=PVA_n/PVIFA_{i,n}=\frac{5\,000}{4.344}=1\,151.01(\text{万元})$$

所以，每年应还 1 151.01 万元。

（2）由 $PVA_n=A\cdot PVIFA_{i,n}$ 得：$PVIFA_{i,n}=PVA_n/A$，则

$$PVIFA_{16\%,n}=3.333$$

查 $PVIFA$ 表得：$PVIFA_{16\%,5}=3.274$，$PVIFA_{16\%,6}=3.685$，利用插值法：

年数	年金现值系数
5	3.274
n	3.333
6	3.685

由以上计算，解得：$n=5.14$（年）

所以，需要 5.14 年才能还清贷款。

3. 解：（1）按照银风汽车销售公司提供的 a 方案计算：

$$PV=10+15\times\frac{1}{(1+10\%)^2}=22.39(\text{万元})$$

（2）按照银风汽车销售公司提供的 b 方案计算：

$$PV=25\times(1-3\%)=24.25(\text{万元})$$

由于 24.25>22.39，因而选择采用 a 方案购买更为合算。

4. 解：$FVA_{30}=A\cdot FVIFA_{10\%,30}=A\cdot 164.49=700\,000$（元）

$A=4\,255.58$（元）

因此，从现在起的每年年末李东需要至少存 4 255.58 元。

5. 解：（1）$PVA_4=A\cdot PVIFA_{8\%,4}=100\,000$(元)

$$A=100\,000\div 3.312=30\,193.24(\text{元})$$

（2）年末本年利息＝年初应还贷款余额×利率

应还贷款减少额＝分期付款额－本年利息

年末应还贷款余额＝上年末应还贷款余额－应还贷款减少额

还款明细表如表 2－4 所示。

表 2－4 还款明细表 单位：元

年次	分期付款额	本年利息	应还贷款减少额	应还贷款余额
0	—	—	—	100 000
1	30 193.24	8 000	22 193.24	77 806.76
2	30 193.24	6 224.54	23 968.70	53 838.06
3	30 193.24	4 307.04	25 886.20	27 951.86
4	30 193.24	2 241.38①	27 951.86②	0
合计	120 772.96	20 772.96	100 000	—

说明：①与②由尾数调整得到：
①2 241.38＝20 772.96－8 000－6 224.54－4 307.04
②27 951.86＝100 000－22 193.24－23 968.70－25 886.20

6. 解：由于 $V_0=\frac{A}{i}$，所以

$$i=\frac{A}{V_0}=\frac{20\,000}{250\,000}=8\%$$

7. 解：$PV=2\,500\times PVIFA_{10\%,2}\times PVIF_{10\%,2}+4\,500\times PVIFA_{10\%,5}\times PVIF_{10\%,4}$
$+3\,500\times PVIF_{10\%,10}$

$=2\,500\times1.736\times0.826+4\,500\times3.791\times0.683+3\,500\times0.386$

$=16\,587.48$（元）

因此，未来10年现金流入量的现值为16 587.48元。

8. 解：(1) 计算两家公司的期望报酬率。

中原公司期望报酬率 $=40\%\times0.30+20\%\times0.50+0\%\times0.20$

$=22\%$

南方公司期望报酬率 $=60\%\times0.30+20\%\times0.50+(-10\%)\times0.20$

$=26\%$

(2) 计算两家公司的标准差。

中原公司的标准差为：

$$\sigma=\sqrt{(40\%-22\%)^2\times0.30+(20\%-22\%)^2\times0.50+(0\%-22\%)^2\times0.20}$$
$$=14\%$$

南方公司的标准差为：

$$\sigma=\sqrt{(60\%-26\%)^2\times0.30+(20\%-26\%)^2\times0.50+(-10\%-26\%)^2\times0.20}$$
$$=24.98\%$$

(3) 计算两家公司的离散系数。

中原公司的离散系数为：

$$CV=14\%/22\%=0.64$$

南方公司的离散系数为：

$$CV=24.98\%/26\%=0.96$$

由于中原公司的离散系数更小，因此投资者应选择中原公司的股票进行投资。

9. 解：根据资本资产定价模型：$R_i=R_F+\beta_i(R_M-R_F)$，得到四种证券的必要报酬率为：

$$R_A=8\%+1.5\times(14\%-8\%)=17\%$$
$$R_B=8\%+1.0\times(14\%-8\%)=14\%$$
$$R_C=8\%+0.4\times(14\%-8\%)=10.4\%$$
$$R_D=8\%+2.5\times(14\%-8\%)=23\%$$

10. 解：(1) 市场平均风险报酬率 $=13\%-5\%=8\%$

(2) 证券的必要报酬率为：

$R_i=5\%+1.5\times8\%=17\%$

(3) 该投资计划的必要报酬率为：

$R_i=5\%+0.8\times8\%=11.4\%$

由于该投资的期望报酬率 11%低于必要报酬率，因此不应该进行投资。

(4) 由 $R_i=R_F+\beta_i(R_M-R_F)$ 得

$\beta=(12.2\%-5\%)/8\%=0.9$

11. 解：债券的价值为：

$$\begin{aligned}V_B&=1\,000\times12\%\times PVIFA_{15\%,5}+1\,000\times PVIF_{15\%,5}\\&=120\times3.352+1\,000\times0.497\\&=899.24(\text{元})\end{aligned}$$

所以，只有当债券的价格低于 899.24 元时，该债券才值得投资。

第 3 章

Chapter 3 财务分析

学习指导

1. **学习重点**：本章学习的重点是理解不同的会计信息使用者进行财务分析的不同目的，掌握财务分析的内容与方法，能够熟练运用财务比率分析法分析企业的财务状况，掌握各种财务比率的计算方法，理解财务比率的含义。在财务综合分析中应重点学习杜邦分析法，要求通过杜邦分析可以全面评价企业的财务状况和盈利能力，并能提出解决问题的方案。

2. **学习难点**：本章学习的难点是正确理解偿债能力、营运能力、盈利能力和发展能力之间的关系，综合评价企业的财务状况和经营状况，并在分析的基础上发现企业财务状况存在的问题，正确提出解决问题的方案。

练习题

一、名词解释

1. 财务分析
2. 财务趋势分析
3. 财务综合分析
4. 比率分析法
5. 比较分析法
6. 构成比率
7. 效率比率
8. 相关比率
9. 流动比率
10. 速动比率
11. 现金比率
12. 现金流量比率
13. 资产负债率
14. 股东权益比率
15. 权益乘数
16. 产权比率

17. 有形净值债务率
18. 利息保障倍数
19. 应收账款周转率
20. 存货周转率
21. 流动资产周转率
22. 固定资产周转率
23. 总资产周转率
24. 资产报酬率
25. 股东权益报酬率
26. 销售毛利率
27. 销售净利率
28. 成本费用净利率
29. 股利支付率
30. 市盈率
31. 市净率
32. 比较财务报表
33. 比较百分比财务报表
34. 比较财务比率
35. 财务比率综合评分法
36. 杜邦分析法

二、判断题

1. 投资者进行财务分析主要是为了了解企业的发展趋势。 （ ）

2. 财务分析主要是以企业的财务报告为基础，日常核算资料只作为财务分析的一种补充资料。 （ ）

3. 现金流量表是以现金为基础编制的财务状况变动表。 （ ）

4. 企业的银行存款和其他货币资金中不能随时用于支付的部分不应作为现金反映在现金流量表中。 （ ）

5. 企业销售一批存货，无论货款是否收回，都可以使速动比率增大。 （ ）

6. 企业用银行存款购买一笔期限为3个月、随时可以变现的国债，会降低现金比率。 （ ）

7. 如果企业负债资金的利息率低于其资产报酬率，则提高资产负债率可以增加所有者权益报酬率。 （ ）

8. 偿债保障比率可以用来衡量企业通过经营活动所获得的现金偿还债务的能力。 （ ）

9. 或有负债不是企业现时的债务，因此不会影响企业的偿债能力。 （ ）

10. 企业以经营租赁方式租入资产，虽然其租金不包括在负债中，但是也会影响企业的偿债能力。 （ ）

11. 企业的应收账款周转率越大，说明发生坏账损失的可能性越大。（ ）

12. 在企业的资本结构一定的情况下，提高资产报酬率可以使股东权益报酬率增大。 （ ）

13. 成本费用净利率越高，说明企业为获得利润所付出的成本费用越多，则企业的盈利能力越差。 （ ）

14. 每股利润等于企业的利润总额除以发行在外的普通股平均股数。（ ）

15. 市盈率越高的股票，其投资的风险也越大。 （ ）

16. 在利用财务比率综合评分法进行财务分析时，各项财务比率的标准评分值的确定会直接影响财务分析的结果。（ ）

17. 采用财务比率综合评分法进行财务分析，由于通过分数来评价企业的财务状况，因此具有客观性，不存在主观因素对分析结果的影响。（ ）

18. 通过杜邦分析系统可以分析企业的资产结构是否合理。（ ）

19. 市盈率是评价上市公司盈利能力的指标，它反映投资者愿意对公司每股净资产支付的溢价。（ ）

20. 权益乘数的高低取决于企业的资本结构，资产负债率越高，权益乘数越高，财务风险越大。（ ）

三、单项选择题

1. 企业的财务报告不包括（ ）。

A. 现金流量表　　B. 财务状况说明书

C. 利润表　　D. 比较百分比财务报表

2. 资产负债表不提供的财务信息是（ ）。

A. 资产结构　　B. 负债水平

C. 经营成果　　D. 所有者权益总额

3. 现金流量表中的现金不包括（ ）。

A. 存在银行的外币存款　　B. 银行汇票存款

C. 期限为3个月的国债　　D. 长期债券投资

4. 下列财务比率中，反映企业短期偿债能力的是（ ）。

A. 现金流量比率　　B. 资产负债率

C. 偿债保障比率　　D. 利息保障倍数

5. 下列财务比率中，反映企业营运能力的是（ ）。

A. 资产负债率　　B. 流动比率

C. 存货周转率　　D. 资产报酬率

6. 下列经济业务中，会使企业的速动比率提高的是（ ）。

A. 销售产成品　　B. 收回应收账款

C. 购买短期债券　　D. 用固定资产对外进行长期投资

7. 下列各项经济业务中，不会影响流动比率的是（ ）。

A. 赊购原材料　　B. 用现金购买短期债券

C. 用存货对外进行长期投资　　D. 向银行借款

8. 下列经济业务中，会影响企业资产负债率的是（ ）。

A. 以固定资产的账面价值对外进行长期投资

B. 收回应收账款

C. 接受投资者以固定资产进行的投资

D. 用现金购买股票

9. 某企业2015年主营业务收入净额为36 000万元，流动资产平均余额为4 000万元，固定资产平均余额为8 000万元。假定没有其他资产，则该企业2015年的总资产周转率为（　　）次。

A. 3.0　　B. 3.4

C. 2.9　　D. 3.2

10. 企业的应收账款周转率高，说明（　　）。

A. 企业的信用政策比较宽松

B. 企业的盈利能力较强

C. 企业的应收账款周转速度较快

D. 企业的坏账损失较多

11. 影响速动比率可信性的最主要因素是（　　）。

A. 存货的周转状况　　B. 货币资金的数量

C. 产品的变现能力　　D. 应收账款的变现能力

12. 企业大量增加速动资产可能导致的结果是（　　）。

A. 减少资金的机会成本　　B. 增加资金的机会成本

C. 增加财务风险　　D. 提高流动资产的报酬率

13. 某公司年末财务报告上部分数据为：流动负债60万元，流动比率2，速动比率1.2，销售成本100万元，年初存货52万元，则本年度存货周转次数为（　　）次。

A. 1.65　　B. 2

C. 2.3　　D. 1.45

14. 股权报酬率是杜邦分析系统中综合性最强、最具有代表性的指标，通过杜邦分析可知，提高股权报酬率的途径不包括（　　）。

A. 加强销售管理，提高销售净利率

B. 加强资产管理，提高总资产周转率

C. 加强负债管理，降低资产负债率

D. 加强负债管理，提高产权比率

15. 在其他条件不变的情况下，下列经济业务中，可能导致资产报酬率下降的是（　　）。

A. 用银行存款支付一笔销售费用

B. 用银行存款购入一台设备

C. 将可转换债券转换为普通股

D. 用银行存款归还银行借款

16. 某企业上年的销售净利率为5.5%，总资产周转率为2.5次；本年的销售净利率为 4.5%，总资产周转率为 2.4 次。若两年的资产负债率相同，则本年的净资产收益率与上年相比的变化趋势为（　　）。

A. 下降　　B. 不变

C. 上升　　D. 难以确定

17. ABC 公司无优先股，上年每股利润为 4 元，每股发放股利 2 元，留用利润在过去一年中增加了 500 万元，年底每股账面价值为 30 元，负债总额为 5 000 万元，则该公司的资产负债率为（　　）。

A. 30%　　B. 33%

C. 40%　　D. 44%

18. 下列各项中，会使企业财务报表反映的偿债能力大于实际偿债能力的是（　　）。

A. 企业的长期偿债能力一向很好

B. 未做记录的为别的企业提供的信用担保

C. 未使用的银行贷款限额

D. 存在将很快处理的存货

19. 下列财务比率中，既能反映企业资产综合利用的效果，又能衡量债权人权益和所有者权益的报酬情况的是（　　）。

A. 销售利润率　　B. 总资产报酬率

C. 产权比率　　D. 利息保障倍数

20. 计提积压存货跌价准备将会（　　）。

A. 降低速动比率

B. 增加营运资本

C. 降低流动比率

D. 降低流动比率，也降低速动比率

四、多项选择题

1. 对企业进行财务分析的主要目的有（　　）。

A. 评价企业的偿债能力　　B. 评价企业的营运能力

C. 评价企业的盈利能力　　D. 评价企业的发展能力

E. 评价企业投资项目的可行性

2. 企业的财务报告主要包括（　　）。

A. 资产负债表　　B. 利润表

C. 现金流量表　　D. 所有者权益变动表

E. 财务报表附注

3. 现金等价物应具备的条件有（　　）。

A. 期限短　　B. 流动性强

C. 易于转换为已知金额现金　　D. 价值变动风险很小
E. 必须是货币形态

4. 财务分析按其分析的方法不同，可以分为（　　）。
A. 比率分析法　　B. 比较分析法
C. 内部分析法　　D. 外部分析法
E. 趋势分析法

5. 下列财务比率中，可以反映企业短期偿债能力的有（　　）。
A. 现金比率　　B. 资产负债率
C. 速动比率　　D. 现金流量比率
E. 股东权益比率

6. 下列经济业务中，会影响流动比率的有（　　）。
A. 销售产成品　　B. 偿还应付账款
C. 用银行存款购买固定资产　　D. 用银行存款购买短期有价证券
E. 用固定资产对外进行长期投资

7. 下列经济业务中，会影响股东权益比率的有（　　）。
A. 接受所有者投资
B. 建造固定资产
C. 可转换债券转换为普通股
D. 偿还银行借款
E. 以大于固定资产账面净值的评估价值作为投资价值进行对外投资

8. 下列财务比率中，属于反映企业长期偿债能力的有（　　）。
A. 股东权益比率　　B. 现金流量比率
C. 应收账款周转率　　D. 偿债保障比率
E. 利息保障倍数

9. 下列经济业务中，会影响偿债保障比率的有（　　）。
A. 用银行存款偿还银行借款　　B. 收回应收账款
C. 用银行存款购买固定资产　　D. 发行公司债券
E. 用银行存款购买原材料

10. 下列各项因素中，会影响企业的偿债能力的有（　　）。
A. 已贴现未到期的商业承兑汇票
B. 经济诉讼案件
C. 为其他企业的银行借款提供担保
D. 经营租赁固定资产
E. 可动用的银行贷款指标

11. 下列财务比率中，属于反映企业营运能力的有（　　）。

A. 存货周转率　　B. 现金流量比率
C. 固定资产周转率　　D. 总资产周转率
E. 市盈率

12. 下列经济业务中，会影响企业存货周转率的有（　　）。
A. 收回应收账款　　B. 销售产成品
C. 期末购买存货　　D. 偿还应付账款
E. 产品完工验收入库

13. 下列经济业务中，会影响企业应收账款周转率的有（　　）。
A. 赊销产成品　　B. 现销产成品
C. 期末收回应收账款　　D. 发生销售退货
E. 发生销售折扣

14. 下列经济业务中，会影响股份公司每股净资产的有（　　）。
A. 以固定资产的账面净值对外进行投资
B. 发行普通股　　C. 支付现金股利
D. 用资本公积金转增股本　　E. 用银行存款偿还债务

15. 企业财务状况的趋势分析常用的方法有（　　）。
A. 比较财务报表法　　B. 比较百分比财务报表法
C. 比较财务比率法　　D. 图解法
E. 杜邦分析法

16. 杜邦分析系统主要反映的财务比率关系有（　　）。
A. 股东权益报酬率与资产报酬率及权益乘数之间的关系
B. 资产报酬率与销售净利率及总资产周转率之间的关系
C. 销售净利率与净利润及销售收入之间的关系
D. 总资产周转率与销售收入及资产总额之间的关系
E. 存货周转率与销售成本及存货余额之间的关系

17. 影响企业长期偿债能力的报表外因素有（　　）。
A. 为他人提供的经济担保
B. 未决诉讼案件
C. 售出产品可能发生的质量事故赔偿
D. 准备近期内变现的固定资产
E. 经营租入长期使用的固定资产

18. 下列关于每股利润的说法中，正确的有（　　）。
A. 每股利润是衡量上市公司盈利能力的主要财务指标
B. 每股利润可以反映股票所含的风险
C. 每股利润适宜不同行业公司间的横向比较

D. 每股利润多，不一定意味着多分红

E. 每股利润反映普通股的获利水平

19. 在其他条件不变的情况下，下列经济业务中，会引起总资产周转率指标上升的有（ ）。

A. 用现金偿还负债 B. 销售一批产品

C. 用银行存款购入一台设备 D. 用银行存款支付职工工资

E. 向银行借款

20. 下列关于市盈率的说法中，不正确的有（ ）。

A. 市场对公司资产质量进行评价时通常使用市盈率指标

B. 如果市盈率为 25，则属于正常的市盈率

C. 市盈率可用于任何企业之间的比较

D. 市盈率可用于估计股票的投资报酬和风险

E. 市盈率越高，说明该股票越具有投资价值

21. 下列关于市净率的说法中，正确的有（ ）。

A. 市净率反映了公司市场价值与盈利能力之间的关系

B. 市净率反映了公司市场价值与账面价值之间的关系

C. 如果公司股票的市净率小于 1，说明该公司股价低于每股净资产

D. 公司的发展前景越好、风险越小，其股票的市净率也会越低

E. 市净率越高的股票，其投资风险越小

22. 下列财务比率中，属于反映企业发展能力的财务比率的有（ ）。

A. 销售增长率 B. 资产增长率

C. 股东权益报酬率 D. 销售毛利率

E. 利润增长率

五、简答题

1. 简述财务分析的作用。

2. 简述债权人进行财务分析的目的。

3. 简述财务分析的内容。

4. 财务分析有哪些主要方法？

5. 财务分析应当遵循哪些程序？

6. 简要分析企业短期偿债能力的财务比率。

7. 简要分析企业营运能力的财务比率。

8. 什么是企业发展能力？通过哪些财务指标可以反映发展能力？

9. 什么是财务趋势分析？财务趋势分析主要有哪些方法？

10. 利用财务比率综合评分法进行企业财务状况的综合分析应当遵循什么程序？

11. 根据杜邦分析法，提高股东权益报酬率的方法有哪些？

六、计算与分析题

1. 海虹公司有关资料如下。

（1）海虹公司2020年12月31日的资产负债表如表3-1所示。

表3-1 海虹公司资产负债表

2020年12月31日　　单位：万元

资产	年初数	年末数	负债及股东权益	年初数	年末数
流动资产：			流动负债：		
货币资金	510	980	短期借款	600	840
交易性金融资产	45	160	交易性金融负债		
衍生金融资产			衍生金融负债		
应收票据	30	30	应付票据	75	140
应收账款	975	1 380	应付账款	396	710
预付款项	23.25	14.2	预收款项	30	20
应收利息			应付职工薪酬	1.2	1.2
应收股利			应交税费	90	100
其他应收款	20.25	9.8	应付利息	7.8	12.8
存货	870	1 380	应付股利		
持有待售资产			其他应付款	22.5	36
一年内到期的非流动资产	46.5	6	持有待售负债		
其他流动资产	45		一年内到期的非流动负债	127.5	140
流动资产合计	2 565	3 960	其他流动负债		
非流动资产：			流动负债合计	1 350	2 000
债权投资			非流动负债：		
其他债权投资			长期借款	750	1 100
长期应收款			应付债券	480	840
长期股权投资	165	360	长期应付款	156	200
投资性房地产			预计负债		
固定资产	2 700	4 300	递延收益		
在建工程	225	300	递延所得税负债		
生产性生物资产			其他非流动负债		
油气资产			非流动负债合计	1 386	2 140
无形资产	30	64	负债合计	2 736	4 140
开发支出			股东权益：		
商誉			股本	2 250	3 000
长期待摊费用	15	16	其他权益工具		
递延所得税资产			资本公积	198	480

续表

资产	年初数	年末数	负债及股东权益	年初数	年末数
其他非流动资产			其他综合收益		
			盈余公积	328.5	918
			未分配利润	187.5	462
非流动资产合计	3 135	5 040	股东权益合计	2 964	4 860
资产总计	5 700	9 000	负债及股东权益总计	5 700	9 000

（2）海虹公司2020年12月的利润表如表3-2所示。

表3-2 海虹公司利润表

2020年12月 单位：万元

项目	本月数	本年累计数
一、主营业务收入	（略）	17 040
减：营业成本		8 380.80
税金及附加		1 352
销售费用		2 740
管理费用		2 100
财务费用		650
加：其他收益		
投资收益		126
公允价值变动收益		1 576.80
资产减值损失		
资产处置收益		
二、营业利润		3 520
加：营业外收入		143
减：营业外支出		31
三、利润总额		3 632
减：所得税费用		1 112
四、净利润		2 520
五、其他综合收益的税后净额		
六、综合收益总额		2 520
七、每股收益		
（一）基本每股收益（元）		0.84
（二）稀释每股收益（元）		0.84

（3）海虹公司2020年度现金流量表如表3-3所示。

表 3-3　海虹公司现金流量表

2020 年 12 月　　　　单位：万元

项目	金额
一、经营活动产生的现金流量：	
销售商品、提供劳务收到的现金	17 796
收到的税费返还	4 044
收到其他与经营活动有关的现金	600
经营活动现金流入小计	22 440
购买商品、接受劳务支付的现金	13 240
支付给职工以及为职工支付的现金	516
支付的各项税费	5 104
支付其他与经营活动有关的现金	940
经营活动现金流出小计	19 800
经营活动产生的现金流量净额	2 640
二、投资活动产生的现金流量：	
收回投资收到的现金	210
取得投资收益收到的现金	104
处置固定资产、无形资产和其他长期资产收回的现金净额	30
处置子公司及其他营业单位收到的现金净额	
收到其他与投资活动有关的现金	26
投资活动现金流入小计	370
购建固定资产、无形资产和其他长期资产支付的现金	1 710
投资支付的现金	152
取得子公司及其他营业单位支付的现金净额	
支付其他与投资活动有关的现金	28
投资活动现金流出小计	1 890
投资活动产生的现金流量净额	−1 520
三、筹资活动产生的现金流量	
吸收投资收到的现金	
取得借款收到的现金	500
收到其他与筹资活动有关的现金	
筹资活动现金流入小计	500
偿还债务支付的现金	660
分配股利、利润或偿付利息支付的现金	550
支付其他与筹资活动有关的现金	10
筹资活动现金流出小计	1 220
筹资活动产生的现金流量净额	−720
四、汇率变动对现金及现金等价物的影响	
五、现金及现金等价物净增加额	400

假定：海虹公司流通在外的普通股股数为 3 000 万股，每股市价为 15 元；海虹公司的财务费用都是利息费用，并且无资本化利息；销售收入都是赊销收入。

要求：根据以上资料计算海虹公司 2020 年度的下列财务比率：

（1）流动比率；（2）速动比率；（3）现金流量比率；（4）资产负债率；（5）偿债保障比率；（6）利息保障倍数；（7）应收账款周转率；（8）存货周转率；（9）总资产周转率；（10）资产报酬率；（11）股东权益报酬率；（12）销售净利率；（13）每股现金流量；（14）每股利润；（15）市盈率。

2. 选定的财务比率的评分值与标准值如表 3－4 所示。

表 3－4　评分值与标准值

财务比率	评分值	上/下限	标准值
流动比率	8	20/5	2
速动比率	8	20/5	1.2
现金流量比率	6	15/4	1.55
资产负债率	10	20/5	2.10
存货周转率	10	20/5	8.66
应收账款周转率	8	20/4	17.65
总资产周转率	10	20/5	2.76
资产报酬率	10	20/5	38.97%
股东权益报酬率	10	20/5	67.81%
销售净利率	10	20/5	17.20%
每股现金流量	10	20/5	0.644
合计	100		

要求：根据上题计算的财务比率实际值及表 3－4 所给的资料，计算海虹公司 2020 年度财务状况的综合评分。

3. 某企业 2020 年销售收入为 20 万元，毛利率为 40%，赊销比例为 80%，销售净利率为 16%，存货周转率为 5 次，期初存货余额为 2 万元；期初应收账款余额为 4.8 万元，期末应收账款余额为 1.6 万元，速动比率为 1.6，流动比率为 2，流动资产占资产总额的 28%，该企业期初资产总额为 30 万元。该企业期末无待摊费用和待处理流动资产损失。

要求：计算下列财务比率：

（1）应收账款周转率；

（2）总资产周转率；

（3）资产净利率。

4. 某公司 2020 年的销售收入为 62 500 万元，比上年提高 28%，该公司正处于免税期。有关的财务比率如表 3－5 所示。

表3-5 财务比率

财务比率	2019年同行业平均	2019年本公司	2020年本公司
应收账款回收期（天）	35	36	36
存货周转率（次）	2.50	2.59	2.11
销售毛利率	38%	40%	40%
营业利润率（息税前）	10%	9.6%	10.63%
销售利息率	3.73%	2.4%	3.82%
销售净利率	6.27%	7.20%	6.81%
总资产周转率（次）	1.14	1.11	1.07
固定资产周转率（次）	1.4	2.02	1.82
资产负债率	58%	50%	61.3%
已获利息倍数	2.68	4	2.78

要求：

（1）运用杜邦财务分析原理，比较2019年公司与同行业平均的净资产收益率，定性分析其差异的原因。

（2）运用杜邦财务分析原理，比较公司2020年与2019年的净资产收益率，定性分析其变化的原因。

5. 某股份有限公司本年利润分配及年末股东权益的有关资料如表3-6所示。

表3-6 利润分配与股东权益　　单位：万元

项目	金额	项目	金额
净利润	2 100	股本（每股面值1元）	3 000
加：年初未分配利润	400	资本公积	2 200
可供分配利润	2 500	盈余公积	1 200
减：提取法定盈余公积金	500	未分配利润	600
可供股东分配的利润	2 000		
减：提取任意盈余公积金	200		
已分配普通股股利	1 200		
未分配利润	600	股东权益合计	7 000

该公司当前股票市场价格为10.50元/股，流通在外的普通股股数为3 000万股。

要求：

（1）计算普通股每股利润；

（2）计算该公司股票当前的市盈率、每股股利、股利支付率；

（3）计算每股净资产。

6. 某企业有关财务信息如下：

（1）速动比率为2；

（2）长期负债是短期投资的4倍；

（3）应收账款为 4 000 000 元，是速动资产的 50%，流动资产的 25%，并与固定资产价值相等；

（4）所有者权益总额等于营运资本，实收资本是未分配利润的 2 倍。

要求：根据以上信息，将资产负债表（见表 3－7）的空白处填列完整。

表 3－7　资产负债表

资产	金额	负债及所有者权益	金额
货币资金 短期投资 应收账款 存货 固定资产		应付账款 长期负债 实收资本 未分配利润	
合计		合计	

七、论述题

1. 论述如何从不同的角度评价企业的资产负债率。

2. 论述杜邦分析可以揭示企业哪些财务信息。

八、案例题

海洋公司财务分析案例

海洋公司 2020 年的资产负债表和利润表如表 3－8 和表 3－9 所示。

表 3－8　海洋公司资产负债表

2020 年 12 月 31 日　　单位：万元

资产	年初数	年末数	负债及股东权益	年初数	年末数
货币资金	110	116	短期借款	180	200
交易性金融资产	80	100	应付账款	182	285
应收账款	350	472	应付职工薪酬	60	65
存货	304	332	应交税费	48	60
流动资产合计	844	1 020	流动负债合计	470	610
固定资产	470	640	长期借款	280	440
长期股权投资	82	180	应付债券	140	260
无形资产	18	20	长期应付款	44	50
非流动资产合计	570	840	非流动负债合计	464	750
			负债合计	934	1 360
			股本	300	300
			资本公积	50	70
			盈余公积	84	92
			未分配利润	46	38
			股东权益合计	480	500
资产总计	1 414	1 860	负债及股东权益总计	1 414	1 860

表 3-9　海洋公司利润表

2020 年 12 月　　单位：万元

项目	本年累计数
一、营业收入	5 800
减：营业成本	3 480
税金及附加	454
销售费用	486
管理费用	568
财务费用	82
加：其他收益	
投资收益	54
公允价值变动收益	
资产减值损失	
资产处置收益	
二、营业利润	784
加：营业外收入	32
减：营业外支出	48
三、利润总额	768
减：所得税费用	254
四、净利润	514
五、其他综合收益的税后净额	
六、综合收益总额	
七、每股收益	
（一）基本每股收益（元）	
（二）稀释每股收益（元）	

其他资料：

（1）该公司 2020 年年末有一项未决诉讼，如果败诉预计要赔偿对方 50 万元。

（2）2020 年是该公司享受税收优惠政策的最后一年，从 2021 年起不再享受税收优惠政策，预计综合税率将从现行的 8%上升到同行业的平均税率 12%。

（3）该公司所处行业的财务比率平均值如表 3-10 所示。

表 3-10　财务比率行业平均值

财务比率	行业均值	财务比率	行业均值
流动比率	2	总资产周转率（次）	2.65
速动比率	1.2	资产净利率	19.88%
资产负债率	0.42	销售净利率	7.5%
应收账款周转率（次）	16	净资产收益率	34.21%
存货周转率（次）	8.5		

要求：

（1）计算该公司2020年年初与年末的流动比率、速动比率和资产负债率，并分析该公司的偿债能力。

（2）计算该公司2020年应收账款周转率、存货周转率和总资产周转率，并分析该公司的营运能力。

（3）计算该公司2020年的资产净利率、销售净利率和净资产收益率，并分析该公司的盈利能力。

（4）通过以上计算分析，评价该公司财务状况存在的主要问题，并提出改进意见。

练习题部分答案

一、名词解释

1. 财务分析：财务分析是以企业的财务报告等会计资料为基础，对企业的财务状况和经营成果进行分析和评价的一种方法。财务分析是财务管理的重要方法之一，它是对企业一定期间的财务活动的总结。通过财务分析，可以评价企业的偿债能力、营运能力、盈利能力以及企业的发展趋势，为企业进行下一步的财务预测和财务决策提供依据。

2. 财务趋势分析：财务趋势分析是指通过对企业连续若干期的会计信息和财务指标进行分析，判断企业未来发展趋势，了解企业的经营活动和财务活动存在的问题，为企业未来决策提供依据。

3. 财务综合分析：财务综合分析是指全面分析和评价企业各方面的财务状况，对企业风险、报酬、成本和现金流量等进行分析和判断，为提高企业财务管理水平、改善经营业绩提供信息。

4. 比率分析法：比率分析法是将财务报表中的相关项目进行对比，得出一系列财务比率，以此来揭示企业的财务状况。

5. 比较分析法：比较分析法是将企业本期的财务状况与以前不同时期的财务状况进行对比，从而揭示企业财务状况变动趋势，这是纵向比较。也可以横向比较，即把本企业的财务状况与同行业平均水平或其他企业进行对比，以了解本企业在同行业中所处的水平，以及财务状况存在的问题。

6. 构成比率：又称结构比率，是反映某项经济指标的各个组成部分与总体之间关系的财务比率，如流动资产与资产总额的比率。

7. 效率比率：效率比率是反映某项经济活动投入与产出之间关系的财务比率，如资产报酬率、销售净利率等，利用效率比率可以考察经济活动的经济效益，揭示企业的盈利能力。

8. 相关比率：相关比率是反映经济活动中某两个或两个以上相关项目比值的财

务比率，如流动比率、速动比率等，利用相关比率可以考察各项经济活动之间的相互关系，从而揭示企业的财务状况。

9. 流动比率：流动比率是企业流动资产与流动负债的比率。流动比率是衡量企业短期偿债能力的重要财务指标，流动比率越高，说明企业偿还流动负债的能力越强。

10. 速动比率：也称酸性测试比率，是速动资产与流动负债的比率。速动比率越高，说明企业的短期偿债能力越强。

11. 现金比率：现金比率是企业的现金类资产与流动负债的比率。现金类资产包括企业的库存现金、随时可以用于支付的存款和现金等价物。现金比率可以反映企业的直接支付能力，现金比率越高，说明企业的支付能力越强。

12. 现金流量比率：现金流量比率是企业经营活动产生的现金流量净额与流动负债的比率，它反映本期经营活动所产生的现金流量净额足以抵付流动负债的倍数。

13. 资产负债率：资产负债率是企业负债总额与资产总额的比率，也称负债比率或举债经营比率，它反映企业的资产总额中有多少是通过举债得到的。资产负债率反映企业偿还债务的综合能力，这个比率越高，说明企业偿还债务的能力越弱；反之，说明企业偿还债务的能力越强。

14. 股东权益比率：股东权益比率是股东权益总额与资产总额的比率，该比率反映资产总额中有多大比例是所有者投入的。

15. 权益乘数：权益乘数是资产总额与股东权益的比值，即股东权益比率的倒数。权益乘数反映了企业财务杠杆的大小，权益乘数越大，说明财务杠杆越大。

16. 产权比率：产权比率是负债总额与股东权益总额的比率，也称负债股权比率。产权比率反映了债权人所提供资金与股东所提供资金的对比关系，它可以揭示企业的财务风险以及股东权益对债务的保障程度。该比率越低，说明企业的长期财务状况越好，债权人贷款的安全性越有保障，企业财务风险越小。

17. 有形净值债务率：有形净值债务率是负债总额与扣除无形资产净值后的股东权益总额的比值，该指标反映了在企业清算时债权人投入的资本受到股东权益的保障程度。该比率越低，说明企业的财务风险越小。

18. 利息保障倍数：也称利息所得倍数或已获利息倍数，是税前利润加利息费用之和与利息费用的比率。

19. 应收账款周转率：应收账款周转率是企业一定时期赊销收入净额与应收账款平均余额的比率，它反映了企业应收账款的周转速度。

20. 存货周转率：也称存货利用率，是企业一定时期的销售成本与存货平均余额的比率。存货周转率越高，说明存货周转得越快。

21. 流动资产周转率：流动资产周转率是销售收入与流动资产平均余额的比率，它反映的是全部流动资产的利用效率。

22. 固定资产周转率：也称固定资产利用率，是企业销售收入与固定资产平均净值的比率。该比率越高，说明固定资产的利用率越高。

23. 总资产周转率：也称总资产利用率，是企业销售收入与资产平均总额的比率。总资产周转率可用来分析企业全部资产的使用效率。

24. 资产报酬率：也称资产收益率、资产利润率或投资报酬率，是企业在一定时期内的利润额与资产平均总额的比率。

25. 股东权益报酬率：也称净资产收益率或所有者权益报酬率，是一定时期企业的净利润与股东权益平均总额的比率。

26. 销售毛利率：也称毛利率，是企业的销售毛利与销售收入净额的比率。销售毛利是企业销售收入净额与销售成本的差额。

27. 销售净利率：销售净利率是企业净利润与销售收入净额的比率。该比率越高，说明企业通过扩大销售获取报酬的能力越强。

28. 成本费用净利率：成本费用净利率是企业净利润与成本费用总额的比率。它反映企业生产经营过程中发生的耗费与获得的报酬之间的关系。

29. 股利支付率：也称股利发放率，是普通股每股股利与每股利润的比率。它表明股份公司的净收益中有多少用于股利的分派。

30. 市盈率：市盈率也称价格盈余比率或价格与收益比率，是普通股每股市价与每股利润的比率。

31. 市净率：市净率是普通股每股市价与每股净资产的比率。该比率反映了公司股票的市场价值与账面价值之间的关系。

32. 比较财务报表：比较财务报表是将企业连续几期财务报表的数据编制成一张报表，通过对比较财务报表的分析，可以了解各期财务数据增减变化的幅度及其变化原因，判断企业财务状况的发展趋势。

33. 比较百分比财务报表：百分比财务报表是将财务报表中的各项数据用百分比来表示，比较百分比财务报表是比较各期百分比财务报表中各项目百分比的变化，以此来判断企业财务状况的发展趋势。

34. 比较财务比率：比较财务比率是将企业连续几期的财务比率进行对比，分析企业财务状况的发展趋势的分析方法。

35. 财务比率综合评分法：财务比率综合评分法是通过对选定的几项财务比率进行评分，然后计算出综合得分，并据此评价企业的综合财务状况的一种分析方法。

36. 杜邦分析法：杜邦分析法是利用几种主要的财务比率之间的关系来综合分析企业的财务状况。这种分析方法是由美国杜邦公司最早创造的，故称杜邦分析法。

二、判断题

1. × 2. √ 3. × 4. √ 5. √

6. ×	7. √	8. √	9. ×	10. √
11. ×	12. √	13. ×	14. ×	15. √
16. √	17. ×	18. √	19. ×	20. √

三、单项选择题

1. D	2. C	3. D	4. A	5. C
6. A	7. B	8. C	9. A	10. C
11. D	12. B	13. B	14. C	15. A
16. A	17. C	18. B	19. B	20. C

四、多项选择题

1. ABCD	2. ABCDE	3. ABCD	4. AB	5. ACD
6. ABC	7. ACDE	8. ADE	9. ABDE	10. ABCDE
11. ACD	12. BC	13. ACDE	14. BC	15. ABCD
16. ABCD	17. ABCE	18. ADE	19. ABD	20. ABC
21. BC	22. ABE			

五、简答题

1. 答：财务分析是以企业的财务报告等会计资料为基础，对企业的财务状况、经营成果和现金流量进行分析和评价，它是对财务报告所提供的会计信息做进一步加工和处理，为股东、债权人和管理层等会计信息使用者进行财务预测和财务决策提供依据。具体来说，财务分析可以发挥以下重要作用：

（1）通过财务分析，可以全面评价企业在一定时期内的各种财务能力，包括偿债能力、营运能力、盈利能力和发展能力，从而分析企业经营活动中存在的问题，总结财务管理工作的经验教训，促进企业改善经营活动，提高管理水平。

（2）通过财务分析，可以为企业外部投资者、债权人及其他有关部门和人员提供更加系统、完整的会计信息，便于他们更加深入地了解企业的财务状况、经营成果和现金流量情况，为其投资决策、信贷决策和其他经济决策提供依据。

（3）通过财务分析，可以检查企业内部各职能部门和单位完成经营计划的情况，考核各部门和单位的经营业绩，有利于企业建立和完善业绩评价体系，协调各种财务关系，保证企业财务目标的顺利实现。

2. 答：债权人为企业提供资金所能够获得的报酬是固定的，贸易债权人的报酬直接来自商业销售的毛利，非贸易债权人的报酬来自债务合同约定的利息。无论企业的业绩多么优秀，债权人的报酬只能限定为固定的利息或者商业销售的毛利。但是，如果企业发生亏损或者经营困难，没有足够的偿付能力，债权人就可能无法收回全部或部分本金。债权人风险与报酬的这种不对称性特征决定了他们非常关注其贷款的安全性，这也是债权人进行财务分析的主要目的。债权人为了保证其债权的安全，非常关注债务人的现有资源以及未来现金流量的可靠性、及时性和稳定性。由于债务的期限长短不同，债权人进行财务分析所关注的重点有所不同。对于短期信用而言，债权人主要关心企业当前的财务状况、短期资产的流动性以及资金周转情况。而长期信用的债权人侧重于分析企业未来的现金流量和评价企业未来的盈利能力。从持续经营的角度看，企业未来的盈利能力是确保企业在各种情况下有能力履行债务合同的基本保障。因此，盈利能力分析对于长期债权人来说非常重要。此外，无论是短期信用还是长期信用，债权人都非常重视对企业资本结构的分析。资本结构决定了企业的财务风险，从而影响债权人的债权安全性。

3. 答：财务分析主要包括以下内容：

(1) 偿债能力分析。偿债能力是指企业偿还到期债务的能力。通过对企业的财务报告等会计资料进行分析，可以了解企业资产的流动性、负债水平以及偿还债务的能力，从而评价企业的财务状况和财务风险，为管理者、投资者和债权人提供有关企业偿债能力的财务信息。

(2) 营运能力分析。营运能力反映了企业对资产的利用和管理能力。企业的生产经营过程就是利用资产取得收益的过程。资产是企业生产经营活动的经济资源，对资产的利用和管理能力直接影响企业的收益，体现了企业的经营能力。对营运能力进行分析，可以了解企业资产的保值和增值情况，分析企业资产的利用效率、管理水平、资金周转状况、现金流量状况等，为评价企业的经营管理水平提供依据。

(3) 盈利能力分析。获取利润是企业的主要经营目标之一，它也反映了企业的综合素质。企业要生存和发展，必须争取获得较高的利润，这样才能在竞争中立于不败之地。投资者和债权人都十分关心企业的盈利能力，盈利能力强可以提高企业偿还债务的能力，提升企业的信誉。对企业盈利能力的分析不能仅看其获取利润的绝对数，还应分析其相对指标，这些都可以通过财务分析来实现。

(4) 发展能力分析。无论是企业的管理者还是投资者、债权人，都十分关注企业的发展能力，因为这关系他们的切身利益。通过对企业发展能力进行分析，可以判断企业的发展潜力，预测企业的经营前景，从而为企业管理者和投资者进行经营决策和投资决策提供重要依据，避免决策失误给企业带来的重大经济损失。

(5) 财务趋势分析。财务趋势分析是指通过对企业连续若干期的会计信息和财务指标进行分析，判断企业未来发展趋势，了解企业经营活动和财务活动存在的问题，为企业未来的决策提供依据。

(6) 财务综合分析。财务综合分析是指全面分析和评价企业各方面的财务状况，对企业风险、报酬、成本和现金流量等进行分析和诊断，为提高企业财务管理水平、改善经营业绩提供信息。

4. 答：财务分析的方法主要包括比率分析法和比较分析法。

（1）比率分析法。比率分析法是将企业同一时期的财务报表中的相关项目进行对比，得出一系列财务比率，以此来揭示企业财务状况的分析方法。财务比率主要包括构成比率、效率比率和相关比率三大类。

（2）比较分析法。比较分析法是将同一企业不同时期的财务状况或不同企业之间的财务状况进行比较，从而揭示企业财务状况存在差异的分析方法。比较分析法可分为纵向比较分析法和横向比较分析法两种。纵向比较分析法又称趋势分析法，是将同一企业连续若干期的财务状况进行比较，确定其增减变动的方向、数额和幅度，以此来揭示企业财务状况的发展变化趋势的分析方法，如比较财务报表法、比较财务比率法等。横向比较分析法是将本企业的财务状况与其他企业的同期财务状况进行比较，确定其存在的差异及其程度，以此来揭示企业财务状况所存在问题的分析方法。

5. 答：为了保证财务分析的有效进行，必须遵循科学的程序。财务分析的程序就是进行财务分析的步骤，一般包括以下几步：

（1）确定财务分析的范围，收集有关的经济资料。财务分析的范围取决于财务分析的目的，它可以是企业经营活动的某一方面，也可以是企业经营活动的全过程。如债权人可能只关心企业偿还债务的能力，就不必对企业经营活动的全过程进行分析，企业的经营管理者则需进行全面的财务分析。财务分析的范围决定了所要收集的经济资料的数量，范围小，所需资料也少；全面的财务分析则需要收集企业各方面的经济资料。

（2）选择适当的分析方法，确定分析指标。财务分析的目的和范围不同，所选用的分析方法也不同。常用的财务分析方法有比率分析法、比较分析法等，这些方法各有特点，在进行财务分析时可以结合使用。局部的财务分析可以只选择其中的某一种方法；全面的财务分析则应该综合运用各种方法，以便进行对比，做出客观、全面的评价。利用这些分析方法，比较分析企业的有关财务数据、财务指标，对企业的财务状况做出评价。

（3）进行因素分析，抓住主要矛盾。通过财务分析，可以找出影响企业经营活动和财务状况的各种因素。在诸多因素中，有的是有利因素，有的是不利因素；有的是外部因素，有的是内部因素。在进行因素分析时，必须抓住主要矛盾，即影响企业生产经营活动和财务状况的主要因素，然后才能有的放矢，找出相应的办法，做出正确的决策。

（4）为做出经济决策提供各种建议。财务分析的最终目的是为经济决策提供依据。通过上述比较与分析，可以提出各种方案，然后权衡各种方案的利弊与得失，从中选出最佳方案，做出经济决策。这个过程也是一个信息反馈过程，决策者可以通过财务分析总结经验，吸取教训，以改进工作。

6. 答：短期偿债能力是指企业偿付流动负债的能力。流动负债是在一年内或超过一年的一个营业周期内需要偿付的债务，这部分负债对企业的财务风险影响较大，如果不能及时偿还，就可能使企业面临倒闭的危险。一般来说，流动负债需以流动资产来偿付，特别是通常需要以现金来直接偿还。因此，可以通过分析企业流动负债与流动资产之间的关系来判断企业的短期偿债能力。通常，评价企业短期偿债能力的财务比率主要有：流动比率、速动比率、现金比率、现金流量比率等。

（1）流动比率是企业流动资产与流动负债的比值。它代表流动资产对流动负债的保障程度，这一比率越高，说明企业短期偿债能力越强。

（2）速动比率是速动资产与流动负债的比值。速动资产是流动资产扣除存货之后的余额，因此速动比率比流动比率更能进一步说明企业的短期偿债能力，该比率越高，说明企业的短期偿债能力越强。

（3）现金比率是企业的现金类资产与流动负债的比值。现金类资产包括企业的库存现金、随时可以用于支付的银行存款和现金等价物。该比率直接反映了企业支付债务的能力，这一比率越高，说明企业的短期偿债能力越强。

（4）现金流量比率是企业经营活动产生的现金流量净额与流动负债的比率。这一比率反映了企业本期经营活动产生的现金流量净额用以支付流动负债的能力。该比率越高，说明偿还短期债务的能力越强。

7. 答：企业的营运能力反映了企业的资金周转状况，对此进行分析，可以了解企业的营业状况及经营管理水平。资金周转状况好，说明企业的经营管理水平高，资金利用效率高。企业的资金周转状况与供产销各个经营环节密切相关，任何一个环节出现问题，都会影响企业资金的正常周转。评价企业营运能力常用的财务比率有应收账款周转率、存货周转率、流动资产周转率、固定资产周转率、总资产周转率等。

（1）应收账款周转率是企业一定时期赊销收入净额与应收账款平均余额的比率。应收账款周转率是评价应收账款流动性大小的一个重要财务比率，它反映了企业在一个会计年度内应收账款的周转次数，可以用来分析企业应收账款的变现速度和管理效率。这一比率越高，说明企业应收账款的周转速度越快，流动性越强。

（2）存货周转率也称存货利用率，是企业一定时期的销售成本与存货平均余额的比率。存货周转率说明了一定时期内企业存货周转的次数，可以反映企业存货的变现速度，衡量企业的销售能力及存货是否过量。存货周转率反映了企业的销售效率和存货使用效率。在正常经营情况下，存货周转率越高，说明存货周转速度越快，企业的销售能力越强，营运资本占用在存货上的金额越少。

（3）流动资产周转率是销售收入与流动资产平均余额的比率，它反映了全部流动资产的利用效率。流动资产周转率表明在一个会计年度内企业流动资产周转的次数，它反映了流动资产周转的速度。该指标越高，说明企业流动资产的利用效率越高。

（4）固定资产周转率也称固定资产利用率，是企业销售收入与固定资产平均净值的比率。这项比率主要用于分析企业对厂房、设备等固定资产的利用效率，该比率越高，说明企业固定资产的利用率越高，管理水平越高。如果固定资产周转率与同行业平均水平相比偏低，说明企业的生产效率较低，可能会影响企业的盈利能力。

（5）总资产周转率也称总资产利用率，是企业销售收入与资产平均总额的比率。总资产周转率可用来分析企业全部资产的使用效率。如果这个比率较低，说明企业利用其资产进行经营的效率较低，会影响企业的盈利能力，企业应该采取措施增加销售收入或处置资产，以提高总资产利用率。

8. 答：发展能力也称成长能力，是指企业在从事经营活动过程中所表现出的增长能力，如规模的扩大、盈利的持续增长、市场竞争力的增强等。反映企业发展能力的主要财务比率有销售增长率、资产增长率、股权资本增长率、利润增长率等。

（1）销售增长率。销售增长率是企业本年营业收入增长额与上年营业收入总额的比率。

（2）资产增长率。资产增长率是企业本年总资产增长额与年初资产总额的比率。该比率反映了企业本年度资产规模的增长情况。

（3）股权资本增长率。股权资本增长率也称净资产增长率或资本积累率，是指企业本年股东权益增长额与年初股东权益总额的比率。

（4）利润增长率。利润增长率是指企业本年利润总额增长额与上年利润总额的比率。

9. 答：财务趋势分析是通过比较企业连续几期的财务报表或财务比率，分析企业财务状况变化的趋势，并以此预测企业未来的财务状况和发展前景。财务趋势分析的主要方法有比较财务报表、比较百分比财务报表、比较财务比率、图解法等。

（1）比较财务报表。比较财务报表是比较企业连续几期财务报表的数据，分析财务报表中各个项目增减变化的幅度及变化原因，判断企业财务状况的发展趋势。由于比较财务报表分析法是将连续若干期的财务报表并列放在一起进行比较，因此，这种分析方法也称水平分析法。采用比较财务报表分析法时，选择的财务报表期数越多，分析结果的可靠性越高。

（2）比较百分比财务报表。比较百分比财务报表是在比较财务报表的基础上发展而来的。比较百分比财务报表是将财务报表中的各项数据用百分比来表示，比较百分比财务报表则是比较各项目百分比的变化，以此来判断企业财务状况的发展趋势。

（3）比较财务比率。比较财务比率就是将企业连续几期的财务比率进行对比，分析企业财务状况的发展趋势。这种方法实际上是比率分析法与比较分析法的结合。

（4）图解法。图解法是将企业连续几期的财务数据或财务比率绘制成图，并根据图形走势来判断企业财务状况的变动趋势。这种方法比较简单、直观地反映了企业财务状况的发展趋势，使分析者能够发现一些通过比较法不易发现的问题。

10. 答：财务比率综合评分法也称沃尔评分法，是指通过对选定的几项财务比率进行评分，然后计算出综合得分，并据此评价企业的综合财务状况的方法。

采用财务比率综合评分法进行企业财务状况的综合分析，一般要遵循如下程序：

（1）选定评价财务状况的财务比率。在选择财务比率时，需要注意以下三个方面：1）财务比率要求具有全面性。一般来说，反映企业的偿债能力、营运能力和盈利能力的三类财务比率都应当包括在内。2）财务比率应当具有代表性。所选择的财务比率数量不一定很多，但应当具有代表性，要选择能够说明问题的重要的财务比率。3）各项财务比率要具有变化方向的一致性。当财务比率增大时，表示财务状况得到改善；反之，当财务比率减小时，表示财务状况出现恶化。

（2）确定财务比率标准评分值。根据各项财务比率的重要程度，确定其标准评分值，即重要性系数。各项财务比率的标准评分值之和应等于100分。各项财务比率评分值的确定是财务比率综合评分法的一个重要问题，它直接影响对企业财务状况的评分多少。

（3）确定财务比率评分值的上下限。规定各项财务比率评分值的上限和下限，即最高评分值和最低评分值。这主要是为了避免个别财务比率的异常给总分造成不合理的影响。

（4）确定财务比率的标准值。财务比率的标准值是指各项财务比率在本企业现时条件下最理想的数值，亦即最优值。财务比率的标准值通常可以参照同行业的平均水平，并经过调整后确定。

（5）计算关系比率。计算企业在一定时期各项财务比率的实际值，然后计算出各项财务比率实际值与标准值的比值，即关系比率。关系比率反映了企业某一财务比率的实际值偏离标准值的程度。

（6）计算出各项财务比率的实际得分。各项财务比率的实际得分是关系比率和标准评分值的乘积，每项财务比率的得分都不得超过上限或下限，所有各项财务比率实际得分的合计数就是企业财务状况的综合得分。企业财务状况的综合得分反映了企业综合财务状况是否良好。如果综合得分等于或接近于100分，说明企业的财务状况良好，达到了预先确定的标准；如果综合得分远远低于100分，则说明企业的财务状况较差，应当采取适当的措施加以改善；如果综合得分大大超过100分，则说明企业的财务状况很理想。

11. 答：由杜邦分析可知，股东权益报酬率等于资产净利率与权益乘数的乘积，而资产净利率又等于销售净利率与总资产周转率的乘积。因此，提高股东权益报酬率可以从以下两方面入手：

（1）提高权益乘数。这种方法使企业的资产负债率增加，增大了企业的财务杠杆，虽然可以为企业股东带来杠杆利益，但也会增大企业的财务风险，在实践中会受到许多限制。

（2）提高资产净利率。企业要想提高资产净利率，必须提高销售净利率或者总资产周转率。要提高这两个指标，应在以下两个方面下功夫：

1）开拓市场，增加销售收入。在市场经济中，企业必须深入调查研究市场情况，了解市场的供需关系，在战略上，从长远利益出发，努力开发新产品；在策略上，保证产品的质量，加强营销手段，努力提高市场占有率。这些都是企业面向市场的外在能力。

2）加强成本费用控制，降低耗费，增加利润。从杜邦系统中可以分析企业的成本费用结构是否合理，发现企业在成本费用管理方面存在的问题，为加强成本费用管理提供依据。企业要想在激烈的市场竞争中立于不败之地，不仅要在营销与产品质量上下功夫，还要尽可能降低产品的成本，这样才能增强产品在市场上的竞争力。同时，要严格控制企业的管理费用、财务费用等各种期间费用，降低耗费，增加利润。

六、计算与分析题

1. 解：海虹公司2020年度有关财务比率计算如下：

（1）流动比率＝流动资产÷流动负债

＝3 960÷2 000＝1.98

（2）速动比率＝(流动资产－存货)÷流动负债

＝(3 960－1 380)÷2 000＝1.29

（3）现金流量比率＝经营活动产生的现金流量净额÷流动负债

＝2 640÷2 000＝1.32

（4）资产负债率＝负债总额÷资产总额

＝4 140÷9 000＝0.46

（5）偿债保障比率＝负债总额÷经营活动产生的现金流量净额

＝4 140÷2 640＝1.57

（6）利息保障倍数＝(税前利润＋利息费用)÷利息费用

＝(3 632＋650)÷650＝6.59

（7）应收账款周转率＝赊销收入净额÷应收账款平均余额

＝赊销收入净额÷[(期初应收账款＋期末应收账款)÷2]

＝17 040÷[(975＋1 380)÷2]＝14.47(次)

(8) 存货周转率＝销售成本÷存货平均余额

＝销售成本÷[(期初存货余额＋期末存货余额)÷2]

＝8 380.80÷[(870＋1 380)÷2]＝7.45(次)

(9) 总资产周转率＝销售收入÷资产平均总额

＝销售收入÷[(期初资产总额＋期末资产总额)÷2]

＝17 040÷[(5 700＋9 000)÷2]

＝2.32(次)

(10) 资产净利率＝(净利润÷资产平均总额)×100%

＝(2 520÷7 350)×100%＝34.29%

(11) 股东权益报酬率＝(净利润÷股东权益平均总额)×100%

＝{2 520÷[(2 964＋4 860)÷2]}×100%

＝64.42%

(12) 销售净利率＝(净利润÷销售收入净额)×100%

＝(2 520÷17 040)×100%＝14.79%

(13) 每股现金流量＝经营活动产生的现金流量净额÷普通股股数

＝2 640÷3 000＝0.88(元)

(14) 每股利润＝净利润÷普通股股数

＝2 520÷3 000＝0.84(元)

(15) 市盈率＝每股市价÷每股利润

＝15÷0.84＝17.86

2. 解：海虹公司2020年度财务状况的综合评分如表3－11所示。

表3－11 财务状况综合评分

财务比率	评分值(1)	上/下限(2)	标准值(3)	实际值(4)	关系比率(5)＝(4)/(3)	实际得分(6)＝(1)×(5)
流动比率	8	20/5	2	1.98	0.990 0	7.920
速动比率	8	20/5	1.2	1.29	1.075 0	8.600
现金流量比率	6	15/4	1.55	1.32	0.851 6	5.110
资产负债率	10	20/5	2.10	2.17	1.033 3	10.333
存货周转率	10	20/5	8.66	7.45	0.860 3	8.603
应收账款周转率	8	20/4	17.65	14.47	0.819 8	6.558
总资产周转率	10	20/5	2.76	2.32	0.840 6	8.406
资产净利率	10	20/5	38.97%	34.29%	0.879 9	8.799
股东权益报酬率	10	20/5	67.81%	64.42%	0.950 0	9.500
销售净利率	10	20/5	17.20%	14.79%	0.859 9	8.599
每股现金流量	10	20/5	0.644	0.88	1.366	13.66
合计	100					96.088

3. 解：(1) 计算应收账款周转率。

赊销收入净额＝销售收入×80%＝20×80%＝16(万元)

应收账款平均余额＝(期初应收账款＋期末应收账款)÷2

＝(4.8＋1.6)÷2＝3.2(万元)

应收账款周转率＝赊销收入净额÷应收账款平均余额＝16÷3.2＝5(次)

(2) 计算总资产周转率。

1) 计算期末存货余额。

存货周转率＝销货成本÷存货平均余额

＝销货成本÷[(期初存货余额＋期末存货余额)÷2]

期末存货余额＝2×销货成本÷存货周转率－期初存货余额

＝2×20×(1－40%)÷5－2＝2.8(万元)

2) 计算期末流动资产总额和期末资产总额。

速动比率＝(流动资产－存货)÷流动负债

流动比率＝流动资产÷流动负债

可得以下两个方程：

1.6＝(流动资产－2.8)÷流动负债

2＝流动资产÷流动负债

解上述两个方程，可得期末流动资产和流动负债分别为：

流动资产＝14(万元)

流动负债＝7(万元)

因此，期末资产总额为：

期末资产总额＝14÷28%＝50(万元)

3) 计算总资产周转率。

总资产周转率＝销售收入÷资产平均总额

＝销售收入÷[(期初资产总额＋期末资产总额)÷2]

＝20÷[(30＋50)÷2]＝0.5(次)

(3) 计算资产净利率。

1) 计算净利润。

净利润＝销售收入×销售净利率＝20×16%＝3.2(万元)

2) 计算资产净利率。

资产净利率＝净利润÷资产平均总额

＝净利润÷[(期初资产总额＋期末资产总额)÷2]

＝3.2÷[(30＋50)÷2]＝8%

4. 解：(1) 2019年公司与同行业平均净资产收益率的比较。

本公司净资产收益率＝销售净利率×总资产周转率×权益乘数

＝7.2%×1.11×[1÷(1－50%)]＝15.98%

行业平均净资产收益率＝6.27%×1.14×[1÷(1－58%)]＝17.01%

本公司销售净利率比同行业水平高0.93个百分点，原因是：销售成本率低(2个百分点)，或毛利率高(2个百分点)，销售利息率(2.4%)较同行业(3.73%)低1.33个百分点(3.73－2.4)。总资产周转率略低于同行业水平(0.03次)，主要原因是应收账款回收较慢。权益乘数低于同行业水平，因其负债较少。

(2) 2020年与2019年的净资产收益率比较。

2019年净资产收益率＝7.2%×1.11×[1÷(1－50%)]＝15.98%

2020年净资产收益率＝6.81%×1.07×[1÷(1－61.3%)]＝18.83%

2020年销售净利率较2019年低0.39个百分点，主要原因是销售利息率上升了1.42个百分点。资产周转率下降，主要原因是固定资产周转率和存货周转率下降。权益乘数增加，原因是负债增加。

5. 解：(1) 每股利润＝2 100÷3 000＝0.7(元)

(2) 市盈率＝10.5÷0.7＝15

每股股利＝1 200÷3 000＝0.4(元)

股利支付率＝0.4÷0.7＝57.14%

(3) 每股净资产＝7 000÷3 000＝2.33(元)

6. 解：完成的资产负债表如表3-12所示。

表3-12 资产负债表 单位：元

资产	金额	负债及所有者权益	金额
现金	3 000 000	应付账款	4 000 000
短期投资	1 000 000	长期负债	4 000 000
应收账款	4 000 000	实收资本	8 000 000
存货	8 000 000	未分配利润	4 000 000
固定资产	4 000 000		
合计	20 000 000	合计	20 000 000

七、论述题

1. 答：资产负债率是企业负债总额与资产总额的比率，也称负债比率或举债经营比率，它反映企业的资产总额中有多大比例是通过举债得到的。资产负债率反映企业偿还债务的综合能力，该比率越高，企业偿还债务的能力越差；反之，偿还债务的能力越强。对于资产负债率，企业的债权人、股东和企业经营者往往从不同的角度来评价。

（1）从债权人角度来看，他们最关心的是其贷给企业资金的安全性。如果这个比率过高，说明在企业的全部资产中，股东提供的资本所占比重太低，企业的财务风险主要由债权人负担，其贷款的安全性也缺乏可靠的保障。所以，债权人总是希望企业的资产负债率低一些。

（2）从企业股东的角度来看，其关心的主要是投资报酬的高低，企业借入的资金与股东投入的资金在生产经营中可以发挥同样的作用，如果企业负债所支付的利息率低于资产报酬率，股东就可以利用举债经营取得更多的投资报酬。因此，股东所关心的往往是全部资产报酬率是否超过了借款的利息率。企业股东可以通过举债经营的方式，以有限的资本、付出有限的代价取得对企业的控制权，并且得到举债经营的杠杆利益。在财务分析中，资产负债率也因此被称为财务杠杆比率。

（3）站在企业经营者的立场，他们既要考虑企业的盈利，也要顾及企业所承担的财务风险。资产负债率作为财务杠杆比率，不仅反映了企业的长期财务状况，也反映了企业管理层的进取精神。如果企业不利用举债经营或者负债比率很小，则说明企业管理层比较保守，对前途信心不足，利用债权人资本进行经营活动的能力较差。但是，负债也必须有一定限度，负债比率过高，企业的财务风险将增大，一旦资产负债率超过100%，则说明企业资不抵债，有濒临倒闭的危险。

至于资产负债率为多少才是合理的，并没有一个确定的标准。不同行业、不同类型的企业有较大的差异。一般而言，处于高速成长期的企业，其资产负债率可能会高一些，这样所有者会得到更多的杠杆利益。但是，作为财务管理者，在确定企业的负债比率时，一定要审时度势，只有充分考虑企业内部各种因素和企业外部的市场环境，在风险与报酬之间权衡利弊得失，才能作出正确的财务决策。

2. 答：杜邦分析是对企业财务状况进行的综合分析。它通过几种主要财务指标之间的关系，直观、明了地反映企业的财务状况。从杜邦分析系统可以了解以下财务信息：

（1）股东权益报酬率是一个综合性极强、最有代表性的财务比率，它是杜邦分析系统的核心。企业财务管理的重要目标就是实现股东财富的最大化，股东权益报酬率正是反映了股东投入资金的盈利能力，反映了企业筹资、投资和生产运营等各方面经营活动的效率。股东权益报酬率取决于企业资产净利率和权益乘数。资产净利率主要反映企业运用资产进行生产经营活动的效率如何，权益乘数则主要反映企业的财务杠杆情况，即企业的资本结构。

（2）资产净利率是反映企业盈利能力的一个重要财务比率，它揭示了企业生产经营活动的效率，综合性也极强。企业的销售收入、成本费用、资产结构、资产周转速度以及资金占用量等各种因素，都直接影响资产净利率的高低。资产净利率是销售净利率与总资产周转率的乘积。因此，可以从企业的销售活动与资产管理两个方面来进行分析。

（3）从企业的销售方面看，销售净利率反映了企业净利润与销售收入之间的关系。一般来说，销售收入增加，企业的净利润也会随之增加，但是，要想提高销售净利率，必须一方面提高销售收入，另一方面降低各种成本费用，这样才能使净利润的增长高于销售收入的增长，从而使销售净利率得到提高。由此可见，提高销售净利率必须在以下两个方面下功夫：一是开拓市场，增加销售收入；二是加强成本费用控制，降低耗费，增加利润。

（4）在企业资产方面，主要应该分析以下两个方面：一是分析企业的资产结构是否合理，即流动资产与非流动资产的比例是否合理。资产结构实际上反映了企业资产的流动性，它不仅关系企业的偿债能力，也会影响企业的盈利能力。一般来说，如果企业流动资产中货币资金占比过大，就应当分析企业现金持有量是否合理，有无现金闲置现象，因为过量的现金会影响企业的盈利能力；如果流动资产中的存货与应收账款过多，就会占用大量的资金，影响企业的资金周转。二是结合销售收入，分析企业的资产周转情况。资产周转速度直接影响企业的盈利能力，如果企业资产周转较慢，就会占用大量资金，增加资本成本，减少企业的利润。从上述两方面的分析，可以发现企业资产管理方面存在的问题，以便加强管理，提高资产的利用效率。

总之，从杜邦分析系统可以看出，企业的盈利能力涉及生产经营活动的方方面面。股东权益报酬率与企业的资本结构、销售规模、成本水平、资产管理等因素密切相关，这些因素构成一个完整的系统，系统内部各因素之间相互作用。只有协调好系统内部各个因素之间的关系，才能使股东权益报酬率得到提高，实现股东财富最大化的目标。

八、案例题

答：（1）2020年偿债能力分析如下：

2020年年初：

流动比率＝流动资产/流动负债＝844/470≈1.80

速动比率＝速动资产/流动负债＝(844－304)/470≈1.15

资产负债率＝负债总额/资产总额＝934/1 414≈0.66

2020年年末：

流动比率＝流动资产/流动负债＝1 020/610≈1.67

速动比率＝速动资产/流动负债＝(1 020－332)/610≈1.13

资产负债率＝负债总额/资产总额＝1 360/1 860≈0.73

从上述指标可以看出，企业2020年年末的偿债能力与年初相比有所下降，可能是由举债增幅大导致的；与同行业相比，企业的偿债能力低于平均水平；年末的未决诉讼增加了企业的或有负债，金额相对较大。综上所述，企业的偿债能力比较弱，存在一定的财务风险。

（2）2020年营运能力分析如下：

应收账款平均余额＝(年初应收账款＋年末应收账款)/2

＝(350＋472)/2＝411(万元)

应收账款周转率＝销售收入净额/应收账款平均余额

＝5 800/411≈14.11(次)

存货平均余额＝(年初存货余额＋年末存货余额)/2

＝(304＋332)/2＝318(万元)

存货周转率＝销售成本/存货平均余额＝3 480/318≈10.94(次)

资产平均总额＝(年初资产总额＋年末资产总额)/2

＝(1 414＋1 860)/2＝1 637(万元)

总资产周转率＝销售收入净额/资产平均总额

＝5 800/1 637≈3.54(次)

从公司的各项指标分析可以看出，与同行业相比，公司的应收账款周转率低于行业平均水平，但存货周转率和总资产周转率都高于行业平均水平。综合来看，公司的营运能力是比较好的，主要应提高应收账款的周转速度。

（3）2020年盈利能力分析如下：

资产净利率＝净利润/资产平均总额＝514/1 637≈31.40％

销售净利率＝净利润/销售收入＝514/5 800≈8.86％

净资产平均总额＝(年初净资产＋年末净资产)/2

＝(480＋500)/2＝490(万元)

净资产收益率＝净利润/净资产平均总额＝514/490≈104.90％

从公司的各项指标分析可以看出，与同行业相比，公司的销售净利率高于行业平均水平，资产净利率与净资产收益率更是显著高于行业平均水平，由此看出公司的盈利能力是比较强的。但是，公司的净资产收益率过高可能是由于公司负债过高造成的，这显然增加了公司的财务风险，加上2021年不再享受税收优惠会降低公司的净利润这一因素的影响，公司的盈利将会有所降低。

（4）财务状况的综合评价如下：公司财务状况基本正常，主要的问题是负债过多，偿债能力比较弱。公司今后的筹资可以多采用股权筹资的方式，使公司的资本结构更加合理，降低公司的财务风险。公司的营运能力和盈利能力都比较好，但需要注意未决诉讼对财务状况的影响，还应注意税率上升对盈利带来的较大影响。

教材习题解析

一、思考题

1. 答：银行在进行贷款决策时，主要应分析企业的偿债能力。银行要根据贷款的期限长短，分析企业的短期偿债能力和长期偿债能力。衡量企业短期偿债能力的指标有流动比率、速动比率、现金比率、现金流量比率等；衡量企业长期偿债能力的指标有资产负债率、利息保障倍数等。此外，还要关注企业的营运能力、盈利能力、信用状况以及担保情况等。

2. 答：企业资产负债率的高低对企业的债权人、股东的影响是不同的。

从债权人角度来看，他们最关心的是其贷给企业资金的安全性。如果资产负债率过高，说明在企业的全部资产中，股东提供的资本占比太低，企业的财务风险主要由债权人负担，其贷款的安全性也缺乏可靠的保障，所以，债权人总是希望企业的资产负债率低一些。

从企业股东的角度来看，其关心的主要是投资报酬的高低，企业借入的资金与股东投入的资金在生产经营中可以发挥同样的作用，如果企业负债所支付的利息率低于资产报酬率，股东就可以利用举债经营取得更多的投资报酬。因此，股东所关心的往往是全部资产报酬率是否超过了借款的利息率。企业股东可以通过举债经营的方式，以有限的资本、付出有限的代价取得对企业的控制权，并且得到举债经营的杠杆利益。在财务分析中，资产负债率也因此被人们称作财务杠杆比率。

3. 答：如果企业的应收账款周转率很低，则说明企业回收应收账款的效率低，或者信用政策过于宽松，这样的情况会导致应收账款占用资金数量过多，影响企业资金利用率和资金的正常运转，也可能会使企业承担较大的坏账风险。

4. 答：企业的营运能力反映了企业的资金周转状况，对此进行分析，可以了解企业的营业状况及经营管理水平。资金周转状况好，说明企业的经营管理水平高，资金利用效率高。企业的资金周转状况与供产销各个经营环节密切相关，任何一个环节出现问题，都会影响企业资金的正常周转。资金只有顺利通过各个经营环节，才能完成一次循环。在供产销各环节中，销售有着特殊的意义。因为产品只有销售出去，才能实现其价值，收回最初投入的资金，顺利完成一次资金周转。因此，可以通过产品销售情况与企业资金占用量来分析企业的资金周转状况，评价企业的营运能力。评价企业营运能力常用的财务比率有存货周转率、应收账款周转率、流动资产周转率、固定资产周转率、总资产周转率等。要想提高企业的营运能力，需要从反映企业营运能力的指标入手，对各个指标进行分析，找出原因，更好地提高企业的营运能力。

5. 答：在评价股份有限公司的盈利能力时，一般应以股东权益报酬率作为核心指标。对于股份公司来说，其财务管理目标为股东财富最大化，股东权益报酬率越高，说明公司为股东创造收益的能力越强，有利于实现股东财富最大化的财务管理目标。在分析股东权益报酬率时，要重点分析影响该比率的主要因素，如资产负债率、销售净利率、总资产周转率等指标的变化对股东权益报酬率的影响程度。

6. 答：在评价企业发展趋势时，应当注意以下几点：

(1) 分析期限至少应在3年以上，期限短不足以判断企业的发展趋势。

(2) 在进行比较分析时要注意不同期限的财务指标应当具有可比性，如果存在一些不可比的因素，应当进行调整。

(3) 在评价方法的选择上要根据企业的具体情况来定，主要的评价方法有比较财务报表法、比较百分比财务报表法、比较财务比率法等。

7. 答：股东权益报酬率是一个综合性极强、最有代表性的财务比率，它是杜邦分析系统的核心。企业财务管理的重要目标就是实现股东财富的最大化，股东权益报酬率正是反映了股东投入资本的盈利能力，反映了企业筹资、投资和生产运营等各方面经营活动的效率。股东权益报酬率取决于企业资产净利率和权益乘数。资产净利率主要反映企业运用资产进行生产经营活动的效率如何，而权益乘数则主要反映企业的财务杠杆情况，即企业的资本结构。

8. 答：在利用杜邦分析法进行企业财务状况综合分析时，应将股东权益报酬率作为核心指标。在杜邦分析系统图中，资产、负债、收入、成本等每一项因素的变化都会影响股东权益报酬率的变化。分析各项因素对股东权益报酬率的影响程度主要应通过以下指标的分解来完成：

$$\text{股东权益报酬率}=\text{资产净利率}\times\text{权益乘数}$$

$$\text{资产净利率}=\text{销售净利率}\times\text{总资产周转率}$$

然后，分别分析各项因素对销售净利率、总资产周转率和权益乘数的影响。

9. 答：作为一家股份公司的董事，为了监督公司财务的安全，应该对企业现时的财务状况、盈利能力和未来发展能力非常关注，其财务分析的主要目的在于通过财务分析所提供的信息来监督企业的运营活动和财务状况的变化，以便尽早发现问题，采取改进措施。在行使董事职责时，尤其应当关注以下问题对公司财务安全的影响：

（1）公司资产负债率是否在合理的范围之内，公司的财务风险是否过高；

（2）公司的现金流量状况如何；

（3）公司是否存在过多的担保责任；

（4）公司管理层是否采取过于激进的经营政策；

（5）公司的应收账款周转率、存货周转率等营运能力指标是否发生异常变化。

10. 答：要了解宏观经济的运行情况和企业的经营活动是否遵守有关环保方面的法律法规，以便为其制定相关政策提供决策依据。分析企业在环境保护方面的投入成本是否过少，是否为追求超额利润而忽视了保护环境的社会责任，分析企业产品结构的变化是否有利于维护生态环境等。

11. 答：由存货周转率＝ 销售成本/存货平均余额可知，存货平均余额＝销售成本/存货周转率。

所以，提高存货周转率而节约的存货平均占用资金为：

$$1.6/20-1.6/25=0.016(\text{亿元})$$

用此资金偿还银行短期借款，预计节约的成本为 $0.016\times5\%=0.0008$ 亿元。

12. 答：因为债务利息取决于债务规模和利率水平，不会随企业息税前利润而变化，所以，举债经营具有财务杠杆作用。在债务利息固定不变的情况下，当企业的息税前利润增长时，会引起税后净利润更大幅度的增长，这是举债经营给企业股东带来的财务杠杆利益。但是，企业是否通过举债扩大经营规模，还需要比较企业的资产净利率与债务利息率的大小。当企业的资产息税前利润率大于债务利息率时，通过举债扩大经营规模可以增加股东权益报酬率，对企业股东是有利的；反之，当企业的资产息税前利润率小于债务利息率时，通过举债扩大经营规模，反而会降低股东权益报酬率，对股东不利。本公司的资产总额为 50 万元，无负债，因此资产息税前利润率与资产利润率相同，都为 10%。在资产报酬率不变的情况下，公司通过举债扩大经营规模的标准是债务利息率小于资产息税前利润率 10%。

13. 答：公司的独立董事在与审计师沟通时，通常需要提出以下问题来表达对公司盈利质量的关注：（1）公司的收入和成本的确认与计量是否符合会计准则，是否遵循了谨慎性原则；（2）公司的资产是否按照会计准则规定进行了减值测试；（3）公司的利润是否具有可持续性；（4）公司经营活动产生的现金流量如何。独立董事应请审计师在进行审计时重点关注这些问题。

二、练习题

1. 解：（1）2020 年年初流动资产余额为：

$$\begin{aligned}\text{流动资产}&=\text{速动比率}\times\text{流动负债}+\text{存货}\\&=0.8\times6\,000+7\,200=12\,000(\text{万元})\end{aligned}$$

2021 年年末流动资产余额为：

流动资产＝流动比率×流动负债＝1.5×8 000＝12 000(万元)

流动资产平均余额＝(12 000＋12 000)/2＝12 000(万元)

(2) 销售收入净额＝流动资产周转率×流动资产平均余额

＝4×12 000＝48 000(万元)

资产平均总额＝(15 000＋17 000)/2＝16 000(万元)

总资产周转率＝销售收入净额/资产平均总额

＝48 000/16 000＝3(次)

(3) 销售净利率＝净利润/销售收入净额

＝2 880/48 000＝6%

$$净资产收益率=\frac{净利润}{净资产平均总额}=\frac{净利润}{资产平均总额/权益乘数}$$

＝2 880/(16 000/1.5)＝27%

或　净资产收益率＝6%×3×1.5＝27%

2. 解：(1) 年末流动负债余额＝年末流动资产余额/年末流动比率

＝270/3＝90(万元)

(2) 年末速动资产余额＝年末速动比率×年末流动负债余额

＝1.5×90＝135(万元)

年末存货余额＝年末流动资产余额－年末速动资产余额

＝270－135＝135(万元)

存货年平均余额＝(145＋135)/2＝140(万元)

(3) 年销售成本＝存货周转率×存货年平均余额

＝4×140＝560(万元)

(4) 应收账款平均余额＝(年初应收账款＋年末应收账款)/2

＝(125＋135)/2＝130(万元)

应收账款周转率＝赊销净额/应收账款平均余额

＝960/130＝7.38(次)

应收账款平均收账期＝360/应收账款周转率

＝360/(960÷130)＝48.75(天)

3. 解：(1) 应收账款平均余额＝(年初应收账款＋年末应收账款)/2

＝(200＋400)/2＝300(万元)

应收账款周转率＝赊销净额/应收账款平均余额

＝2 000/300＝6.67(次)

应收账款平均收账期＝360/应收账款周转率

＝360/(2 000/300)＝54(天)

(2) 存货平均余额＝(年初存货余额＋年末存货余额)/2

$=(200+600)/2=400$(万元)

存货周转率=销售成本/存货平均余额=1 600/400=4(次)

存货周转天数=360/存货周转率=360/4=90(天)

(3) 年末应收账款=年末速动资产－年末现金类资产

$=\text{年末速动比率}\times\text{年末流动负债}-\text{年末现金比率}\times\text{年末流动负债}$

$=1.2\times$年末流动负债$-0.7\times$年末流动负债

$=400$(万元)

可得　年末流动负债=800(万元)

年末速动资产=年末速动比率×年末流动负债

$=1.2\times800=960$(万元)

(4) 年末流动资产=年末速动资产+年末存货

$=960+600=1\,560$(万元)

年末流动比率=年末流动资产/年末流动负债

$=1\,560/800=1.95$

4. 解：(1) 有关指标计算如下：

1) 净资产收益率=净利润/所有者权益平均总额

$=500/(3\,500+4\,000)\times2\approx13.33\%$

2) 资产净利率=净利润/资产平均总额

$=500/(8\,000+10\,000)\times2\approx5.56\%$

3) 销售净利率=净利润/营业收入净额=500/20 000=2.5%

4) 总资产周转率=营业收入净额/资产平均总额

$=20\,000/(8\,000+10\,000)\div2\approx2.22$(次)

5) 权益乘数=资产平均总额/所有者权益平均总额

$=9\,000/3\,750=2.4$

(2) 净资产收益率=资产净利率×权益乘数

=销售净利率×总资产周转率×权益乘数

由此可以看出，要提高企业的净资产收益率要从销售、运营和资本结构三方面入手：

1) 提高销售净利率，一般主要是提高销售收入、减少各种费用等。

2) 加快总资产周转率，结合销售收入分析资产周转状况，分析流动资产和非流动资产的比例是否合理、有无闲置资金等。

3) 权益乘数反映的是企业的财务杠杆情况，但单纯提高权益乘数会加大财务风险，所以应该尽量使企业的资本结构合理化。

第 4 章

Chapter 4 财务战略与预算

学习指导

1. **学习重点**：本章的学习重点是理解财务战略的特征和类型，掌握 SWOT 分析法、财务战略的选择依据和方式、筹资数量的预测方法、利润预算的编制和财务状况预算的编制。

2. **学习难点**：本章的学习难点是对财务战略的特征和类型的理解，对 SWOT 分析法、财务战略的选择依据和方式、筹资数量的预测方法的掌握及应用，以及对财务战略、财务预测和财务预算之间的联系的把握。

练习题

一、名词解释

1. 财务战略
2. 投资战略
3. 筹资战略
4. 营运战略
5. 股利战略
6. 扩张型财务战略
7. 稳健型财务战略
8. 防御型财务战略
9. 收缩型财务战略
10. SWOT 分析法
11. 利润预算
12. 财务状况预算

二、判断题

1. 财务战略属于局部性、长期性和导向性的重大谋划。（　　）
2. 财务战略与企业文化和价值观没有关系。（　　）
3. 财务战略的选择必须与宏观经济周期相适应。（　　）
4. 财务战略的选择必须与企业发展阶段相适应。（　　）

5. 在企业的衰退期，企业财务战略的关键是如何回收现有投资，并将退出的投资现金流返还给消费者。 （ ）

6. 因素分析法比较简单，对筹资数量的预测结果不太精确。 （ ）

7. 在对筹资数量预测的回归分析法中，现金、存货、应收账款都是可变资本，固定资产则是不变资本。 （ ）

8. 在营业收入比例法下，预计利润表与实际利润表、预计资产负债表与实际资产负债表的内容和格式都是相同的。 （ ）

9. 利润预算是企业预算期营业利润、利润总额和税后利润的综合预算，是企业综合性最强的预算。 （ ）

10. 股权资本结构即企业的股东权益和总资产的比值。 （ ）

三、单项选择题

1. 短期借款较多，流动比率降低，这对一个企业来说一般属于（ ）。

A. 优势 B. 劣势 C. 机会 D. 威胁

2. SWOT 分析法是（ ）。

A. 宏观环境分析技术 B. 微观环境分析技术

C. 内外部环境分析技术 D. 内部因素分析技术

3. 在 SWOT 分析中，最理想的组合是（ ）。

A. SO 组合 B. WO 组合 C. ST 组合 D. WT 组合

4. 在初创期的企业，股利政策一般（ ）。

A. 采用非现金股利政策 B. 可以考虑适当的现金股利政策

C. 采用现金股利政策 D. 采用高现金股利政策

5. 关于不同发展阶段的财务战略，下列说法中不正确的是（ ）。

A. 初创期应该尽量使用权益筹资，应寻找从事高风险投资、要求高回报的投资人

B. 在扩张期，由于经营风险降低了，因此可以大量增加负债比例，以获得杠杆利益

C. 在稳定期，企业权益投资人主要是大众投资者，公司多余的现金应该返还给股东

D. 在衰退期，企业应该进一步提高债务筹资比例

6. 以下项目中不属于敏感资产项目的是（ ）。

A. 现金 B. 应收账款 C. 应收票据 D. 存货

7. 某公司上年销售收入为 2 000 万元，若预计下一年通货膨胀率为 5%，销售量增长 10%，所确定的外部筹资额占销售增长的百分比为 20%，则相应外部应追加的资金为（ ）万元。

A. 62 B. 60 C. 25 D. 75

8. 某公司上年度资本实际平均占用额为1 500万元，其中不合理部分为100万元，预计本年度销售增长20%，资本周转速度加快1%，则预测年度资本需要额为（　　）万元。

A. 1 663.2　　B. 1 696.8　　C. 1 900.8　　D. 1 939.2

9. 某公司20×9年财务结构预算安排中，资产期限结构的财务结构预算是40%，这意味着该公司20×9年财务状况预算中，（　　）。

A. 流动资产÷非流动资产=40%

B. 非流动资产÷流动资产=60%

C. 流动负债÷全部负债=40%

D. 非流动资产÷全部资产=60%

10. 某公司20×9年财务结构预算安排中，股权资本结构的财务结构预算是95%，这意味着该公司20×9年财务状况预算中，（　　）。

A. 股东权益÷总资产=95%　　B. 股东权益÷总资产=5%

C. 总负债÷股东权益=95%　　D. 未分配利润÷股东权益=5%

11. 某公司20×9年财务结构预算安排中，长期资本属性结构的财务结构预算是45%，这意味着该公司20×9年财务状况预算中，（　　）。

A. 非流动资产÷全部资产=45%

B. 非流动负债÷全部负债=45%

C. 非流动负债÷(非流动负债+股东权益)=45%

D. 非流动负债÷(全部负债+股东权益)=45%

四、多项选择题

1. 财务战略的特征包括（　　）。

A. 全局性　　B. 长期性

C. 预算性　　D. 战术性

E. 导向性

2. 财务战略按财务管理的职能领域分类，可以分为（　　）。

A. 投资战略　　B. 筹资战略

C. 营销战略　　D. 股利战略

E. 营运战略

3. 对财务战略具有重要影响的主要财务因素包括（　　）。

A. 产业政策　　B. 财政政策

C. 税收政策　　D. 金融政策

E. 宏观周期

4. 某公司是一家老字号重工业企业，面对刚刚度过全球金融危机、经济复苏的宏观经济环境和止跌企稳蓄势上扬的行业环境，在自身条件允许时，可以考虑选择的举措有（　　）。

A. 增加厂房设备　　　　　　B. 减少融资租赁

C. 减少临时性雇员　　　　　D. 建立存货

E. 开发新产品

5. 某公司是一家刚刚成立的多媒体产品研制和生产企业，产品还处于研发投入阶段，尚未形成收入和利润能力，但其市场前景被评估机构看好，关于这家公司，以下说法中正确的有（　　）。

A. 该企业处于初创期

B. 该企业面临的经营风险非常小

C. 该企业财务战略的关键应是吸纳债务资本

D. 该企业的筹资战略应是筹集股权资本

E. 该企业的股利战略最好是不分红

6. 某公司是一家成立不久的清洁用品开发生产企业，其开发的新产品获多项国家专利，并已经成功打入地区市场，销售区域正在全国快速铺开，利润有了大幅增长，超额利润明显。该企业在财务战略上可以考虑进行的安排包括（　　）。

A. 以促进销售增长、快速提高市场占有率为战略重点

B. 采用积极扩张型财务战略

C. 对如何处理好日益增加的现金流量这一问题给予重点关注

D. 筹资战略上尽量利用债务资本，适度引入资本市场增加股权资本

E. 投资战略是对核心业务大力追加投资

7. 某公司是一家成立多年的交通运输企业，受政府政策支持，企业销售已经实现稳定增长，每年有大量稳定的利润收入，但当地交通运输行业的竞争日趋加剧，该企业可以考虑实施的财务战略包括（　　）。

A. 以更多低成本的债务资本替代高成本的股权资本

B. 实施较少的股利分配

C. 扩展新的相关旅游产品市场

D. 进行相关产品或业务的并购

E. 快速多向大幅度地投资于房地产、保健品、药品、汽车、金融等公司从未涉及的新行业，迅速实现公司的多元化发展

8. 财务预算一般包括（　　）。

A. 现金预算　　　　　　B. 营业收入预算

C. 长期投资预算　　　　D. 利润预算

E. 财务状况预算

9. 影响企业筹资数量的条件和因素主要有（　　）。

A. 法律对注册资本和企业负债限额的规定

B. 企业经营和投资的规模

C. 利息率的高低

D. 对外投资规模的大小

E. 企业资信等级的优劣

10. 在营业收入比例法中，以下项目中不是敏感项目的有（　　）。

A. 应收账款　　B. 固定资产

C. 实收资本　　D. 短期借款

E. 非流动负债

11. 以下各项中属于利润预算内容的有（　　）。

A. 营业收入的预算　　B. 营业利润的预算

C. 利润总额的预算　　D. 税后利润的预算

E. 每股收益的预算

12. 以下各项中属于财务状况预算内容的有（　　）。

A. 短期资产预算　　B. 长期资产预算

C. 短期债务资本预算　　D. 长期债务资本预算

E. 股权资本预算

13. 企业与财务状况有关的财务结构主要有（　　）。

A. 资产期限结构　　B. 债务资本期限结构

C. 全部资本属性结构　　D. 长期资本属性结构

E. 股权资本结构

五、简答题

1. 运用SWOT分析法分析财务战略，一般需要考虑哪些企业内外部财务环境的影响因素？为什么要考虑这些因素？

2. 在不同的企业发展周期，企业应分别选择确定什么样的财务战略？

3. 试说明筹资数量预测的营业收入比例法的原理、优缺点和局限。

六、计算与分析题

1. 新钢公司是一家特种钢材生产企业，在特种钢材行业中处于领先地位，在整个钢铁行业中处于中间地位。20×9年，由于该行业原材料价格大幅上涨，生产产品的市场需求趋于稳定，新钢公司的盈利能力大幅降低，生产经营面临较大的困难。

要求：根据上述资料，运用SWOT方法，对新钢公司内部环境与外部环境进行简要分析。

2. 昭琦公司2016—2020年的产销数量和资本需要总额如表4-1所示。假定该公司2021年预计产销数量为8.2万件。

表 4－1　昭琦公司产销量与资本需要总额的历史资料

年度	产销量（x）（万件）	资本需要总额（y）（万元）
2016	1.8	280
2017	4.5	480
2018	7.7	610
2019	9.2	730
2020	6.8	600

要求：预测该公司 2021 年资本需要总额。

3. 鲁桥公司 2020 年实际利润表（简化）和实际资产负债表（简化）的主要项目金额如表 4－2、表 4－3 中的第二栏所示，企业所得税税率为 25%。该公司 2021 年预计营业收入为 50 000 万元，税后利润的留用比率为 40%。

要求：

（1）试将鲁桥公司 2021 年预计利润表（简化）（见表 4－2）的空白部分填列完整，并给出预测留用利润的计算式。

（2）试将鲁桥公司 2021 年预计资产负债表（简化）（见表 4－3）的空白部分填列完整，并给出预测需要追加的外部筹资额的计算式。

（3）假设 2021 年鲁桥公司情况有所变化，敏感资产项目中的存货与营业收入的比例提高为 220%，敏感负债项目中应付账款与营业收入的比例降低为 50%，预计固定资产（系非敏感资产项目）增加 2 000 万元、长期借款（系非敏感负债项目）增加 1 000 万元。针对这些变动，鲁桥公司 2021 年对资产总额、负债总额和追加外部筹资额的预测分别需要做哪些调整？

表 4－2　2021 年鲁桥公司预计利润表（简化）　单位：万元

项目	2020 年实际数	占营业收入的比例（%）	2021 年预计数
营业收入	40 000		
减：营业成本	25 000		
税金及附加	4 500		
销售费用	1 900		
管理费用	1 500		
财务费用	600		
营业利润	6 500		
加：营业外收入	600		
减：营业外支出	100		
利润总额	7 000		
减：所得税费用	1 750		
净利润	5 250		

表4-3 2021年鲁桥公司预计资产负债表（简化） 单位：万元

项目	2020年实际数	占营业收入的比例（%）	2021年预计数
资产			
货币资金	20 000		
应收账款	1 000		
存货	86 000		
固定资产	15 000		
其他非流动资产	2 000		
资产总计	124 000		
负债及股东权益			
应付账款	13 000		
其他流动负债	24 000		
非流动负债	40 000		
负债合计	77 000		
股本	11 000		
资本公积	23 000		
盈余公积	7 000		
未分配利润	6 000		
股东权益合计	47 000		
追加外部筹资额			
负债及股东权益总计	124 000		

七、案例题

六顺电气公司战略管理案例

六顺电气公司是一家中等规模的家用电器制造企业，在行业竞争中具有一定的经营和财务优势，但设备规模及生产能力不足。目前，宏观经济处于企稳阶段，家电消费需求数量和购买能力呈上升趋势。公司为抓住机遇，发挥优势，增加利润和企业价值，增强可持续发展实力，正在研究经营与财务战略，准备采取下列措施：

（1）加大固定资产投资力度并实行融资租赁方式，扩充厂房设备；

（2）实行赊购与现购相结合的方式，迅速增加原材料和在产品存货；

（3）开发营销计划，加大广告推销投入，扩大产品的市场占有率，适当提高销售价格，增加营业收入；

（4）增聘扩充生产经营所需的技术工人和营销人员。

要求：试分析该公司目前的基本状况和所处的经济环境及其对该公司的影响。同时请回答：

（1）你认为该公司准备采取的经营与财务战略是否可行？

（2）如果你是该公司的首席财务官，从筹资战略的角度你将采取哪些措施？

练习题部分答案

一、名词解释

1. 财务战略：财务战略是在企业总体战略目标的统筹下，以价值管理为基础，以实现企业财务管理目标为目的，以实现企业财务资源的优化配置为衡量标准，所采取的战略性思维方式、决策方式和管理方针。财务战略是企业总体战略的一个重要构成部分，企业战略需要财务战略来支撑。

2. 投资战略：投资战略是涉及企业长期、重大投资方向的战略性筹划。企业重大的投资行业、投资企业、投资项目等筹划，属于投资战略问题。它是按职能分类的一类财务战略。

3. 筹资战略：筹资战略是涉及企业重大筹资方向的战略性筹划。企业重大的首次发行股票、增资发行股票、发行大笔债券、与银行建立长期合作关系等战略性筹划，属于筹资战略问题。它是按职能分类的一类财务战略。

4. 营运战略：营运战略是涉及企业营运资本的战略性筹划。企业重大的营运资本策略、与重要供应厂商和客户建立长期商业信用关系等战略性筹划，属于营运战略问题。它是按职能分类的一类财务战略。

5. 股利战略：股利战略是涉及企业长期、重大分配方向的战略性筹划。企业重大的留用利润方案、股利政策的长期安排等战略性筹划，属于股利战略的问题。它是按职能分类的一类财务战略。

6. 扩张型财务战略：扩张型财务战略一般表现为长期内迅速扩大投资规模，全部或大部分保留利润，大量筹措外部资本。它是企业财务战略综合类型的一种。

7. 稳健型财务战略：稳健型财务战略一般表现为长期内稳定增长的投资规模，保留部分利润，内部留利与外部筹资结合。它是企业财务战略综合类型的一种。

8. 防御型财务战略：防御型财务战略一般表现为保持现有投资规模和投资报酬水平，保持或适当调整现有资产负债率和资本结构水平，维持现行的股利政策。它是企业财务战略综合类型的一种。

9. 收缩型财务战略：收缩型财务战略一般表现为维持或缩小现有投资规模、分发大量股利、减少对外筹资，甚至通过偿债和股份回购归还投资。它是企业财务战略综合类型的一种。

10. SWOT 分析法：SWOT 分析法是在对企业的外部财务环境和内部财务条件进行调查的基础上，对有关因素进行归纳分析，评价企业外部的财务机会与威胁、企业内部的财务优势与劣势，从而为财务战略的选择提供参考方案。该方法主要分析研究企业内部的优势和劣势，以及外部的机会和威胁，其英文分别为 strengths，weaknesses，opportunities 和 threats，各取其首字母而得名。

11. 利润预算：利润预算是企业预算期营业利润、利润总额和税后利润的综合预算。

12. 财务状况预算：财务状况预算有时又称资产负债表预算，是企业预算期末资产、负债和所有者权益的规模及分布的预算。

二、判断题

1. ×	2. ×	3. √	4. √	5. √
6. √	7. ×	8. √	9. ×	10. ×

三、单项选择题

1. B	2. C	3. A	4. A	5. B
6. C	7. A	8. A	9. D	10. D
11. C				

四、多项选择题

1. ABE	2. ABDE	3. ABCDE	4. ADE	5. ADE
6. ABE	7. ACD	8. ADE	9. ABCDE	10. BCDE
11. BCDE	12. ABCDE	13. ABCDE		

五、简答题

1. 答：对财务战略具有重要影响的企业外部主要财务因素可简要归纳分析如下：

（1）产业政策。如产业发展的规划、产业结构的调整政策、鼓励或限制发展产业的政策。这些产业政策及其调整往往直接影响企业投资的方向、机会和程度，从而影响企业财务战略的选择。

（2）财税政策。如积极或保守的财政政策、财政信用政策、财政贴息政策、税收的总体负担水平、行业和地区的税收优惠政策。这些产业政策及其调整往往直接或间接影响企业投资和筹资的方向、机会及程度，从而影响企业财务战略的选择。

（3）金融政策。如货币政策、汇率政策、利率政策、资本市场政策，以及比较紧缩或宽松的金融政策。这些金融政策及其调整往往直接或间接地影响企业投资和筹资的方向、机会及程度，从而影响企业财务战略的选择。

（4）宏观周期。如宏观的经济周期、产业周期和金融周期所处的阶段。这需要企业加以科学的分析和判断，以选择和调整与宏观周期相匹配的财务战略。

对财务战略具有重要影响的企业内部主要财务因素可简要归纳如下：

（1）企业生命周期和产品寿命周期所处的阶段；

（2）企业的盈利水平；

（3）企业的投资项目及其收益状况；

（4）企业的资产负债规模；

（5）企业的资本结构及财务杠杆利用条件；

（6）企业的流动性状况；

（7）企业的现金流量状况；

（8）企业的筹资能力和潜力等。

上述企业内部主要财务因素直接支撑或限制企业财务战略的决策选择。

2. 答：根据企业发展周期的阶段特点，企业确定财务战略的一般方式有：

（1）初创期财务战略的选择。这个阶段企业产品处于研发投入阶段，没有形成收入和利润能力，产品市场尚未形成，企业面临的经营风险非常大。因此，财务战略的关键是吸纳股权资本，筹资战略是筹集股权资本，股利战略是不分红，投资战略是不断增加对产品开发推广的投资。

（2）扩张期财务战略的选择。这个阶段企业产品成功推向市场，销售规模快速增长，利润大幅增长，超额利润明显，产品市场快速增长并吸引了更多的竞争者，企业的经营风险略有降低。此阶段企业以促进销售增长、快速提高市场占有率为战略重点，与之相匹配的财务战略是积极扩张型财务战略，其关键是实现企业的高增长与资金的匹配，保持企业可持续发展。筹资战略上，尽量利用资本市场大量增加股权资本，适度引入债务资本；股利战略仍旧采取不分红或少量分红的战略；投资战略是对核心业务大力追加投资。有些企业在股权资本不足以支撑高速发展的时候，更多地利用债务资本，这种筹资方式只能作为短期的财务政策，不能成为该阶段的财务战略，否则很可能引发企业的财务危机。

（3）稳定期财务战略的选择。这个阶段企业销售稳定增长，利润多且较为稳定；由于竞争的加剧，超额利润逐渐减少甚至消失，追加投资的需求减少，企业战略重心转为对盈利能力的关注。与之相匹配的财务战略是稳健发展型财务战略，其关键是处理好日益增加的现金流量。筹资战略可以调整为以更多低成本的债务资本替代高成本的股权资本；股利战略调整为实施较高的股利分配，将超过投资需求的现金返还给股东；投资战略上，企业可以利用充裕的现金流，围绕核心业务拓展新的产品或市场，进行相关产品或业务的并购，但需要防止由于盲目多元化造成的企业竞争力下降。

（4）衰退期财务战略的选择。这个阶段企业产品市场需求逐渐衰退，销售开始下滑，企业利润下滑甚至出现亏损，如果此时企业未进入新的产品市场或者转型，则不再需要更多的投资。此阶段企业的战略重心是如何收回投资，或通过并购扩大市场占有率以延缓衰退期的到来。企业财务战略是收缩型财务战略，其关键是如何回收现有投资并将退出的投资现金流返还给投资者。财务管理战略上采用的是不再进行筹资和投资，全额甚至超额发放股利，将股权资本退出企业，最终实现企业的正常终止。

3. 答：营业收入比例法是根据经营业务与资产负债表和利润表项目之间的比例关系，预测各项目资本需要额的方法。营业收入比例法的主要优点是能为财务管理提供短期预计的财务报表，以适应外部筹资的需要，且易于使用。但这种方法也有缺点，倘若有关销售百分比与实际不符，据以进行预测就会形成错误的结果。因此，在有关因素发生变动的情况下，必须相应地调整原有的销售百分比。

营业收入比例法需要假定预测年度非敏感项目、敏感项目及其与销售的百分比均与基年保持不变。但在实践中，非敏感项目、敏感项目及其与销售的百分比有可能发生变动，具体情况有：(1) 非敏感资产、非敏感负债的项目构成以及数量的增减变动；(2) 敏感资产、敏感负债的项目构成以及与销售百分比的增减变动。这些变动对预测资金需要总额和追加外部筹资额都会产生一定的影响，必须相应地予以调整。

六、计算与分析题

1. 解：对新钢公司的简要 SWOT 分析如下：

S：在特种钢材行业中处于领先地位；

W：在整个钢铁行业中处于中间地位，盈利能力大幅降低；

O：市场价格趋于稳定；

T：原材料价格大幅上涨。

2. 解：由于在资本需要额与产品产销量之间存在线性关系，且有足够的历史资料，因此该公司适合使用回归分析法，预测模型为 $Y=a+bX$。

首先，整理出的回归方程数据计算表如表 4－4 所示。

表 4－4 回归方程数据计算表

年度	产销量 X(万件)	资本需要总额 Y(万元)	XY	X^2
2016	1.8	280	504	3.24
2017	4.5	480	2 160	20.25
2018	7.7	610	4 697	59.29
2019	9.2	730	6 716	84.64
2020	6.8	600	4 080	46.24
$n=5$	$\sum X=30$	$\sum Y=2\,700$	$\sum XY=18\,157$	$\sum X^2=213.66$

其次，计算不变资本总额和单位业务量所需要的可变资本额。将表 4－4 的数据代入下列联立方程组：

$$\begin{cases}\sum Y = na + b\sum X \\ \sum XY = a\sum X + b\sum X^2\end{cases}$$

则
$$\begin{cases}2\,700 = 5a + 30b \\ 18\,157 = 30a + 213.66b\end{cases}$$

求得
$$\begin{cases}a = 191.16 \\ b = 58.14\end{cases}$$

即不变资本总额为 191.16 万元，单位可变资本额为 58.14 万元。

再次，确定资本需要总额预测模型。将 $a=191.16$，$b=58.14$ 代入 $Y=a+bX$，得到预测模型：

$$Y = 191.16 + 58.14X$$

最后，计算资本需要总额。将 2021 年预计产销量 8.2 万件代入模型中，经计算，资本需要总额为：

$$191.16 + 58.14 \times 8.2 = 667.91(万元)$$

3. 解：填制好的鲁桥公司 2021 年预计利润表（简化）部分和 2021 年预计资产负债表（简化）部分如表 4－5、表 4－6 所示。

表 4－5　2021 年鲁桥公司预计利润表（简化）　　单位：万元

项目	2020 年实际数	占营业收入的比例（%）	2021 年预计数
营业收入	40 000	100.00	50 000
减：营业成本	25 000	62.50	31 250
税金及附加	4 500	11.25	5 625
销售费用	1 900	4.75	2 375
管理费用	1 500	3.75	1 875
财务费用	600	1.50	750
营业利润	6 500	16.25	8 125
加：营业外收入	600	1.50	750
减：营业外支出	100	0.25	125
利润总额	7 000	17.50	8 750
减：所得税费用	1 750		2 187.5
净利润	5 250		6 562.5

表4-6 2021年鲁桥公司预计资产负债表（简化） 单位：万元

项目	2020年实际数	占营业收入的比例（%）	2021年预计数
资产			
货币资金	20 000	50.00	25 000
应收账款	1 000	2.50	1 250
存货	86 000	215.00	107 500
固定资产	15 000		15 000
其他非流动资产	2 000		2 000
资产总计	124 000		150 750
负债及股东权益			
应付账款	13 000	32.50	16 250
其他流动负债	24 000	60.00	30 000
非流动负债	40 000		40 000
负债合计	77 000		86 250
股本	11 000		11 000
资本公积	23 000		23 000
盈余公积	7 000		7 000
未分配利润	6 000		8 625
股东权益合计	47 000		49 625
追加外部筹资额			14 875
负债及股东权益总计	124 000		150 750

鲁桥公司2021年预测留用利润＝6 562.5×40%＝2 625(万元)

鲁桥公司2021年预测外部筹资额＝150 750－86 250－49 625
＝14 875(万元)

其中 资产总计＝50 000×(50%＋2.5%＋215%)＋15 000＋2 000
＝150 750(万元)

负债合计＝50 000×(32.5%＋60%)＋40 000＝86 250(万元)

股东权益合计＝11 000＋23 000＋7 000＋6 000＋6 562.5×40%
＝49 625(万元)

假设2021年鲁桥公司的情况出现变化，那么鲁桥公司2021年预测值将相应调整为：

资产总额＝150 750＋50 000×(220%－215%)＋2 000＝155 250(万元)

负债总额＝86 250－50 000×(60%－50%)＋1 000＝82 250(万元)

追加外部筹资额＝155 250－82 250－49 625＝23 375(万元)

七、案例题

答：从案例所给的条件看，该公司目前基本状况总体较好，是一家不错的中等规模企业，财务状况在行业内有优势。面对需求能力上升、经济稳定发展的较好的外部财务机会，其规模制约了公司的进一步盈利，但该公司在财务上的优势使得其进一步扩张成为可能。综上所述，该公司可以说是处于 SWOT 分析中的 SO 组合，适于采用积极扩张型的财务战略。案例资料中该公司准备采取的经营与财务战略都是可行的。从筹资的角度看，限于该公司的规模，可能该公司在目前国内的环境下仍然主要采用向银行借款或发行债券的方式，待其规模逐步扩大、条件成熟时，也可以考虑发行股票上市筹资。

教材习题解析

一、思考题

1. 答：企业财务战略是主要涉及财务性质的战略，因此属于企业财务管理的范畴。它主要考虑财务领域全局性、长期性和导向性的重大谋划问题，并以此与传统意义上的财务管理相区别。企业财务战略通过通盘考虑企业的外部环境和内部条件，对企业财务资源进行长期的优化配置安排，为企业的财务管理工作把握全局，谋划一个长期的方向，从而促进整个企业战略的实现和财务管理目标的实现，这对企业的财务管理具有重要的意义。

2. 答：财务战略具有战略的共性和财务特性，其特征有：

（1）财务战略属于全局性、长期性和导向性的重大谋划；

（2）财务战略涉及企业的外部环境和内部条件；

（3）财务战略是对企业财务资源的长期优化配置安排；

（4）财务战略与企业拥有的财务资源及其配置能力相关；

（5）财务战略受到企业文化和价值观的重要影响。

企业财务战略的类型可以从职能财务战略和综合财务战略两个角度来认识。

按财务管理的职能领域，财务战略可以分为投资战略、筹资战略、营运战略和股利战略。

（1）投资战略。投资战略是涉及企业长期、重大投资方向的战略性筹划。企业重大的投资行业、投资企业、投资项目等筹划，属于投资战略问题。

（2）筹资战略。筹资战略是涉及企业重大筹资方向的战略性筹划。企业重大的首次发行股票、增资发行股票、发行大笔债券、与银行建立长期合作关系等战略性筹划，属于筹资战略问题。

（3）营运战略。营运战略是涉及企业营业资本的战略性筹划。企业重大的营运资本策略、与重要供应厂商和客户建立长期商业信用关系等战略性筹划，属于营运战略问题。

（4）股利战略。股利战略是涉及企业长期、重大分配方向的战略性筹划。企业重大的留用利润方案、股利政策的长期安排等战略性筹划，属于股利战略问题。

根据企业的实际经验，财务战略的综合类型一般可以分为扩张型财务战略、稳健型财务战略、防御型财务战略和收缩型财务战略。

（1）扩张型财务战略。扩张型财务战略一般表现为长期内迅速扩大投资规模，全部或大部分保留利润，大量筹措外部资本。

（2）稳健型财务战略。稳健型财务战略一般表现为长期内稳定增长的投资规模，保留部分利润，内部留利与外部筹资结合。

（3）防御型财务战略。防御型财务战略一般表现为保持现有投资规模和投资报酬水平，保持或适当调整现有资产负债率和资本结构水平，维持现行的股利政策。

（4）收缩型财务战略。收缩型财务战略一般表现为维持或缩小现有投资规模，分发大量股利，减少对外筹资，甚至通过偿债和股份回购归还投资。

3. 答：SWOT分析法的原理就是在对企业的外部财务环境和内部财务条件进行调查的基础上，对有关因素进行归纳分析，评价企业外部的财务机会与威胁、企业内部的财务优势与劣势，并将它们两两组合为四种适于采用不同综合财务战略选择的象限，从而为财务战略的选择提供参考方案。

SWOT分析主要应用在帮助企业准确找到与企业的内部资源和外部环境相匹配的企业财务战略乃至企业总体战略方面。运用SWOT分析法，可以采用SWOT分析图和SWOT分析表来进行，从而为企业财务战略的选择提供依据。

4. 答：从企业财务的角度看，经济的周期性波动要求企业顺应经济周期的过程和阶段，通过制定和选择富有弹性的财务战略，来抵御大起大落的经济震荡，弱化其对财务活动的影响，特别是减少经济周期中上升和下降的波动对财务活动的消极影响。财务战略的选择和实施要与经济运行周期相配合。

（1）在经济复苏阶段适宜采取扩张型财务战略。主要举措是：增加厂房设备、采用融资租赁、建立存货、开发新产品、增加劳动力等。

（2）在经济繁荣阶段适宜先采取扩张型财务战略，再转为稳健型财务战略。繁荣初期继续扩充厂房设备，采用融资租赁，继续建立存货，提高产品价格，开展营销策划，增加劳动力。

（3）在经济衰退阶段应采取防御型财务战略。停止扩张，出售多余的厂房设备，停产不利产品，停止长期采购，削减存货，减少雇员。

（4）在经济萧条阶段，特别是在经济处于低谷时期，应采取防御型和收缩型财务战略。建立投资标准，保持市场份额，压缩管理费用，放弃次要的财务利益，削减存货，减少临时性雇员。

5. 答：每个企业的发展都要经过一定的发展阶段。最典型的企业一般要经过初创期、扩张期、稳定期和衰退期四个阶段。不同的发展阶段应该有不同的财务战略与之相适应。企业应当分析所处的发展阶段，采取相应的财务战略。

在初创期，现金需求量大，需要大规模举债经营，因而存在很大的财务风险，一般采用股票股利政策。

在扩张期，虽然现金需求量也大，但它是以较低幅度增长的，财务风险仍然很高，一般采用低现金股利政策。因此，在初创期和扩张期企业应采取扩张型财务战略。

在稳定期，现金需求量有所减少，一些企业可能有现金结余，财务风险降低，一般采用现金股利政策。在稳定期，企业一般采取稳健型财务战略。

在衰退期，现金需求量持续减少，最后遭受亏损，财务风险降低，一般采用高现金股利政策。在衰退期，企业应采取防御收缩型财务战略。

6. 答：影响企业筹资数量的条件和因素有很多。例如，有法律规范方面的限定，有企业经营和投资方面的因素等。归纳起来，企业筹资数量预测的基本依据主要有以下几个方面：

(1) 法律方面的限定。

1) 注册资本限额的规定。如《公司法》规定，股份有限公司注册资本的最低限额为人民币500万元，公司在考虑筹资数量时首先必须满足注册资本最低限额的要求。

2) 企业负债限额的规定。如《公司法》规定，公司累计债券总额不超过公司净资产额的40%，其目的是保证公司的偿债能力，进而保障债权人的利益。

(2) 企业经营和投资的规模。一般而言，公司经营和投资规模越大，所需资本越多；反之，所需资本越少。在企业筹划重大投资项目时，需要进行专项的筹资预算。

(3) 其他因素。利息率的高低、对外投资规模的大小、企业资信等级的优劣等，都会对筹资数量产生一定的影响。

7. 答：运用回归分析法预测筹资数量，至少存在以下局限性：

(1) 回归分析法以资本需要额与营业业务量之间的线性关系符合历史实际情况，并预期未来这种关系将保持下去为前提假设，但这一假设实际上往往不能严格满足。

(2) 确定a，b两个参数的数值，应利用预测年度前连续若干年的历史资料，一般要有3年以上的资料，才能取得比较可靠的参数，这使一些新创立的、财务历史资料不完善的企业无法使用回归分析法。

回归分析法的一个改进的设想是：该方法可以考虑价格等因素的变动情况。在预期原材料、设备的价格和人工成本发生变动时，可以相应调整有关预测参数，取得比较准确的预测结果。

8. 答：由于利润是企业一定时期经营成果的综合反映，构成内容比较复杂，因此，利润预算的内容也比较复杂，主要包括营业利润预算、利润总额预算和税后利润预算以及每股收益预算。

（1）营业利润预算。企业一定时期的营业利润包括营业收入、营业成本、期间费用、投资收益等项目。因此，营业利润预算包括营业收入、营业成本、期间费用等项目的预算。

（2）利润总额预算。在营业利润预算的基础上，利润总额预算还包括营业外收入和营业外支出的预算。

（3）税后利润预算。在利润总额预算的基础上，税后利润预算主要包括所得税的预算。

（4）每股收益预算。在税后利润预算的基础上，每股收益预算包括基本每股收益和稀释每股收益的预算。

9．答：财务状况预算是最综合的预算，其构成内容全面而复杂。主要包括：短期资产预算、长期资产预算、短期债务资本预算、长期债务资本预算和股权资本预算。

（1）短期资产预算。主要包括现金（货币资金）、应收票据、应收账款、存货等项目的预算。

（2）长期资产预算。主要包括其他债权投资、长期股权投资、固定资产、无形资产等项目的预算。

（3）短期债务资本预算。主要包括短期借款、应付票据、应付账款等项目的预算。

（4）长期债务资本预算。主要包括长期借款、应付债券等项目的预算。

（5）股权资本预算。企业一定时点的股权资本（权益资本）主要包括股本（实收资本）、资本公积、盈余公积和未分配利润等项目。因此，股权资本的预算主要包括股本（实收资本）、资本公积、盈余公积和未分配利润等项目的预算。

10．答：企业与财务状况有关的财务结构主要有：资产期限结构（流动资产与非流动资产结构）、债务资本期限结构（流动负债与非流动负债的结构）、全部资本属性结构（负债与股东权益的结构）、长期资本属性结构（非流动负债与股东权益的结构）和股权资本结构（永久性股东权益与非永久性股东权益的结构，其中，永久性股东权益包括实收资本、资本公积和盈余公积，非永久性股东权益即未分配利润）。其计算公式如表4－7所示。

表4－7　财务结构比率计算公式表

财务结构名称	财务结构计算公式
资产期限结构	流动资产÷全部资产
债务资本期限结构	流动负债÷全部负债
全部资本属性结构	全部负债÷全部资产
长期资本属性结构	非流动负债÷（非流动负债＋股东权益）
股权资本结构	永久性股东权益÷全部股东权益

二、练习题

1. 解：三角公司 20×9 年度资本需要额为：

(8 000－400)×(1＋10%)×(1－5%)＝7 942(万元)

2. 解：四海公司 20×9 年公司销售收入预计为：

150 000×(1＋5%)＝157 500(万元)

比 20×8 年增加了 7 500 万元。

四海公司 20×9 年预计敏感负债增加＝7 500×18%＝1 350(万元)

四海公司 20×9 年税后利润＝150 000×8%×(1＋5%)×(1－25%)

＝9 450(万元)

其中 50%即 4 725 万元留用于公司，因此，公司留用利润增加额为 4 725 万元。

四海公司 20×9 年公司资产增加额＝1 350＋4 725＋49＝6 124(万元)

3. 解：(1) 由于在资本需要额与产品产销量之间存在线性关系，且有足够的历史资料，因此该公司适合使用回归分析法，预测模型为 $Y=a+bX$。整理出的回归方程数据计算表如表 4－8 所示。

表 4－8 回归方程数据计算表

年度	产销量 X（件）	资本需要总额 Y（万元）	XY	X^2
20×4	1 200	1 000	1 200 000	1 440 000
20×5	1 100	950	1 045 000	1 210 000
20×6	1 000	900	900 000	1 000 000
20×7	1 300	1 040	1 352 000	1 690 000
20×8	1 400	1 100	1 540 000	1 960 000
$n=5$	$\sum X=6\ 000$	$\sum Y=4\ 990$	$\sum XY=6\ 037\ 000$	$\sum X^2=7\ 300\ 000$

(2) 计算不变资本总额和单位业务量所需要的可变资本额。将表中数据代入下列联立方程组：

$$\begin{cases}\sum Y = na + b\sum X \\ \sum XY = a\sum X + b\sum X^2\end{cases}$$

有
$$\begin{cases}4\ 990=5a+6\ 000b \\ 6\ 037\ 000=6\ 000a+7\ 300\ 000b\end{cases}$$

求得
$$\begin{cases}a=410 \\ b=0.49\end{cases}$$

即不变资本总额为 410 万元，单位可变资本额为 0.49 万元。

(3) 确定资本需要总额预测模型。将 $a=410$，$b=0.49$ 代入 $Y=a+bX$，得到预测模型：

$$Y=410+0.49X$$

(4) 计算资本需要总额。将20×9年预计产销量1 560件代入上式，经计算得出资本需要总额：

$$410+0.49\times1\,560=1\,174.4\text{(万元)}$$

第 5 章

Chapter 5 长期筹资方式

学习指导

1. **学习重点**：本章的学习重点是理解和掌握普通股的分类、股票上市决策、股票发行定价的方法，理解普通股筹资的优缺点；掌握债券的种类、债券发行定价的方法、债券的评级，理解债券筹资的优缺点；掌握长期借款的种类、银行借款的信用条件、企业对贷款银行的选择，理解长期借款筹资的优缺点；掌握租赁的种类、融资租赁的租金的测算方法，理解融资租赁筹资的优缺点；理解混合性筹资方式中的优先股筹资、可转换债券筹资和认股权证筹资的种类、方式、特点和优缺点等。

2. **学习难点**：本章的学习难点是对企业长期筹资中各种筹资方式的种类、方法、特点、优缺点的认识和理解，学会整体把握各种筹资方式之间的联系和区别，学会灵活选择和综合应用各种筹资方式。

练习题

一、名词解释

1. 长期筹资
2. 企业内部资本
3. 内部筹资
4. 外部筹资
5. 股权性筹资
6. 债务性筹资
7. 混合性筹资
8. 注册资本
9. 投入资本筹资
10. 股票
11. 普通股
12. 优先股
13. 国家股
14. 法人股

15. 个人股
16. 外资股
17. 自销方式
18. 承销方式
19. 长期借款
20. 抵押贷款
21. 信用贷款
22. 记名债券
23. 无记名债券
24. 固定利率债券
25. 浮动利率债券
26. 收益债券
27. 可转换债券
28. 附认股权债券
29. 债券的私募发行
30. 债券的公募发行
31. 租赁
32. 经营租赁
33. 融资租赁
34. 售后租回
35. 杠杆租赁
36. 平均分摊法
37. 等额年金法
38. 认股权证

二、判断题

1. 资本是企业经营和投资活动的一种基本要素，是企业创建和生存发展的一个必要条件。（　）

2. 处于扩张期、具有良好发展前景的企业通常会产生调整性筹资动机。例如，企业产品供不应求，需要增加市场供应。（　）

3. 在我国，非银行金融机构主要有租赁公司、保险公司、企业集团的财务公司以及信托投资公司、证券公司。（　）

4. 在改革开放的条件下，国外以及我国香港、澳门和台湾地区的投资者持有的资本亦可加以吸收，从而形成外商投资企业的筹资渠道。（　）

5. 处于扩张期的企业面临资本短缺时，大多选择内部筹资以减少筹资费用。（　）

6. 根据我国有关法规制度，企业的股权资本由投入资本（或股本）、资本公积和未分配利润三部分组成。（　）

7. 在世界范围内，公司注册资本制度的模式主要有三种：法定资本制、授权资本制和折中资本制。（　）

8. 筹集投入资本也可以通过发行股票的方式取得。（　）

9. 筹集投入资本是非股份制企业筹措自有资本的一种基本形式。（　）

10. 筹集国家的投入资本主要是通过国家银行获取贷款。（　）

11. 所有企业都可以采用筹集投入资本的形式筹措自有资本。（　）

12. 发行股票是所有公司制企业筹措自有资本的基本方式。（　）

13. 对于股东而言，优先股比普通股有更优厚的回报，有更大的吸引力。（　）

14. 我国的B股股票仅供外国和我国的港、澳、台地区的投资者购买，我国

境内的个人、法人投资者目前无法购买。（　）

15. 在我国，股票发行价格既可以按票面金额确定，也可以按超过票面金额或低于票面金额的价格确定。（　）

16. 股份公司无论面对什么样的财务状况，争取早日上市交易都是正确的选择。（　）

17. 股票按发行时间的先后可分为始发股和新股。两者的股东权利和义务都是一样的。（　）

18. 上市公司公开发行股票，应当由证券公司承销；非公开发行股票，发行对象均属于原前十名股东的，可以由上市公司自行销售。（　）

19. 股票发行价格如果过低，可能加大投资者的风险，增大承销机构的发行风险和发行难度，抑制投资者的认购热情。（　）

20. 借款合同应依法签订，它属于商业合约，不具有法律约束力。（　）

21. 一般情况下，长期借款无论是资本成本还是筹资费用都较股票、债券低。（　）

22. 凡我国企业均可以发行公司债券。（　）

23. 抵押债券还可按抵押品的先后担保顺序分为第一抵押债券和第二抵押债券。（　）

24. 公募发行是世界各国通常采用的公司债券发行方式。但我国有关法律、法规尚未要求公开发行债券。（　）

25. 发行公司债券所筹集到的资金，公司不得随心所欲地使用，必须按审批机关批准的用途使用，不得用于弥补亏损和非生产性支出。（　）

26. 当其他条件相同时，债券期限越长，债券的发行价格就可能越低；反之，发行价格就可能越高。（　）

27. 一般来说，债券的市场利率越高，债券的发行价格越低；反之，发行价格就可能越高。（　）

28. 债券的发行价格与股票的发行价格一样，只允许平价或溢价发行，不允许折价发行。（　）

29. 融资租赁实际上就是由租赁公司筹资购物，由承租企业租入并支付租金。（　）

30. 融资租赁的固定资产视为企业自有固定资产管理，因此，这种筹资方式必然会影响企业的资本结构。（　）

31. 融资租赁合同期满时，承租企业根据合同约定，可以对设备续租、退还或留购。（　）

32. 优先股和可转换债券既具有债务筹资性质，又具有股权筹资性质。（　）

33. 发行认股权证是上市公司的一种特殊筹资手段，其主要功能是辅助公司的股权性筹资，但不可以直接筹措现金。（　）

34. 长期认股权证的认股期限通常持续几年，有的是永久性的。短期认股权证的认股期限比较短，一般在 90 天以内。（　）

三、单项选择题

1. 政府财政资本通常只有（　）才能利用。

A. 外资企业　　B. 民营企业

C. 国有独资或国有控股企业　　D. 非营利组织

2. 企业外部筹资的方式很多，但不包括（　）方式。

A. 投入资本筹资　　B. 企业留用利润

C. 发行股票筹资　　D. 长期借款筹资

3. 下列关于直接筹资和间接筹资的说法中，错误的是（　）。

A. 直接筹资是指企业不借助银行等金融机构，直接与资本所有者协商融通资本的一种筹资活动

B. 间接筹资是指企业借助银行等金融机构融通资本的筹资活动

C. 相对于间接筹资，直接筹资具有广阔的领域，可利用的筹资渠道和筹资方式比较多

D. 间接筹资因程序较为繁杂，准备时间较长，故筹资效率较低，筹资费用较高

4. 筹集股权资本是企业筹集（　）的一种重要方式。

A. 长期资本　　B. 短期资本

C. 债权资本　　D. 以上都不是

5. 国内联营企业吸收参与联营的企事业单位各方的投资即形成联营企业资本金，这种资本金属于（　）。

A. 国家资本金　　B. 法人资本金

C. 个人资本金　　D. 外商资本金

6. 采用筹集投入资本方式筹措股权资本的企业不应该是（　）。

A. 股份制企业　　B. 国有企业

C. 集体企业　　D. 合资或合营企业

7. 筹集投入资本时，要对（　）的出资形式规定最高比例。

A. 现金　　B. 流动资产

C. 固定资产　　D. 无形资产

8. 筹集投入资本时，各国法规大多对（　）的出资形式规定了最低比例。

A. 流动资产　　B. 固定资产

C. 现金　　D. 无形资产

9. 无记名股票中，不记载的内容是（　　）。

A. 股票数量　　B. 编号

C. 发行日期　　D. 股东的姓名或名称

10. 根据《公司法》的规定，我国市场上的股票不包括（　　）。

A. 记名股票　　B. 无面额股票

C. 国家股　　D. 个人股

11. 证券发行申请未获核准的上市公司，自中国证监会作出不予核准的决定之日起（　　）个月后，可再次提出证券发行申请。

A. 1　　B. 3

C. 6　　D. 12

12. 在股票发行的溢价发行方式下，发行公司获得发行价格超过股票面额的溢价款应列入（　　）。

A. 资本公积　　B. 盈余公积

C. 未分配利润　　D. 营业外收入

13. 下列筹资方式中，兼具筹资速度快、筹资费用和资本成本低、对企业有较大灵活性等特点的是（　　）。

A. 发行股票　　B. 融资租赁

C. 发行债券　　D. 长期借款

14. 按照国际惯例，银行对借款企业通常都约定一些限制性条款，其中不包括（　　）。

A. 一般性限制条款　　B. 附加性限制条款

C. 例行性限制条款　　D. 特殊性限制条款

15. 根据《公司法》的规定，不具备债券发行资格和条件的公司是（　　）。

A. 股份有限公司

B. 国有独资公司

C. 两个以上的国有投资主体投资设立的有限责任公司

D. 国有企业和外商共同投资设立的有限责任公司

16. 债券发行价格的计算公式为（　　）。

A. $\sum_{t=1}^{n}\frac{\text{年利息}}{(1+\text{市场利率})^t}+\frac{\text{债券面额}}{(1+\text{市场利率})^n}$

B. $\sum_{t=1}^{n}\frac{\text{年利息}}{(1+\text{市场利率})^t}-\frac{\text{债券面额}}{(1+\text{市场利率})^n}$

C. $\sum_{t=1}^{n}\frac{\text{年利息}}{(1+\text{市场利率})^t}\times\frac{\text{债券面额}}{(1+\text{市场利率})^n}$

D. $\sum_{t=1}^{n}\frac{\text{年利息}}{(1+\text{市场利率})^t}\div\frac{\text{债券面额}}{(1+\text{市场利率})^n}$

17. 根据《公司法》的规定，发行公司流通在外的债券累计总额不超过公司净资产的（　　）。

A. 60%　　B. 40%

C. 50%　　D. 30%

18. 融资租赁又称为财务租赁，有时也称为资本租赁。下列各项中不属于融资租赁范围的是（　　）。

A. 根据协议，企业将某项资产卖给出租人，再将其租回使用

B. 由租赁公司融资融物，由企业租入使用

C. 租赁期满，租赁物一般归还给出租者

D. 在租赁期间，出租人一般不提供维修设备的服务

19. 由出租人向承租企业提供租赁设备，并提供设备维修保养和人员培训等的服务性业务，这种租赁形式称为（　　）。

A. 融资租赁　　B. 经营租赁

C. 直接租赁　　D. 资本租赁

20. 配股权证是确认股东配股权的证书，它按（　　）定向派发，赋予股东以优惠的价格认购发行公司一定份数的新股。

A. 优先股的持有比例　　B. 公司债券的持有比例

C. 公司管理层的级别　　D. 股东的持股比例

四、多项选择题

1. 企业需要长期资本的原因主要有（　　）。

A. 购建固定资产　　B. 取得无形资产

C. 支付职工的月工资　　D. 垫支长期性流动资产等

E. 开展长期投资

2. 企业的长期筹资渠道包括（　　）。

A. 政府财政资本　　B. 银行信贷资本

C. 非银行金融机构资本　　D. 其他法人资本

E. 民间资本

3. 筹集投入资本的具体形式有（　　）。

A. 发行股票投资　　B. 吸收国家投资

C. 吸收法人投资　　D. 吸收个人投资

E. 吸收外商投资

4. 筹集投入资本，投资者的投资形式包括（　　）。

A. 现金　　B. 有价证券

C. 流动资产　　D. 固定资产

E. 无形资产

5. 筹集投入资本，（　　）应该采用一定的方法重新估值。

A. 存货　　B. 无形资产
C. 固定资产　　D. 应收账款
E. 现金

6. 下列表述中，符合股票含义的有（　　）。

A. 股票是有价证券　　B. 股票是物权凭证
C. 股票是书面凭证　　D. 股票是债权凭证
E. 股票是所有权凭证

7. 股票按发行对象和上市地区的不同，可以分为（　　）。

A. A 股　　B. ST 股
C. B 股　　D. N 股
E. H 股

8. 股票按股东权利和义务的不同可分为（　　）。

A. 始发股　　B. 新股
C. 普通股　　D. 优先股
E. 法人股

9. 普通股的特点包括（　　）。

A. 普通股股东享有公司的经营管理权
B. 公司解散清算时，普通股股东对公司剩余财产的请求权位于优先股之后
C. 普通股股利分配在优先股之后进行，并依公司盈利情况而定
D. 普通股一般不允许转让
E. 公司增发新股时，普通股股东具有认购优先权，可以优先认购公司所发行的股票

10. 我国股票的发行程序主要包括（　　）。

A. 公司董事会应当依法作出相关决议
B. 公司股东大会就发行股票作出相关决定
C. 公司申请公开发行股票或者非公开发行新股，应当由保荐人保荐，并向中国证监会申报
D. 中国证监会依照相关程序审核发行证券的申请
E. 自中国证监会核准发行之日起，公司应在 6 个月内发行证券

11. 《公司法》等法规规定了股票发行定价的原则要求，主要有（　　）。

A. 同次发行的股票，每股发行价格应当相同
B. 任何单位或个人所认购的股份，每股应当支付相同的价款
C. 股票发行价格可以按票面金额，也可以超过票面金额，但不得低于票面金额

D. 以超过票面金额为股票发行价格的，须经国务院证券管理部门批准

E. 发行股票的企业都可以自行决定发行价格

12.《中华人民共和国证券法》（以下简称《证券法》）规定，股份有限公司申请股票上市，应当符合的基本条件包括（　　）。

A. 股票经国务院证券监督管理机构核准已公开发行

B. 公司股本总额不少于人民币 3 000 万元

C. 开业时间在 3 年以上，最近 3 年连续盈利

D. 公开发行的股份达到公司股份总数的 25%以上；公司股本总额超过人民币 4 亿元的，公开发行股份的比例为 10%以上

E. 公司最近 3 年无重大违法行为，财务会计报告无虚假记载

13. 长期借款的分类有（　　）。

A. 按提供贷款的机构，分为政策性银行贷款、商业性银行贷款和其他金融机构贷款

B. 按有无抵押品作担保，分为担保贷款和信用贷款

C. 按贷款偿还的先后顺序，分为普通贷款和优先贷款

D. 按贷款的用途，分为基本建设贷款、更新改造贷款、科研开发和新产品试制贷款

E. 按贷款行业，分为工业贷款、农业贷款和商业贷款

14. 企业偿还贷款的方式通常有（　　）。

A. 到期一次偿还

B. 定期偿还相等份额的本金，即在到期日之前定期偿还相同的金额，至贷款到期日还清全部本金

C. 分批偿还，每批金额不等，便于企业灵活安排

D. 展期一次偿还本息和

E. 以上方式都可以

15. 企业借款应具备的基本条件为（　　）。

A. 企业经营的合法性　　B. 企业经营的独立性

C. 企业具有一定数量的自有资金　　D. 企业在银行开立基本账户

E. 企业有按期还本付息的能力

16. 与股票相比，债券的特点包括（　　）。

A. 债券代表一种债权关系　　B. 债券的求偿权优先于股票

C. 债券持有人无权参与企业决策　　D. 债券投资的风险小于股票

E. 可转换债券按规定可转换为股票

17. 债券上市给发行公司和投资者带来的好处包括（　　）。

A. 上市债券因其符合一定的标准，信用度较高，能卖较好的价钱

B. 债券上市有利于提高发行公司的知名度

C. 上市债券成交速度快，变现能力强，更易于吸引投资者

D. 债券上市的偿还风险比不上市更高

E. 上市债券交易便利，成交价格比较合理，有利于公平筹资和投资

18. 根据《公司法》的规定，公司债券募集办法中应当载明的主要事项有（　　）。

A. 发行公司名称　　B. 债券募集资金的用途

C. 债券总额和债券的票面金额　　D. 债券利率的确定方式

E. 还本付息的期限和方式

19. 融资租赁租金的支付方式有（　　）。

A. 按支付间隔期，分为年付、半年付、季付和月付

B. 按在期初和期末支付，分为先付和后付

C. 按支付次数，分为到期一次支付和租期内分次支付租金

D. 按是否预付和延付，分为预付租金和延付租金

E. 按每次是否等额支付，分为等额支付和不等额支付

20. 融资租赁业务的程序主要有（　　）。

A. 选择租赁公司　　B. 办理租赁委托

C. 签订租赁合同　　D. 办理验货、付款与保险

E. 支付租金

21. 优先股按具体权利的不同，还可以进一步分为（　　）。

A. 累积优先股和非累积优先股

B. 参与优先股和非参与优先股

C. 有表决权优先股和无表决权优先股

D. 可转换优先股和不可转换优先股

E. 可赎回优先股和不可赎回优先股

五、简答题

1. 试分析长期筹资的动机。
2. 试说明长期筹资的原则。
3. 试说明直接筹资和间接筹资的区别。
4. 试说明我国普通股股票发行的要求。
5. 试说明我国普通股股票发行的条件。
6. 试说明普通股股票发行的定价方式。
7. 试说明如何作出股票上市的决策。
8. 试说明银行借款的信用条件。
9. 试说明我国发行公司债券的条件。

10. 试说明经营租赁和融资租赁各自的特点。

11. 试说明优先股的特点。

12. 试说明上市公司公开发行优先股的基本条件。

六、计算与分析题

A公司是近年来快速崛起的一家生物制药公司，目前的资本结构如表5-1所示。2020年年底，A公司准备投资一项新的药品开发项目，目前估计需要前期资金900万元，后续的资金将从本药品的盈利中获取。咨询公司综合考虑了A公司的相关情况，并结合当地的实际状况，向A公司提供了两个具有可行性的方案。

方案一：向商业银行贷款。贷款费用为贷款总金额的1%，同时，商业银行要求维持10%的补偿性余额，2021年的贷款利率为7%。

方案二：向全社会公开发行股票。鉴于公司目前的状况，咨询公司暂定发行价格为每股10元，发行费用约为总金额的4%，同时2021年预计将按每股0.6元发放现金股利。

表5-1 A公司2020年12月31日的资本结构 单位：万元

项目	金额	比例
负债	3 600	45%
股东权益	4 400	55%
总资产	8 000	100%

要求：如果你是A公司的财务部经理：

(1) 请分别计算2021年两种筹资方式的成本，并作出自己的选择。

(2) 如果A公司可以采用以上两种筹资方式的混合模式，同时该公司第一大股东希望在筹资活动结束后，公司的资产负债率约为49%，请计算此时该公司应该如何进行筹资（结果保留整数）。

(3) 在上述计算的基础上，填写公司新的资本结构表（见表5-2）。

表5-2 A公司2021年×月×日的资本结构

项目	金额	比例
负债		
股东权益		
总资产		

七、案例题

迅达航空公司筹资案例

迅达航空公司于2015年实行杠杆式收购后，负债比率一直居高不下。直至2020年年底，公司的负债比率仍然很高，有近15亿元的债务将于2023年到期。为此，需要采用适当的筹资方式追加筹资，降低负债比率。

2021年年初，公司董事长和总经理正在研究公司的筹资方式的选择问题。董事长和总经理两人都是主要持股人，也都是财务专家。他们考虑了包括增发普通股等筹资方式，并开始向投资银行咨询。

起初，投资银行认为，可按每股20元的价格增发普通股。但经分析得知，这是不切实际的，因为投资者对公司有关机票打折策略和现役机龄老化等问题顾虑重重，如此高价位发行，成功概率不大。最后，投资银行建议，公司可按每股13元的价格增发普通股2 000万股，以提高股权资本比重，降低负债比率，改善财务状况。

迅达航空公司2020年年底和2021年年初增发普通股后（如果接受投资银行的咨询建议）筹资方式组合如表5-3所示。

表5-3 迅达航空公司长期筹资方式情况表

长期筹资方式	2020年年末实际数		2021年年初估计数	
	金额（亿元）	百分比（%）	金额（亿元）	百分比（%）
长期债券	49.66	70.9	48.63	68.1
融资租赁	2.45	3.5	2.45	3.4
优先股	6.51	9.3	6.51	9.1
普通股	11.43	16.3	13.86	19.4
总计	70.05	100	71.45	100

要求：假如你是迅达航空公司的财务总监（CFO）：

（1）请你分析普通股筹资方式的优缺点。

（2）你如何评价投资银行对公司的咨询建议？

（3）你将对公司提出怎样的筹资方式建议？

练习题部分答案

一、名词解释

1. 长期筹资：企业作为筹资主体，根据其经营活动、投资活动和调整资本结构等长期需要，通过长期筹资渠道和资本市场，运用长期筹资方式，经济有效地筹措和集中长期资本的活动。

2. 企业内部资本：企业通过提取盈余公积和保留未分配利润而形成的资本。这是企业内部形成的筹资渠道，比较便捷，有盈利的企业通常都可以加以利用。

3. 内部筹资：企业在企业内部通过留用利润而形成的资本来源。

4. 外部筹资：企业在内部筹资不能满足需要时，向企业外部筹资而形成的资本来源。

5. 股权性筹资：股权性筹资形成企业的股权资本，亦称权益资本，是企业依法取得并长期拥有，可自主调配运用的资本。

6. 债务性筹资：债务性筹资形成企业的债务资本，亦称债务资本，是企业依法取得并依约运用，按期偿还的资本。

7. 混合性筹资：兼具股权性筹资和债务性筹资双重属性的长期筹资类型，主要包括发行优先股筹资和发行可转换债券筹资。

8. 注册资本：企业在工商行政管理部门登记注册的资本总额。一般而言，注册资本是企业法人资格存在的物质要件，是股东对企业承担有限责任的界限，也是股东行使股权的依据和标准。

9. 投入资本筹资：非股份制企业以协议等形式吸收国家、其他企业、个人和外商等直接投入的资本，形成企业投入资本的一种长期筹资方式。

10. 股票：股份有限公司为筹措股权资本而发行的有价证券，是持股人拥有公司股份的凭证。它代表持股人在公司中拥有的所有权。

11. 普通股：公司发行的代表股东享有平等的权利、义务，不加特别限制，股利不固定的股票。普通股是最基本的股票。

12. 优先股：公司发行的优先于普通股股东分取股利和公司剩余财产的股票。

13. 国家股：有权代表国家投资的部门或机构以国有资产向公司投入而形成的股份。国家股由国务院授权的部门或机构持有，并向公司委派股权代表。

14. 法人股：企业法人依法以其可支配的资产向公司投入而形成的股份，或具有法人资格的事业单位和社会团体以国家允许用于经营的资产向公司投入而形成的股份。

15. 个人股：社会个人或本公司职工以个人合法财产投入公司而形成的股份。

16. 外资股：外国和我国港、澳、台地区投资者购买的我国上市公司股票。

17. 自销方式：股份有限公司在非公开发行股票时，自行直接将股票出售给认购股东，而不经过证券经营机构承销。

18. 承销方式：发行公司将股票销售业务委托给证券承销机构代理。

19. 长期借款：企业向银行等金融机构以及向其他单位借入的、期限在一年以上的各种借款。

20. 抵押贷款：以特定的抵押品为担保的贷款。作为贷款担保的抵押品可以是不动产、机器设备等实物资产，也可以是股票、债券等有价证券。

21. 信用贷款：不以抵押品作担保的贷款，即仅凭借款企业的信用或某保证人的信用而发放的贷款。信用贷款通常仅由借款企业出具签字的文书，一般是贷给那些资信优良的企业。

22. 记名债券：在券面上记载持券人的姓名或名称的债券。对于这种债券，公司只对记名人偿付本金，持券人凭印鉴支取利息。记名债券的转让由债券持有人以背书等方式进行，并由发行公司将受让人的姓名或名称载于公司债券存根簿。

23. 无记名债券：在券面上不记载持券人的姓名或名称，还本付息以债券为凭，一般实行剪票付息的一种债券。其转让由债券持有人将债券交付给受让人后即发挥效力。

24. 固定利率债券：利率在发行债券时即已确定并载于债券券面的一种债券。

25. 浮动利率债券：利率在发行债券之初不固定，而是根据有关利率（如银行存贷款利率等）加以确定的一种债券。

26. 收益债券：只有当发行公司有税后利润可供分配时才支付利息的一种公司债券。

27. 可转换债券：根据发行公司债券募集办法的规定，债券持有人可将其转换为发行公司的股票的债券。发行该种债券的公司应规定转换办法，并按转换办法向债券持有人换发股票。

28. 附认股权债券：附带允许债券持有人按特定价格认购股票的一种长期选择权的债券。

29. 债券的私募发行：由发行公司将债券直接发售给投资者的一种发行方式。

30. 债券的公募发行：由发行公司通过承销团向社会发售债券的一种发行方式。

31. 租赁：出租人以收取租金为条件，在契约或合同规定的期限内，将资产租借给承租人使用的一种经济行为。

32. 经营租赁：又称营运租赁、服务租赁，是由出租人向承租企业提供租赁设备，并提供设备维修保养和人员培训等的服务性业务。经营租赁通常为短期租赁。

33. 融资租赁：又称资本租赁、财务租赁，是由租赁公司按照承租企业的要求融资购买设备，并在契约或合同规定的较长期限内提供给承租企业使用的信用性业务。

34. 售后租回：在这种形式下，制造企业按照协议先将其资产卖给租赁公司，再作为承租企业将所售资产租回使用，并按期向租赁公司支付租金。采用这种融资租赁形式，承租企业因出售资产而获得了一笔现金，同时因将其租回而保留了资产的使用权。

35. 杠杆租赁：国际上比较流行的一种融资租赁形式，一般涉及承租人、出租人和贷款人三方当事人。从承租人的角度来看，它与其他融资租赁形式并无区别，同样是按合同的规定，在租期内获得资产的使用权，按期支付租金。但对出租人不同，出租人只垫支购买资产所需现金的一部分（一般为20%～40%），其余部分（为60%～80%）则以该资产为担保向贷款人借款支付。因此，在这种情况下，租赁公司既是出租人又是借款人，既要收取租金又要偿还借款。这种融资租赁形式由于租赁收益一般大于借款成本支出，出租人可获得财务杠杆利益，故称为杠杆租赁。

36. 平均分摊法：一种融资租赁租金的测算方法。它先以商定的利息率和手续费率计算出租赁期间的利息和手续费，然后连同设备成本按支付次数平均。这种方法没有充分考虑时间价值因素。每次应付租金的计算公式可表示为：

$$A=\frac{(C-S)+I+F}{N}$$

式中，A 表示每次支付的租金；C 表示租赁设备购置成本；S 表示租赁设备预计残值；I 表示租赁期间利息；F 表示租赁期间手续费；N 表示租期。

37. 等额年金法：运用年金现值的计算原理测算每期应付租金的方法。在这种方法下，通常以资本成本率作为折现率。根据后付年金现值的计算公式，经推导，可得到后付等额租金方式下每年年末支付租金的计算公式为：

$$A=\frac{PVA_n}{PVIFA_{i,n}}$$

式中，A 表示每年支付的租金；PVA_n 表示等额租金现值，即年金现值；$PVIFA_{i,n}$ 表示等额租金现值系数，即年金现值系数；n 表示支付租金期数；i 表示资本成本率。

38. 认股权证：由股份有限公司发行的可认购其股票的一种买入期权。它赋予持有者在一定期限内以事先约定的价格购买发行公司一定股份的权利。

二、判断题

1. √	2. ×	3. √	4. √	5. ×
6. ×	7. √	8. ×	9. √	10. ×
11. ×	12. ×	13. ×	14. ×	15. ×
16. ×	17. √	18. √	19. ×	20. ×
21. √	22. ×	23. √	24. ×	25. √
26. √	27. √	28. ×	29. √	30. ×
31. √	32. √	33. ×	34. √	

三、单项选择题

1. C	2. B	3. D	4. A	5. B
6. A	7. D	8. C	9. D	10. B
11. C	12. A	13. D	14. B	15. D

16. A	17. B	18. C	19. B	20. D

四、多项选择题

1. ABDE	2. ABCDE	3. BCDE	4. ACDE	5. ABCD
6. ACE	7. ACDE	8. CD	9. ABCE	10. ABCDE
11. ABCD	12. ABDE	13. ABD	14. ABC	15. ABCDE
16. ABCDE	17. ABCE	18. ABCDE	19. ABE	20. ABCDE
21. ABE				

五、简答题

1. 答：企业筹资的基本目的是维持自身的生存与发展。企业在持续的生存与发展中，其具体的筹资活动通常受特定的筹资动机驱使。企业筹资的具体动机是多种多样的。归纳起来有三种基本类型，即扩张性筹资动机、调整性筹资动机和混合性筹资动机。

（1）扩张性筹资动机。扩张性筹资动机是企业因扩大生产经营规模或增加对外投资的需要而产生的追加筹资动机。处于扩张期、具有良好发展前景的企业通常会产生这种筹资动机。例如，企业产品供不应求，需要增加市场供应；开发生产适销对路的新产品；追加有利的对外投资规模；开拓有发展前途的对外投资领域等，往往都需要追加筹资。扩张性筹资动机所产生的直接结果是企业资产总额和资本总额的增加。

（2）调整性筹资动机。企业的调整性筹资动机是企业因调整现有资本结构的需要而产生的筹资动机。简言之，资本结构是指企业各种筹资的构成及其比例关系。企业的资本结构是企业采取的各种筹资方式组合而形成的。一个企业在不同时期由于筹资方式的不同组合会形成不尽相同的资本结构。随着相关情况的变化，现有的资本结构可能不再合理，需要相应地予以调整，使之趋于合理。

（3）混合性筹资动机。企业既为扩大规模又为调整资本结构而产生的筹资动机，称为混合性筹资动机。即这种混合性筹资动机中兼容了扩张性筹资和调整性筹资两种筹资动机。在这种混合性筹资动机的驱使下，企业通过筹资，既扩大了资产和资本的规模，又调整了资本结构。

2. 答：长期筹资是企业的基本财务活动，是企业扩大生产经营规模和调整资本结构所必须采取的行为。为了经济有效地筹集长期资本，长期筹资必须遵循合法性、效益性、合理性和及时性等基本原则。

（1）合法性原则。企业的长期筹资活动影响社会资本及资源的流向和流量，涉及相关主体的经济权益。为此，必须遵守国家有关法律法规，依法履行约定的责任，维护有关各方的合法权益，避免非法筹资行为给企业本身及相关主体造成损失。

（2）效益性原则。企业的长期筹资与投资在效益上应当相互权衡。企业投资是决定企业是否要长期筹资的重要因素。投资收益与资本成本相比较的结果决定了是否要追加筹资；而一旦采纳某项投资项目，其投资数量就决定了所需长期筹资的数量。因此，企业在长期筹资活动中，一方面需要认真分析投资机会，避免不顾投资效益的盲目筹资；另一方面，由于不同长期筹资方式的资本成本的高低不同，也需要综合研究各种长期筹资方式，寻求最优的长期筹资组合，以降低资本成本，经济有效地筹集长期资本。

（3）合理性原则。长期筹资必须合理确定所需筹资的数量。企业的长期筹资不论通过哪些筹资渠道，运用哪些筹资方式，都要预先确定筹资的数量。企业筹资固然应当广开财路，但必须有合理的限度，使所需筹资的数量与投资所需数量达到平衡，避免因筹资数量不足而影响投资活动或因筹资数量过剩而影响筹资效益。

企业的长期筹资还必须合理确定资本结构。合理地确定企业的资本结构，主要有两方面的内容：一方面是合理确定股权资本与债务资本的结构，也就是合理确定企业的债务资本规模或比例，债务资本的规模应当与股权资本的规模和偿债能力的要求相适应。在这方面，既要避免债务资本过多，导致财务风险过高，偿债负担过重，又要有效地利用债务资本经营，提高股权资本的收益水平。另一方面是合理确定长期资本与短期资本的比例，也就是合理确定企业全部资本的期限结构，使之与企业资产所需持有的期限相匹配。

（4）及时性原则。企业的长期筹资必须根据企业资本的投放时间安排来加以筹划，及时取得资本来源，使筹资与投资在时间上协调。企业投资一般都有投放时间上的要求，尤其是证券投资，其投资的时间性要求非常重要，筹资必须与此相配合，避免筹资过早而造成投资前的资本闲置或筹资滞后而贻误投资的有利时机。

3. 答：直接筹资与间接筹资相比，两者有明显的差别，主要表现在以下几个方面：

（1）筹资机制不同。直接筹资依赖于资本市场机制如证券交易所，以各种证券（如股票和债券）为媒介；而间接筹资既可运用市场机制，也可运用计划或行政手段。

（2）筹资范围不同。直接筹资具有广阔的领域，可利用的筹资渠道和筹资方式比较多；而间接筹资的范围相对较窄，可利用的筹资渠道和筹资方式比较少。

（3）筹资效率和筹资费用高低不同。直接筹资因程序较为繁杂，准备时间较长，故筹资效率较低，筹资费用较高；而间接筹资过程简单，手续简便，故筹资效率较高，筹资费用较低。

（4）筹资效应不同。直接筹资可使企业最大限度地筹集社会资本，并有利于提高企业的知名度和资信度，改善企业的资本结构；而间接筹资主要是满足企业资本周转的需要。

4. 答：股份有限公司发行股票，通常分为设立发行和增资发行。根据《公司法》《证券法》等法规的规定，必须遵循下列基本要求：

(1) 股份有限公司的资本划分为股份，每一股金额相等。

(2) 股份采取股票的形式，股票是公司签发的证明股东所持股份的凭证。

(3) 股票的发行实行公平、公正的原则，同种类的每一股份应当具有同等权利。

(4) 同次发行的同种类股票，每股的发行条件和价格应当相同；任何单位或者个人所认购的股份，每股应当支付相同金额。

(5) 股票发行价格可以按票面金额（即平价）确定，也可以按超过票面金额（即溢价）的价格确定，但不得按低于票面金额（即折价）的价格确定。

5. 答：根据国家有关法律法规和国际惯例，股份有限公司发行股票必须具备一定的条件。

(1) 公司的组织机构健全、运行良好，如公司章程合法有效，股东大会、董事会、监事会和独立董事制度健全，能够依法有效履行职责；公司内部控制制度健全，能够有效保证公司运行的效率、合法合规性和财务报告的可靠性等。

(2) 公司的盈利能力具有可持续性，如最近3个会计年度连续盈利；业务和盈利来源相对稳定，不存在严重依赖控股股东、实际控制人的情形；现有主营业务或投资方向能够可持续发展，经营模式和投资计划稳健，主要产品或服务的市场前景良好，行业经营环境和市场需求不存在现实或可预见的重大不利变化等。

(3) 公司的财务状况良好，如会计基础工作规范，严格遵循国家统一会计制度的规定；最近3年内财务报表未被注册会计师出具保留意见、否定意见或无法表示意见的审计报告；资产质量良好、经营成果真实、现金流量正常等。

(4) 公司最近36个月内财务会计文件无虚假记载。

(5) 公司募集资金的数额和使用符合规定，如募集资金数额不超过项目需要量；募集资本用途符合国家产业政策和有关环境保护、土地管理等法律和行政法规的规定等。我国股市A股主板、创业板、中小板和科创板的具体发行条件有所不同。

6. 答：综合国内外股票市场，股票发行定价的方式主要有固定价格方式和累计订单定价方式两种。其中，累计订单定价方式是美国等股票市场通常采用的股票发行定价方式，首先由承销团与发行公司商定定价区间，通过市场促销征集在每个价位上的需求量；然后分析需求数量分布，由主承销商与发行公司确定最终发行价格。

固定价格方式是英国、日本和我国香港等股票市场通常采用的股票发行定价方式，先由承销商与发行公司商定固定的股票发行价格，然后按照该价格公开发售股票。

我国上市公司股票的发行定价方式经历了行政定价向市场化定价演变的过程。最初采用固定价格方式，随后改为固定市盈率和控制市盈率的方式，后来采用询价方式。询价方式实质上属于累计订单定价方式。询价分为两个阶段：第一阶段为发行公司及其保荐人向专业机构投资者初步询价，征询发行价格区间；第二阶段是发行公司和主承销商在确定的发行价格区间内向机构投资者征询发行价格，最终确定股票发行价格。

7. 答：股份公司为实现其上市目标，需在申请上市前对公司状况进行分析，对上市股票的股利政策、上市方式和上市时机作出决策。

（1）公司状况分析。申请股票上市的公司需分析公司及其股东的状况，全面分析权衡股票上市的各种利弊及其影响，确定关键因素。例如，如果公司面临的主要问题是资本不足，现有股东筹资风险过大，则可通过股票上市予以解决；倘若公司目前存在的关键问题是，一旦控制权外流，就会导致公司的经营不稳定，从而影响公司长远的稳定发展，则可放弃上市计划。

（2）上市股票的股利决策。股利决策包括股利政策和股利分派方式的选择。股利决策既影响上市股票的吸引力，又影响公司的支付能力，因此，必须作出合理的选择。

（3）股票上市方式的选择。股票上市的方式一般有公开发售、反向收购等。申请上市的公司需要根据股市行情、投资者和本公司的具体情况进行选择。

公开发售是股票上市的最基本方式，公司通常采用该方式。这种上市方式有利于满足公司增加现金资本的需要，有利于原股东转让其所持有的部分股份。

反向收购是指申请上市的公司收购已上市的较小公司的股票，然后向被收购的公司股东配售新股，以达到筹资的目的。

（4）股票上市时机的选择。股票上市的最佳时机是公司预计来年会取得良好业绩之时。当然，还须考虑当时的股市行情。

8. 答：按照国际惯例，银行借款往往附加一些信用条件，主要有授信额度、周转授信协议、补偿性余额。

（1）授信额度。授信额度是借款企业与银行间正式或非正式协议规定的企业借款的最高限额。通常在授信额度内，企业可随时按需要向银行申请借款。

（2）周转授信协议。周转授信协议是一种经常被大公司使用的正式授信额度。与一般授信额度不同，银行对周转信用额度负有法律义务，并因此向企业收取一定的承诺费用，一般按企业未使用授信额度的一定比率（2‰左右）计算。

（3）补偿性余额。补偿性余额是银行要求借款企业保持按贷款限额或实际借款额的10%～20%的平均存款余额留存银行。银行通常都有这种要求，目的是降低银行贷款风险，提高贷款的有效利率，补偿银行的损失。

9. 答：根据《公司法》《证券法》《公司债券发行试点办法》的规定，发行公司债券必须符合下列条件：

（1）股份有限公司的净资产额不低于人民币3 000万元，有限责任公司的净资产额不低于人民币6 000万元；

（2）累计债券总额不超过公司净资产的40%；

（3）最近3年平均可分配利润足以支付公司债券一年的利息；

（4）筹集的资金投向符合国家产业政策；

（5）债券的利率不得超过国务院限定的利率水平；

（6）公司内部控制制度健全，内部控制制度的完整性、合理性、有效性不存在重大缺陷；

（7）经资信评级机构评级，债券信用级别良好；

（8）国务院规定的其他条件。

此外，发行公司债券所筹集的资本必须按审批机关批准的用途使用，不得用于弥补亏损和非生产性支出。

如发行可转换公司债券，还应当符合股票发行的条件。

发行公司发生下列情形之一的，不得再次发行公司债券：

（1）前一次发行的公司债券尚未募足的；

（2）对已发行的公司债券或者其他债务有违约或者延迟支付本息的事实，且仍处于继续状态的；

（3）违反有关规定，改变公开发行公司债券所募资金的用途；

（4）最近36个月内公司财务会计文件存在虚假记载，或公司存在其他重大违法行为；

（5）本次发行申请文件存在虚假记载、误导性陈述或者重大遗漏；

（6）严重损害投资者合法权益和社会公共利益的其他情形。

10. 答：经营租赁的特点主要有：

（1）承租企业根据需要可随时向出租人提出租赁资产；

（2）租赁期较短，不涉及长期固定的义务；

（3）在设备租赁期内，如有新设备出现或不需用租入设备时，承租企业可按规定提前解除租赁合同，这对承租企业比较有利；

（4）出租人提供专门服务；

（5）租赁期满或合同中止时，租赁设备由出租人收回。

融资租赁通常为长期租赁，可满足承租企业对设备的长期需要，故有时也称为资本租赁。其主要特点有：

(1) 一般由承租企业向租赁公司提出正式申请，由租赁公司融资购进设备租给承租企业使用；

(2) 租赁期限较长，大多为设备使用年限的一半以上；

(3) 租赁合同比较稳定，在规定的租期内非经双方同意，任何一方不得中途解约，这有利于维护双方的权益；

(4) 由承租企业负责设备的维修保养和投保事宜，但无权自行拆卸改装；

(5) 租赁期满时，按事先约定的办法处置设备，一般有续租、退还或留购三种选择，通常由承租企业留购。

11. 答：与普通股相比，优先股主要具有如下特点：

(1) 优先分配固定的股利。优先股股东通常优先于普通股股东分配股利，且其股利一般是固定的，受公司经营状况和盈利水平的影响较小。所以，优先股类似固定利息的债券。

(2) 优先分配公司剩余财产。当公司因解散、破产等进行清算时，优先股股东优先于普通股股东分配公司的剩余财产。

(3) 优先股股东一般无表决权。在公司股东大会上，优先股股东一般没有表决权，通常也无权参与公司的经营管理，仅在涉及优先股股东权益问题时享有表决权。因此，优先股股东不大可能控制整个公司。

(4) 优先股可由公司赎回。发行优先股的公司按照公司章程的有关规定，根据公司的需要，可以一定的方式将所发行的优先股购回，以调整公司的资本结构。

12. 答：按照证监会发布的《优先股试点管理办法》，上市公司公开发行优先股的基本条件有：

(1) 最近 3 个会计年度实现的年均可分配利润应当不少于优先股一年的股息；

(2) 最近 3 年现金分红情况应当符合公司章程及中国证监会的有关监管规定；

(3) 报告期不存在重大会计违规事项；

(4) 最近 3 年财务报表被注册会计师出具的审计报告应当为标准审计报告或带强调事项段的无保留意见的审计报告；

(5) 已发行的优先股不得超过公司普通股股份总数的 50%，且筹资金额不得超过发行前净资产的 50%（已回购、转换的优先股不纳入计算）。

六、计算与分析题

解：两种筹资方式的成本计算如下：

(1) 方案一，由于银行要求维持 10%的补偿性余额，此时 A 公司的最低借款额应为：

$$900\div(1-10\%)=1\,000(\text{万元})$$

则　　2018年贷款的成本＝1 000×(1%＋7%)＝80(万元)

方案二，企业需要公开发行的股份数为：

900÷10＝90(万股)

则　　2018年发行股票的成本＝900×4%＋90×0.6＝90(万元)

因为贷款的成本小于公开发行股票的成本，所以财务部经理应选择采取贷款的形式进行筹资。

(2) 设公司在900万元的筹资中预计有X万元采用公开发行股票的方式筹集，则

$$\left(8\,000+X+\frac{900-X}{1-10\%}\right)\times(1-49\%)=4\,400+X$$

X＝180(万元)

即　　公司发行股票股数＝180÷10＝18(万股)

同时　　公司将向银行贷款额＝(900－180)÷(1－10%)＝800(万元)

所以，在这种情况下，公司将发行18万股股票，并向银行贷款800万元。

(3) 公司筹资后的资本结构如表5-4所示。

表5-4　A公司2021年×月×日的资本结构　　单位：万元

项目	金额	比例
负债	4 400	49%
股东权益	4 580	51%
总资产	8 980	100%

七、案例题

答：(1) 一般来讲，普通股筹资具有以下优点：

1) 普通股筹资没有固定的股利负担。公司有盈利，并认为适合分配股利，就可以分给股东；公司盈利较少，或虽有盈利但资本短缺或有更有利的投资机会，也可以少支付或者不支付股利。而债券或借款的利息无论企业是否盈利及盈利多少，都必须予以支付。

2) 普通股股本没有规定的到期日，无须偿还，它是公司的“永久性资本”，只有在公司清算时才予以清偿。这对于保证公司对资本的最低需要额、促进公司长期持续稳定经营具有重要作用。

3) 利用普通股筹资的风险小。由于普通股股本没有固定的到期日，一般也不用支付固定的股利，不存在还本付息的风险。

4) 发行普通股筹集股权资本能增强公司的信誉。普通股股本以及由此产生的资本公积金和盈余公积金等，是公司筹措债务资本的基础。较多的股权资本有

利于提高公司的信用价值，同时也为利用更多的债务资本筹资提供强有力的支持。

普通股筹资也可能存在以下缺点：

1）资本成本较高。一般而言，普通股筹资的成本要高于债务资本。这主要是由于投资于普通股风险较大，相应要求较高的报酬，并且股利应从税后利润中支付，而债务筹资方式的债权人风险较小，支付利息允许在税前扣除。此外，普通股发行成本也较高，一般来说，发行证券费用最高的是普通股，其次是优先股，再次是公司债券，最后是长期借款。

2）利用普通股筹资，出售新股票，增加新股东，一方面，可能会分散公司的控制权；另一方面，新股东对公司已积累的盈余具有分享权，会降低普通股的每股收益，可能引发普通股股价的下跌。

3）如果以后增发普通股，可能会引起股票价格的波动。

（2）主要有三方面的评价。

1）投资银行对公司的咨询建议具备现实性和可操作性。投资银行分析了关于公司机票打折策略和现役机龄老化等现实问题，认为公司原先提出的高价位发行股票的做法不切实际，也不易成功。所以投资银行对发行股票拟定的较低价位是比较合适的，具备可操作性和现实性，也容易取得成功。

2）投资银行的咨询建议的实际效果比较有限。通过资料中增发股票前后的数据对比，可以明显看出：本方案的筹资效果很有限。增发前，公司的负债率高达74.4%，在增发股票后仅降低2.9个百分点，依然在70%以上。公司在增发股票过程中仅获取了2.43亿元的资金，这对将于2008年到期的15亿元的债务而言依然是杯水车薪。所以，本方案实施后取得的效果可能极其有限，并不能从根本上改善公司的财务困境。

3）投资银行的咨询建议提出的筹资方式过于单一。企业的筹资方式从大的方向来讲，可分为股权性筹资和债务性筹资，如果进一步细化，还会有更多的筹资方式和方法。而投资银行的咨询建议中仅仅考虑了普通股筹资这一种最常见的方式，并没有多方面地考虑其他筹资方式，这样很难取得最优的筹资效果。

（3）针对公司负债率高、现金流紧张的财务现状，主要建议公司采取股权性的筹资方式。除了发行普通股以外，公司还应该多元化地运用各种具体筹资方法。

例如，公司可以通过发行优先股的方式筹集资金。优先股一般没有固定的到期日，不用偿付本金。优先股的股利既有固定性，又有一定的灵活性。一般而言，优先股都采用固定股利，但对固定股利的支付并不构成公司的法定义务。如果公司财务状况不佳，可以暂时不支付优先股股利，即使如此，优先股持有者也不能像公司债权人那样迫使公司破产，同时也可保持普通股股东对公司的控制权。当公司既想向社会增加筹集股权资本，又想保持原有普通股股东的控制权时，利用优先股筹资尤为恰当。从法律上讲，优先股股本属于股权资本，发行优先股筹资，能够增强公司的股权资本基础，提高公司的举债能力。

此外，公司也可以通过发行认股权证的方式筹集资金。认股权证不论是单独发行还是附带发行，大多能为发行公司筹取一笔额外现金，从而增强公司的资本实力和运营能力。此外，单独发行的认股权证有利于将来发售股票；附带发行的认股权证可提高其所依附证券发行的效率。

教材习题解析

一、思考题

1. 答：投入资本筹资的主体是指进行投入资本筹资的企业。从法律上讲，现代企业主要有三种组织形式，即独资制、合伙制和公司制。在我国，公司制企业又分为股份有限公司和有限责任公司。采用投入资本筹资的主体只能是非股份制企业，包括个人独资企业、个人合伙企业和有限责任公司（包括国有独资公司）。

投入资本筹资是我国企业筹资中最早采用的一种方式，曾经是我国国有企业、集体企业、合资或联营企业普遍采用的筹资方式。它既有优点，也有不足。

（1）投入资本筹资的优点。主要有：投入资本筹资所筹取的资本属于企业的股权资本，与债务资本相比，它能提高企业的资信和借款能力；投入资本筹资不仅可以筹取现金，而且能够直接获得所需的先进设备和技术，与仅筹取现金的筹资方式相比，它能尽快地形成生产经营能力，投入资本筹资的财务风险较低。

（2）投入资本筹资的缺点。主要有：投入资本筹资通常资本成本较高；投入资本筹资未能以股票为媒介，产权关系有时不够明晰，也不便于进行产权交易。

2. 答：股票发行的包销是由发行公司与证券经营机构签订承销协议，全权委托证券承销机构代理股票的发售业务。采用这种办法，一般由证券承销机构买进股份公司公开发行的全部股票，然后将所购股票转销给社会上的投资者。在规定的募股期限内，若实际招募股份数达不到预定发行股份数，剩余部分由证券承销机构全部承购下来。发行公司选择包销办法，可促进股票顺利出售，及时筹足资本，还可免于承担发行风险；不利之处是要将股票以略低的价格出售给承销商，且实际支付的发行费用较高。

股票发行的代销是由证券经营机构代理股票发售业务，若实际募股份数达不到发行股数，承销机构不负承购剩余股份的责任，而是将未售出的股份归还给发行公司，发行风险由发行公司自己承担。

3. 答：股份有限公司申请股票上市，是为了增强本公司股票的吸引力，形成稳定的资本来源，能在更大范围内筹措大量资本。股票上市对上市公司而言，主要有如下意义：

（1）提高公司所发行股票的流动性和变现性，便于投资者认购、交易。

（2）促进公司股权的社会化，避免股权过于集中。

（3）提高公司的知名度。

（4）有助于确定公司增发新股的发行价格。

（5）便于确定公司的价值，以利于促进公司实现财富最大化的目标。

因此，不少公司积极创造条件，争取其股票上市。

但是，也有人认为，股票上市对公司不利，主要表现为：各种信息公开的要求可能会泄露公司的商业秘密；股市的波动可能歪曲公司的实际情况，损害公司的声誉；可能分散公司的控制权。因此，有些公司即使已符合上市条件，也宁愿放弃上市机会。

4. 答：公司债券发行价格的高低，主要取决于下列四个因素：

（1）债券面额。债券的票面金额是决定债券发行价格的最基本因素。债券发行价格的高低从根本上取决于债券面额的大小。一般而言，债券面额越大，发行价格越高。但是，如果不考虑利息因素，债券面额是债券的到期价值，即债券的未来价值，而不是债券的现在价值，即发行价格。

（2）票面利率。债券的票面利率是债券的名义利率，通常在发行债券之前即已确定，并注明于债券票面上。一般而言，债券的票面利率越高，发行价格越高；反之，发行价格越低。

（3）市场利率。债券发行时的市场利率是衡量债券票面利率高低的参照系，两者往往不一致，因此共同影响债券的发行价格。一般而言，债券的市场利率越高，债券的发行价格越低；反之发行价格越高。

（4）债券期限。同银行借款一样，债券的期限越长，债权人的风险越大，要求的利息报酬越高，债券的发行价格就可能较低；反之，发行价格可能较高。

债券的发行价格是上述四项因素综合作用的结果。

5. 答：发行债券筹集长期债务资本，对发行公司既有利也有弊，应加以识别权衡，以便抉择。

（1）债券筹资的优点。债券筹资的优点主要有：

1）债券筹资成本较低。与股票的股利相比，债券的利息允许在所得税前支付，发行公司可享受节税利益，故公司实际负担的债券成本一般低于股票成本。

2）债券筹资能够发挥财务杠杆的作用。无论发行公司盈利多少，债券持有人一般只收取固定的利息，更多的利润可分配给股东或留用公司经营，从而增加股东和公司的财富。

3）债券筹资能够保障股东的控制权。债券持有人无权参与发行公司的管理决策，因此，公司发行债券不会像增发新股那样分散股东对公司的控制权。

4）债券筹资便于调整公司资本结构。在公司发行可转换债券以及可提前赎回债券的情况下，便于公司主动合理地调整资本结构。

（2）债券筹资的缺点。利用债券筹集长期资本，虽有前述优点，但也有明显的不足，主要有：

1）债券筹资的财务风险较高。债券有固定的到期日，并需定期支付利息，发行公司必须承担按期还本付息的义务。在公司经营不景气时，亦需向债券持有人还本付息，这会给公司带来更大的财务困难，有时甚至导致破产。

2）债券筹资的限制条件较多。发行债券的限制条件一般要比长期借款、租赁筹资的限制条件多且严格，从而限制了公司对债券筹资方式的使用，甚至会影响公司以后的筹资能力。

3）债券筹资的数量有限。公司利用债券筹资一般受一定额度的限制，多数国家对此都有限定。《公司法》规定，发行公司流通在外的债券累计总额不得超过公司净资产的 40%。

6. 答：借款企业除考虑借款种类、借款成本等因素外，还需对贷款银行进行分析，作出选择。对贷款银行的选择通常要考虑以下几个方面：

（1）银行对贷款风险的政策。银行通常都对其贷款的风险作出政策性的规定。有些银行倾向于保守政策，只愿承担较小的贷款风险；有些银行则富有开拓性，敢于承担较大的风险。这与银行的实力和环境有关。

（2）银行与借款企业的关系。银行与借款企业的现存关系是由以往借贷业务形成的。一个企业可能与多家银行有业务往来，且这种关系的亲密程度不同。当借款企业面临财务困难时，有的银行可能大力支持，帮助企业渡过难关；而有的银行可能会施加更大的压力，迫使企业偿还贷款，或付出高昂的代价。

（3）银行为借款企业提供的咨询与服务。有些银行会主动帮助借款企业分析潜在的财务问题，提出解决问题的建议和办法，为企业提供咨询与服务，同企业交流有关信息。这对借款企业具有重要的参考价值。

（4）银行对贷款专业化的区分。一般而言，大银行都设有不同类别的部门，分别处理不同行业的贷款，如工业、商业、农业等。这种专业化的区分影响不同行业的企业对银行的选择。

7. 答：长期借款筹资与发行股票、发行债券等长期筹资方式相比，既有优点，也有不足之处。

（1）长期借款筹资的优点主要有：

1）借款筹资速度较快。企业利用长期借款筹资，一般所需时间较短，程序较为简单，可以快速获得现金。而发行股票、债券筹集长期资金，须做好发行前的各种工作，发行也需一定时间，故耗时较长，程序复杂。

2）借款资本成本较低。利用长期借款筹资，其利息可在所得税前列支，可减少企业实际负担的成本，因此其筹资成本比股票筹资的成本要低得多；与债券相比，借款利率一般低于债券利率；此外，由于借款属于间接筹资，筹资费用也极少。

3）借款筹资弹性较大。在借款时，企业与银行直接商定贷款的时间、数额和利率等；在用款期间，企业如因财务状况发生某些变化，亦可与银行再行协商，变更借款数量及还款期限等。因此，长期借款筹资对企业具有较大的灵活性。

4）企业利用借款筹资，与债券筹资一样可以发挥财务杠杆的作用。

（2）长期借款筹资的缺点主要有：

1）借款筹资风险较大。借款通常有固定的利息负担和固定的偿付期限，故借款企业的筹资风险较大。

2）借款筹资限制条件较多。这可能会影响企业以后的筹资和投资活动。

3）借款筹资数量有限。一般不像股票、债券筹资那样可以一次筹集到大笔资金。

8. 答：融资租赁每期支付租金的多少，主要取决于以下几个因素：

（1）租赁设备的购置成本，包括设备的买价、运杂费和途中保险费等。

（2）预计租赁设备的残值，是指设备租赁期满时预计残值的变现净值。

（3）利息，是指租赁公司为承租企业购置设备融资而应计的利息。

（4）租赁手续费，包括租赁公司承办租赁设备的营业费用以及一定的盈利。租赁手续费的高低一般无固定标准，通常由承租企业与租赁公司协商确定，按设备成本的一定比率计算。

（5）租赁期限。一般而言，租赁期限的长短会影响租金总额，进而影响每期租金的数额。

（6）租金的支付方式。租金的支付方式也影响每期租金的多少，一般而言，租金支付次数越多，每次的支付额越小。支付租金的方式也有很多种：按支付间隔期，分为年付、半年付、季付和月付；按在期初还是在期末支付，分为先付和后付；按每次是否等额支付，分为等额支付和不等额支付。实务中，承租企业与租赁公司商定的租金支付方式大多为后付等额年金。

9. 答：对承租企业而言，融资租赁是一种特殊的筹资方式。通过融资租赁，企业可不必预先筹措一笔相当于设备价款的现金，即可获得需用的设备。因此，与其他筹资方式相比，融资租赁筹资有以下优缺点。

（1）融资租赁筹资的优点主要有：

1）融资租赁能够迅速获得所需资产。融资租赁集融资与融物于一体，一般要比先筹措现金再购置设备来得更快，可使企业尽快形成生产经营能力。

2）融资租赁的限制条件较少。企业运用股票、债券、长期借款等筹资方式，都受到相当多的资格条件的限制，相比之下，融资租赁筹资的限制条件很少。

3）融资租赁可以免遭设备陈旧过时的风险。随着科学技术的不断进步，设备陈旧过时的风险很大，而多数租赁协议规定这种风险由出租人承担，承担企业不必承担。

4）融资租赁的全部租金通常在整个租期内分期支付，可以适当降低不能偿付的风险。

5）融资租赁的租金费用允许在所得税前扣除，承租企业能够享受节税利益。

（2）融资租赁筹资的缺点。融资租赁筹资也有其不足，主要有：成本较高，租金总额通常要高于设备价值的 30%；承租企业在财务困难时期，支付固定的租金也将成为一项沉重的负担；另外，采用融资租赁筹资方式如不能享有设备残值，也可视为承租企业的一种机会成本。

10. 答：公司利用优先股筹集长期资本，与普通股和其他筹资方式相比既有优点，也有一定的缺点。

（1）优先股筹资的优点主要有：

1）优先股一般没有固定的到期日，不用偿付本金。发行优先股筹集资本，实际上相当于得到一笔无限期的长期贷款，公司不承担还本义务，也无须再做筹资计划。对可赎回优先股，公司可在需要时按一定价格购回，这就使得利用这部分资本更有弹性。在财务状况较差时发行优先股，而在财务状况转好时购回，有利于结合资本需求加以调剂，同时也便于掌握公司的资本结构。

2）优先股的股利既有固定性，又有一定的灵活性。一般而言，优先股都采用固定股利，但对固定股利的支付并不构成公司的法定义务。如果公司财务状况不佳，可以暂时不支付优先股股利，即使如此，优先股持有者也不能像公司债权人那样迫使公司破产。

3）保持普通股股东对公司的控制权。当公司既想向社会增加筹集股权资本，又想保持原有普通股股东的控制权时，利用优先股筹资尤为恰当。

4）从法律上讲，优先股股本属于股权资本，发行优先股筹资能够增强公司的股权资本基础，提高公司的举债能力。

（2）优先股筹资的缺点主要有：

1）优先股的资本成本虽低于普通股，但一般高于债券。

2）优先股筹资的制约因素较多。例如，为了保证优先股的固定股利，当企业盈利不多时，普通股就可能分不到股利。

3）可能形成较重的财务负担。优先股要求支付固定股利，但不能在税前扣除，当盈利下降时，优先股的股利可能会成为公司一项较重的财务负担，有时不得不延期支付，从而影响公司的形象。

11. 答：可转换债券有时简称可转债，是指由公司发行并规定债券持有人在一定期限内按约定的条件可将其转换为发行公司普通股的债券。从筹资公司的角度看，发行可转换债券具有债务与股权筹资的双重属性，属于一种混合性筹资。利用可转换债券筹资，发行公司赋予可转换债券的持有人可将其转换为该公司股票的权利。因而，对发行公司而言，在可转换债券转换之前需要定期向持有人支付利息。如果在规定的转换期限内，持有人未将可转换债券转换为股票，发行公司还需要到期偿付债券本金，在这种情形下，可转换债券筹资与普通债券筹资类似，具有债务筹资属性。如果在规定的转换期限内，持有人将可转换债券转换为股票，则发行公司将债券负债转化为股东权益，从而具有股权筹资的属性。

可转换债券的转换期限是指按发行公司的约定，持有人可将其转换为股票的期限。一般而言，可转换债券转换期限的长短与可转换债券的期限相关。在我国，可转换债券的期限按规定最短为1年，最长为6年。按照规定，上市公司发行可转换债券，在发行结束6个月后，持有人可以依据约定的条件随时将其转换为股票。重点国有企业发行的可转换债券在该企业改建为股份有限公司且其股票上市后，持有人可以依据约定的条件随时将其转换为股票。可转换债券转换为股票后，发行公司股票上市的证券交易所应当安排股票上市流通。

可转换债券的转换价格是指以可转换债券转换为股票的每股价格。这种转换价格通常由发行公司在发行可转换债券时约定。按照我国的有关规定，上市公司发行可转换债券的，以发行可转换债券前一个月股票的平均价格为基准，上浮一定幅度作为转换价格。重点国有企业发行可转换债券的，以拟发行股票的价格为基准，折扣一定比例作为转换价格。可转换债券的转换价格并非固定不变的。公司发行可转换债券并约定转换价格后，由于又增发新股、配股及其他原因引起公司股份发生变动的，应当及时调整转换价格，并向社会公布。

可转换债券的转换比率是每份可转换债券所能转换的股份数，等于可转换债券的面值除以转换价格。

12. 答：(1) 可转换债券筹资的优点。发行可转换债券是一种特殊的筹资方式，其优点主要是：

1) 有利于降低资本成本。可转换债券的利率通常低于普通债券，故在转换前，可转换债券的资本成本低于普通债券；转换为股票后，又可节省股票的发行成本，从而降低股票的资本成本。

2) 有利于筹集更多资本。可转换债券的转换价格通常高于发行时的股票价格，因此，可转换债券转换后，其筹资额大于当时发行股票的筹资额。另外也有利于稳定公司的股价。

3) 有利于调整资本结构。可转换债券是一种具有债务筹资和股权筹资双重性质的筹资方式。可转换债券在转换前属于发行公司的一种债务，若发行公司希望可转换债券持有人转股，还可以借助诱导，促其转换，借以调整资本结构。

4）有利于避免筹资损失。当公司的股票价格在一段时期内连续高于转换价格并超过某一幅度时，发行公司可按赎回条款中事先约定的价格赎回未转换的可转换债券，从而避免筹资损失。

（2）可转换债券筹资的缺点。可转换债券筹资也有不足，主要是：

1）转股后可转换债券筹资将失去利率较低的好处。

2）若确需股票筹资，但股价并未上升，可转换债券持有人不愿转股，发行公司将承受偿债压力。

3）若可转换债券转股时股价高于转换价格，则发行公司将遭受筹资损失。

4）回售条款的规定可能使发行公司遭受损失。当公司的股票价格在一段时期内连续低于转换价格并达到一定幅度时，可转换债券持有人可按事先约定的价格将所持债券回售给公司，从而使发行公司受损。

13. 答：认股权证是由股份有限公司发行的可认购其股票的一种买入期权。它赋予持有者在一定期限内以事先约定的价格购买发行公司一定股份的权利。对于筹资公司而言，发行认股权证是一种特殊的筹资手段。认股权证本身含有期权条款，其持有者在认购股份之前，对发行公司既不拥有债权也不拥有股权，而只是拥有股票认购权。尽管如此，发行公司仍然可以通过发行认股权证筹措现金，还可用于公司成立时对承销商的一种补偿。

在公司的筹资实务中，认股权证的运用十分灵活，对发行公司具有一定的作用。

（1）为公司筹集额外的现金。认股权证不论是单独发行还是附带发行，大多可为发行公司筹取一笔额外现金，从而增强公司的资本实力和运营能力。

（2）促进其他筹资方式的运用。单独发行的认股权证有利于将来发售股票；附带发行的认股权证可促进其所依附证券发行的效率。例如，认股权证依附于债券发行，用以促进债券的发售。

二、练习题

1. 解：（1）七星公司实际可用的借款额为：

$$100\times(1-15\%)=85(\text{万元})$$

（2）七星公司实际负担的年利率为：

$$\frac{100\times5\%}{100\times(1-15\%)}=5.88\%$$

2. 解：（1）如果市场利率为 5%，低于票面利率，该债券属于溢价发行。其发行价格为：

$$\frac{1\,000}{(1+5\%)^5}+\sum_{t=1}^{5}\frac{1\,000\times 6\%}{(1+5\%)^t}=1\,043(\text{元})$$

（2）如果市场利率为6%，与票面利率一致，该债券属于平价发行。其发行价格为：

$$\frac{1\,000}{(1+6\%)^5}+\sum_{t=1}^{5}\frac{1\,000\times 6\%}{(1+6\%)^t}=1\,000(\text{元})$$

（3）如果市场利率为7%，高于票面利率，该债券属于折价发行。其发行价格为：

$$\frac{1\,000}{(1+7\%)^5}+\sum_{t=1}^{5}\frac{1\,000\times 6\%}{(1+7\%)^t}=959(\text{元})$$

3. 解：（1）九牛公司租入该设备每年年末应支付的租金额为：

$$\frac{20\,000}{PVIFA_{10\%,4}}=\frac{20\,000}{3.170}=6\,309.15(\text{元})$$

（2）为便于有计划地安排租金的支付，承租企业可编制租金摊销计划表（见表5-5）。

表5-5　租金摊销计划表　　单位：元

日期	支付租金 (1)	应计租金 (2)=(4)×10%	本金减少 (3)=(1)-(2)	应还本金 (4)
20×6年1月1日	—	—	—	20 000
20×6年12月31日	6 309.15	2 000	4 309.15	15 690.85
20×7年12月31日	6 309.15	1 569.09	4 740.06	10 950.79
20×8年12月31日	6 309.15	1 095.08	5 214.07	5 736.72
20×9年12月31日	6 309.15	572.43*	5 736.72	0
合计	25 236.60	5 236.60	20 000	—

* 含尾差。

第 6 章

Chapter 6 资本结构决策

学习指导

1. **学习重点**：本章的学习重点是掌握个别资本成本率和综合资本成本率的测算方法，理解营业杠杆、财务杠杆、联合杠杆的作用原理及测算方法，掌握资本结构的决策方法。

2. **学习难点**：本章的学习难点是理解资本结构的决策因素及其定性分析，掌握资本结构的决策方法包括资本成本比较法、每股收益分析法和公司价值比较法的应用。

练习题

一、名词解释

1. 资本结构
2. 资本成本
3. 个别资本成本率
4. 综合资本成本率
5. 边际资本成本率
6. 营业杠杆
7. 财务杠杆
8. 联合杠杆
9. 资本结构决策
10. 利润最大化目标
11. 股东财富最大化目标
12. 公司价值最大化目标

二、判断题

1. 一般而言，一个投资项目只有当其投资报酬率低于其资本成本率时，在经济上才是合理的；否则，该项目将无利可图，甚至会发生亏损。（　　）

2. 企业的整个经营业绩可以用企业全部投资的利润率来衡量，并可与企业

全部资本的成本率相比较，如果利润率高于成本率，可以认为企业经营有利。（　）

3. 某种资本的用资费用高，其成本率就高；反之，用资费用低，其成本率就低。（　）

4. 根据企业所得税法的规定，企业债务的利息不允许从税前利润中扣除。（　）

5. 根据企业所得税法的规定，公司以税后利润向股东分派股利，故股权资本成本没有抵税利益。（　）

6. 一般而言，从投资者的角度，股票投资的风险高于债券，因此，股票投资的必要报酬率可以在债券利率的基础上再加上股票投资高于债券投资的风险报酬率。（　）

7. F公司准备发行一批优先股，每股发行价格111元，每股发行费用1元，预计年股息为每股15元，则其资本成本率约为13.64%。（　）

8. 当资本结构不变时，个别资本成本率越低，则综合资本成本率越高；反之，个别资本成本率越高，则综合资本成本率越低。（　）

9. 在企业一定的营业规模内，变动成本随营业总额的增加而增加，固定成本也是因营业总额的增加而增加，而不是保持固定不变。（　）

10. 在一定的产销规模内，固定成本总额相对保持不变。如果产销规模超出了一定的限度，固定成本总额也会发生一定的变动。（　）

11. 资本成本比较法一般适用于资本规模较大、资本结构较为复杂的非股份制企业。（　）

12. 公司价值比较法充分考虑了公司的财务风险和资本成本等因素的影响，进行资本结构的决策以公司价值最大化为标准，通常用于资本规模较大的上市公司。（　）

13. 每股收益分析法的决策目标是股东财富最大化或股票价值最大化，而不是公司价值最大化。（　）

14. 净收益观点认为，在公司的资本结构中，债务资本的比例越小，公司的净收益或税后利润越多，公司的价值就越高。（　）

15. 净营业收益观点认为，在公司的资本结构中，债务资本的比例越高，公司的价值就越高。（　）

三、单项选择题

1. 如果企业一定期间内的固定生产成本和固定财务费用均不为零，则由上述因素共同作用而导致的杠杆效应属于（　）。

A. 经营杠杆效应　　B. 财务杠杆效应

C. 联合杠杆效应　　D. 风险杠杆效应

2. 下列各项中，运用普通股每股收益无差别点确定最佳资本结构时，需计算的指标是（　　）。

A. 息税前利润　　B. 营业利润
C. 净利润　　D. 利润总额

3. 下列资金结构调整的方法中，属于减量调整的是（　　）。

A. 债转股　　B. 发行新债
C. 提前归还借款　　D. 增发新股偿还债务

4. 假定某企业的股权资本与债务资本的比例为60∶40，据此可断定该企业（　　）。

A. 只存在经营风险　　B. 经营风险大于财务风险
C. 经营风险小于财务风险　　D. 同时存在经营风险和财务风险

5. B公司拟发行优先股40万股，发行总价200万元，预计年股利率5%，发行费用10万元。B公司该优先股的资本成本率为（　　）。

A. 4.31%　　B. 5.26%　　C. 5.63%　　D. 6.23%

6. 在个别资本成本的计算中，不必考虑筹资费用影响因素的是（　　）。

A. 长期借款成本　　B. 债券成本
C. 留用利润成本　　D. 普通股成本

7. 一般来说，在企业的各种资金来源中，资本成本最高的是（　　）。

A. 优先股　　B. 普通股
C. 债券　　D. 长期借款

8. 在筹资总额和筹资方式一定的条件下，为使资本成本适应投资报酬率的要求，决策者应进行（　　）。

A. 追加筹资决策　　B. 筹资方式比较决策
C. 资本结构决策　　D. 投资可行性决策

9. 债券成本一般要低于普通股成本，这主要是因为（　　）。

A. 债券的发行量小　　B. 债券的利息固定
C. 债券风险较小，其利息具有抵税效应　D. 债券的筹资费用少

10. 某股票当前的市场价格为20元/股，每股股利1元，预期股利增长率为4%，则其资本成本率为（　　）。

A. 4%　　B. 5%　　C. 9.2%　　D. 9%

11. 如果企业的股东或经理人员不愿承担风险，则股东或管理人员可能尽量采用的增资方式是（　　）。

A. 发行债券　　B. 融资租赁
C. 发行股票　　D. 向银行借款

12. 如果预计企业的资本报酬率高于借款的利率，则应（　　）。

A. 提高负债比例　　B. 降低负债比例
C. 提高股利支付率　　D. 降低股利支付率

13. 无差别点是指使不同资本结构的每股收益相等时的（　　）。

A. 销售收入　　B. 变动成本
C. 固定成本　　D. 息税前利润

14. 利用无差别点进行企业资本结构分析时，当预计销售额高于无差别点时，采用（　　）筹资更有利。

A. 留用利润　　B. 股权　　C. 债务　　D. 内部

15. 经营杠杆产生的原因是企业存在（　　）。

A. 固定营业成本　　B. 销售费用
C. 财务费用　　D. 管理费用

16. 与经营杠杆系数同方向变化的是（　　）。

A. 产品价格　　B. 单位变动成本
C. 销售量　　D. 企业的利息费用

17. 下列说法中正确的是（　　）。

A. 企业的资本结构就是企业的财务结构
B. 企业的财务结构不包括短期负债
C. 狭义的资本结构中不包括短期负债
D. 资本结构又称为杠杆资本结构

18. 根据MM资本结构的基本理论，企业总价值不受（　　）影响。

A. 财务结构　　B. 资本结构　　C. 负债结构　　D. 经营风险

19. D公司欲从银行取得一笔长期借款500万元，手续费率0.2%，年利率6%，期限2年，每年结息一次，到期一次还本。公司所得税税率为25%。这笔借款的资本成本率为（　　）。

A. 3.5%　　B. 3.75%　　C. 4.25%　　D. 4.51%

20. E公司全部长期资本为5 000万元，债务资本比率为0.3，债务年利率为7%，公司所得税税率为25%。在息税前利润为600万元时，税后利润为300万元，则其财务杠杆系数为（　　）。

A. 1.09　　B. 1.21　　C. 1.32　　D. 1.45

四、多项选择题

1. 决定资本成本高低的因素有（　　）。

A. 资本供求关系变化　　B. 预期通货膨胀率高低
C. 证券市场价格波动程度　　D. 企业风险的大小
E. 企业对资本的需求量

2. 以下各项中，反映联合杠杆作用的有（　　）。

A. 说明普通股每股收益的变动幅度　　B. 预测普通股每股收益
C. 衡量企业的总体风险　　D. 说明企业财务状况
E. 反映企业的获利能力

3. 如果不考虑优先股，筹资决策中联合杠杆系数的性质包括（　　）。
A. 联合杠杆系数越大，企业的经营风险越大
B. 联合杠杆系数越大，企业的财务风险越大
C. 联合杠杆系数能够起到财务杠杆和经营杠杆的综合作用
D. 联合杠杆系数能够表达企业边际贡献与税前利润的比率
E. 联合杠杆系数能够估计出销售额变动对每股收益的影响

4. 资本结构分析所指的资本包括（　　）。
A. 长期债务　　B. 优先股
C. 普通股　　D. 短期借款
E. 应付账款

5. 下列资本结构观点中，属于早期的资本结构理论的有（　　）。
A. 净收益观点　　B. 代理理论
C. 净营业收益观点　　D. 传统折中观点
E. 信号传递理论

6. 下列表述中，符合 MM 资本结构理论假设的有（　　）。
A. 公司在无税收的环境中经营
B. 公司营业风险的高低由息税前利润标准差来衡量，公司营业风险决定其风险等级；投资者对所有公司未来盈利及风险的预期相同
C. 投资者不支付证券交易成本，所有债务利率相同
D. 公司为零增长公司，即年平均盈利额不变
E. 个人和公司均可发行无风险债券，并有无风险利率

7. 资本结构决策的每股收益分析法体现的目标包括（　　）。
A. 股东权益最大化　　B. 股票价值最大化
C. 公司价值最大化　　D. 利润最大化
E. 资本最大化

8. 下列关于财务杠杆的论述中，正确的有（　　）。
A. 在资本总额及负债比率不变的情况下，财务杠杆系数越高，每股收益增长越快
B. 财务杠杆利益指利用债务筹资给企业自有资本带来的额外收益
C. 财务杠杆系数反映财务杠杆的作用程度
D. 财务杠杆系数越大，财务风险越大
E. 财务风险是指全部资本中债务资本比率的变化带来的风险

9. 下列关于经营杠杆系数的表述中，正确的有（　　）。

A. 在固定成本不变的情况下，经营杠杆系数说明了销售额变动所引起息税前利润变动的幅度

B. 在固定成本不变的情况下，营业收入越大，经营杠杆系数越大，经营风险就越小

C. 在固定成本不变的情况下，营业收入越大，经营杠杆系数越小，经营风险就越小

D. 当销售额达到盈亏临界点时，经营杠杆系数趋近于无穷大

E. 企业一般可以通过增加营业收入、降低产品单位变动成本、降低固定成本总额等措施使经营风险降低

10. 下列关于联合杠杆的描述中，正确的有（　　）。

A. 用来估计销售量变动对息税前利润的影响

B. 用来估计营业收入变动对每股收益造成的影响

C. 揭示经营杠杆与财务杠杆之间的相互关系

D. 揭示企业面临的风险对企业投资的影响

E. 为达到某一个既定的总杠杆系数，经营杠杆和财务杠杆可以有很多不同的组合

五、简答题

1. 简述资本结构的意义。

2. MM资本结构理论的基本观点有哪些？

3. 简述资本结构的种类。

4. 简述资本结构的价值基础。

六、计算与分析题

甲股份有限公司目前息税前利润为5 400万元，拥有长期资本12 000万元，其中，长期债务3 000万元，年利息率10%；普通股9 000万股，每股面值1元。若当前有较好的投资项目，需要追加投资2 000万元，有两种筹资方式可供选择：(1) 增发普通股2 000万股，每股面值1元；(2) 增加长期借款2 000万元，年利息率8%。甲公司的所得税税率为25%，股权资本成本率为12%。

要求：

(1) 计算追加投资前甲公司的综合资本成本率。

(2) 如果你是该公司的财务经理，根据资本成本比较法，说明你将选择哪种筹资方式。

(3) 比较两种筹资方式下甲公司的每股收益。

(4) 如果你是该公司的财务经理，根据每股收益分析法，说明你将选择哪种筹资方式。

七、案例题

A 餐饮公司资本结构分析案例

A 餐饮公司主营快餐和饮料，在全国拥有三个连锁店。该公司根据经营特点和实际情况，经过多年探索，创建了名为“净债率”的资本结构管理目标，并力图使净债率保持在 20%～25%之间。

A 餐饮公司的净债率是以市场价值为基础计算的。其计算公式如下：

$$NDR=\frac{L+S-(C+M)}{N\times P+L+S-(C+M)}$$

式中，NDR 表示净债率；L 表示长期负债的市场价值；S 表示短期负债的市场价值；C 表示现金和银行存款；M 表示有价证券的价值；N 表示普通股股份数；P 表示普通股每股市价。

A 餐饮公司 20×8 年度财务报告提供的有关资料整理如表 6－1 所示。

表 6－1　A 公司财务数据

资本种类	账面价值	市场价值
长期负债资本（万元）	4 200	4 500
短期负债资本（万元）	800	900
现金和银行存款（万元）	500	500
有价证券价值（万元）	500	450
普通股股份数（万股）	2 000	
普通股每股市价（元）		5

A 餐饮公司及同行业主要可比公司 20×8 年度有关情况如表 6－2 所示。

表 6－2　可比公司财务数据　　单位：万元

可比公司	年息税前利润	全部负债年利息	长期负债市场价值	全部负债市场价值
A 公司	2 000	300	4 500	5 400
B 公司	660	130	860	1 490
C 公司	4 600	270	1 140	1 690
D 公司	470	320	4 130	4 200
E 公司	2 500	340	4 250	4 830

A 餐饮公司的股权资本成本率为 12%，未来净收益的折现率为 8%，公司所得税税率假定为 25%。

要求：

（1）请计算 A 餐饮公司 20×8 年年末的净债率，并说明其是否符合公司规定的净债率管理目标。

（2）请以市场价值为基础计算 A 餐饮公司 20×8 年年末的利息保障倍数和长期负债比率（长期负债市场价值占全部负债市场价值的比例），并与同行业主要可比公司进行比较评价。

（3）请运用公司价值比较法计算A餐饮公司未来净收益的折现价值，并与20×8年年末公司的市场价值进行比较评价。

（4）请运用公司价值比较法计算A餐饮公司股票的折现价值和公司总的折现价值（假设公司长期负债资本的折现价值等于其市场价值），并与20×8年年末公司的市场价值进行比较评价。

（5）你认为A餐饮公司以净债率作为资本结构管理目标是否合理？如果不尽合理，请提出你的建议。

练习题部分答案

一、名词解释

1. 资本结构：资本结构是指企业各种资本的价值构成及其比例关系，是企业一定时期筹资组合的结果。

2. 资本成本：资本成本是企业筹集和使用资本的代价。

3. 个别资本成本率：个别资本成本率是指企业各种长期资本的成本率。

4. 综合资本成本率：综合资本成本率是指一个企业全部长期资本的成本率，通常是以各种长期资本的比例为权重，对个别资本成本率进行加权平均测算的，故亦称加权平均资本成本率。

5. 边际资本成本率：边际资本成本率是指企业追加筹资的资本成本率，即企业新增1元资本所需负担的成本。

6. 营业杠杆：亦称经营杠杆或营运杠杆，是指由于企业经营成本中固定成本的存在而导致息税前利润变动率大于营业收入变动率的现象。

7. 财务杠杆：亦称筹资杠杆或资本杠杆，是指由于企业债务资本中固定费用的存在而导致普通股每股收益变动率大于息税前利润变动率的现象。

8. 联合杠杆：亦称总杠杆，是指营业杠杆和财务杠杆的综合。营业杠杆是利用企业经营成本中固定成本的作用而影响息税前利润，财务杠杆是利用企业资本成本中债务资本固定利息的作用而影响税后利润或普通股每股收益。联合杠杆综合了营业杠杆和财务杠杆的共同影响。

9. 资本结构决策：资本结构决策是结合企业有关情况，分析有关因素的影响，运用一定方法确定最佳资本结构。从理论上讲，最佳资本结构是指企业在适度财务风险的条件下，使其预期的综合资本成本率最低，同时企业价值最大的资本结构。

10. 利润最大化目标：利润最大化目标是指企业在财务活动中以获得尽可能多的利润作为总目标。

11. 股东财富最大化目标：股东财富最大化具体表现为股票价值最大化。股票价值最大化目标是指公司在财务活动中以最大限度地提高股票的市场价值作为总目标。它综合了利润最大化的影响，但主要适用于股份公司的资本结构决策。

12. 公司价值最大化目标：公司价值最大化目标是指公司在财务活动中以最大限度地提高公司的总价值作为总目标。它综合了利润最大化和每股收益最大化目标的影响，主要适用于公司的资本结构决策。

二、判断题

1. ×	2. √	3. ×	4. ×	5. √
6. √	7. √	8. ×	9. ×	10. √
11. ×	12. √	13. √	14. ×	15. ×

三、单项选择题

1. C	2. A	3. C	4. D	5. B
6. C	7. B	8. C	9. C	10. D
11. C	12. A	13. D	14. C	15. A
16. B	17. C	18. B	19. D	20. B

四、多项选择题

1. ABCDE	2. ABC	3. CDE	4. ABC	5. ACD
6. ABCDE	7. AB	8. ABCDE	9. ACDE	10. BCE

五、简答题

1. 答：企业的资本结构问题主要是资本的权属结构的决策问题，即债务资本的比例安排问题。在企业的资本结构决策中，合理利用债务筹资，科学安排债务资本的比例，是企业筹资管理的一个核心问题。它对企业具有重要的意义。

（1）合理安排债务资本比例可以降低企业的综合资本成本率。由于债务利息率通常低于股票股利率，而且债务利息在所得税前的利润中扣除，企业可享有所得税节税利益，债务资本成本率明显低于股权资本成本率。因此，在一定限度内合理地提高债务资本的比例，可以降低企业的综合资本成本率。

（2）合理安排债务资本比例可以获得财务杠杆利益。由于债务利息通常是固定不变的，当息税前利润增大时，每 1 元利润所负担的固定利息会相应降低，从而可分配给股权资本所有者的税后利润会相应增加。因此，在一定限度内合理地利用债务资本，可以发挥财务杠杆的作用，给企业股权资本的所有者带来财务杠杆利益。

（3）合理安排债务资本比例可以增加公司的价值。一般而言，一个公司的现实价值等于其债务资本的市场价值与股权资本的市场价值之和，反映的是资本权属结构与公司总价值的内在关系。公司的价值与公司的资本结构是紧密相关的，资本结构对公司的债务资本市场价值、股权资本市场价值及公司总资本的市场价值（即公司总价值）具有重要影响。因此，合理安排资本结构有利于增加公司的市场价值。

2. 答：MM资本结构理论的基本结论可以简要地归纳为：在符合该理论的假设之下，公司的价值与其资本结构无关。公司的价值取决于其实际资产，而非各类债务和股权的市场价值。

MM资本结构理论的假设主要有如下九项：公司在无税收的环境中经营；公司营业风险的高低由息税前利润标准差来衡量，公司营业风险决定其风险等级；投资者对所有公司未来盈利及风险的预期相同；投资者不支付证券交易成本，所有债务利率相同；公司为零增长公司，即年平均盈利额不变；个人和公司均可发行无风险债券，并有无风险利率；公司无破产成本；公司的股利政策与公司价值无关，公司发行新债时不会影响已有债务的市场价值；存在高度完善和均衡的资本市场。这意味着资本可以自由流通、充分竞争，预期报酬率相同的证券价格相同，信息充分，利率一致。

MM资本结构理论在上述假定之下得出两个重要命题。

命题Ⅰ：无论公司有无债务资本，其价值（普通股资本与长期债务资本的市场价值之和）等于公司所有资产的预期收益额按适合该公司风险等级的必要报酬率予以折现。其中，公司资产的预期收益额相当于公司扣除利息、税收之前的预期盈利，即息税前利润；与公司风险等级相适应的必要报酬率相当于公司的综合资本成本率。

命题Ⅱ：利用财务杠杆的公司，其股权资本成本率随筹资额的增加而提高。因此，公司的市场价值不会随债务资本比例的上升而增加。

3. 答：企业的资本结构可以按不同标准分为不同的种类，主要分类标准有资本权属和资本期限，相应地分为资本的权属结构和资本的期限结构。

（1）资本的权属结构。一个企业全部资本就权属而言，通常分为两大类：一类是股权资本，另一类是债务资本。企业的全部资本按权属区分，构成资本的权属结构。资本的权属结构是指企业不同权属资本的价值构成及其比例关系。这两类资本构成的资本结构就是企业的资本权属结构。

（2）资本的期限结构。一个企业的全部资本就期限而言，一般可以分为两大类：一类是长期资本；另一类是短期资本。这两类资本构成企业资本的期限结构。资本的期限结构是指不同期限资本的价值构成及其比例关系。

4. 答：对于企业的资本结构，需要明确资本的价值基础。一般而言，资本价值的计量基础有会计账面价值、现时市场价值和未来目标价值。与此相联系，企业的资本如果分别按这三种价值基础来计量和表达，就形成三种不同价值计量基础反映的资本结构，即资本的账面价值结构、资本的市场价值结构和资本的目标价值结构。

（1）资本的账面价值结构。资本的账面价值结构是指企业资本按会计账面价值基础计量反映的资本结构。企业资产负债表的右方“负债及所有者权益”或“负债及股东权益”所反映的资本结构就是按账面价值计量的，由此形成的资本结构是资本的账面价值结构。一般认为，它不太符合企业资本结构决策的要求。

（2）资本的市场价值结构。资本的市场价值结构是指企业资本按现时市场价值基础计量反映的资本结构。当企业的资本具有现时市场价格时，可以按其市场价格计量反映资本结构。通常，上市公司发行的股票和债券具有现时的市场价格，因此，上市公司可以按市场价格计量反映其资本的现时市场价值结构。一般认为，它比较符合上市公司资本结构决策的要求。

（3）资本的目标价值结构。资本的目标价值结构是指企业资本按未来目标价值计量反映的资本结构。当一个公司能够比较准确地预计其资本的未来目标价值时，可以按其目标价值计量反映资本结构。一般认为，它更适合企业未来资本结构决策管理的要求，但资本的未来目标价值不易客观、准确地估计。

六、计算与分析题

解：（1）综合资本成本率按各种长期资本的比例乘以个别资本成本率计算，则追加投资前：

$$K_w=\frac{3\,000}{12\,000}\times10\%+\frac{9\,000}{12\,000}\times12\%=11.5\%$$

（2）采用增发股票方式时：

$$K_w=\frac{3\,000}{12\,000+2\,000}\times10\%+\frac{9\,000+2\,000}{12\,000+2\,000}\times12\%=11.57\%$$

采用长期借款方式时：

$$K_w=\frac{3\,000}{12\,000+2\,000}\times10\%+\frac{2\,000}{12\,000+2\,000}\times8\%+\frac{9\,000}{12\,000+2\,000}\times12\%$$
$$=11\%$$

可见，采用长期借款方式筹资后综合资本成本率要低于采用增发股票方式后的综合资本成本率，所以应选择长期借款方式筹资。

（3）采用增发股票方式时：

$$EPS=\frac{(5\,400-3\,000\times10\%)\times(1-25\%)}{9\,000+2\,000}=0.35(\text{元/股})$$

采用长期借款方式时：

$$EPS=\frac{(5\,400-3\,000\times10\%-2\,000\times8\%)\times(1-25\%)}{9\,000}=0.41(\text{元/股})$$

可见，采用长期借款方式筹资时每股收益为0.41元，比采用增发股票方式时的每股收益0.35元要高。

（4）两种筹资方式下每股收益的无差别点为：

$$\frac{(\overline{EBIT}-3\,000\times10\%)\times(1-25\%)}{9\,000+2\,000}=\frac{(\overline{EBIT}-3\,000\times10\%-2\,000\times8\%)\times(1-25\%)}{9\,000}$$

解得　$\overline{EBIT}=1\,180$（万元）

当前的息税前利润为5 400万元，比每股收益的无差别点1 180万元要大，因此应该选择长期借款方式筹资。

七、案例题

答：（1）

$$净债率=\left[\frac{长期负债的}{市场价值}+\frac{短期负债的}{市场价值}-\left(\frac{现金}{和银行存款}+\frac{有价证券的}{价值}\right)\right]\div\left[\frac{普通股}{股数}\times\frac{普通股}{每股市价}+\frac{长期负债的}{市场价值}+\frac{短期负债的}{市场价值}-\left(\frac{现金}{和银行存款}+\frac{有价证券的}{价值}\right)\right]$$

$$=\frac{4\,500+900-(500+450)}{2\,000\times5+4\,500+900-(500+450)}$$

$$=4\,450/14\,450=30.8\%$$

该公司的目标净债率在20%～25%之间，而20×8年年末的净债率为30.8%，不符合公司规定的净债率管理目标。

（2）$利息保障倍数=\frac{息税前利润}{利息费用}$

$长期负债比率=\frac{长期负债市场价值}{全部负债市场价值}$

计算结果如表6-3所示。

表6-3　A公司与同行业主要可比公司的比较结果

可比公司	利息保障倍数	长期负债比率
A公司	6.67	0.83
B公司	5.08	0.58
C公司	17.04	0.67
D公司	1.47	0.98
E公司	7.35	0.88

可以看到，A公司的两个财务指标在同行业中都是居中的。这说明A公司在行业内的偿债能力位居中游，债务的期限结构也比较合理；表明公司不仅有足够的资金用来按时、按量支付债务利息，也比较适度地利用了财务杠杆，给企业所有者带来额外收益。

（3）$公司未来净收益的折现价值=\frac{公司未来的年税后利润}{未来收益的折现率}$

=(2 000−300)×(1−25%)/8%

=15 937.5(万元)

(4) 公司价值比较法下的公司价值为：

股票的折现价值=(2 000−300)×(1−25%)/12%=10 625(万元)

公司总的折现价值=10 625+4 500=15 125(万元)

20×8年年末公司的市场价值=2 000×5+5 400=15 400(万元)

尽管公司价值比较法下的公司价值（15 125万元）小于目前公司的市场价值（15 400万元），但公司价值比较法下的公司价值是通过预测A公司未来所能产生的收益，并根据获取这些收益所面临的风险及所要求的报酬率得到的当前价值，这种计算方法考虑了风险因素，因此具有可行性。

(5) 优点：一方面，采用净债率作为资本结构管理目标，可以反映资本结构的安全性；另一方面，可以使公司重视债务水平的管理。

缺点：过分强调结构性，而什么是合理的结构对于不同的公司来说是不一样的。采用净债率作为资本结构管理目标，并不能准确反映公司最合适的资本结构。

教材习题解析

一、思考题

1. 答：资本结构有广义和狭义之分。广义的资本结构是指企业全部资本的构成及其比例关系。企业一定时期的资本可分为债务资本和股权资本，也可分为短期资本和长期资本。一般而言，广义的资本结构包括：债务资本与股权资本的结构、长期资本与短期资本的结构，以及债务资本的内部结构、长期资本的内部结构和股权资本的内部结构等。

狭义的资本结构是指企业各种长期资本的构成及其比例关系，尤其是指长期债务资本与（长期）股权资本之间的构成及其比例关系。

2. 答：资本成本从绝对量的构成来看，包括用资费用和筹资费用两部分。

(1) 用资费用。用资费用是指企业在生产经营和对外投资活动中因使用资本而承付的费用。例如，向债权人支付的利息、向股东分配的股利等。用资费用是资本成本的主要内容。长期资本的用资费用是经常性的，并随使用资本数量的多少和时期的长短而变动，因随属于变动性资本成本。

(2) 筹资费用。筹资费用是指企业在筹集资本活动中为获得资本而付出的费用。例如，向银行支付的借款手续费，因发行股票、债券而支付的发行费用等。筹资费用与用资费用不同，它通常是在筹资时一次性全部支付，在获得资本后的用资过程中不再发生，因而属于固定性资本成本，可视为对筹资额的一项扣除。

3. 答：资本成本是企业筹资管理的一个重要概念，国际上将其视为一项财务标准。资本成本对于企业筹资管理、投资管理，乃至整个财务管理和经营管理都有重要的作用。

（1）资本成本是选择筹资方式、进行资本结构决策和选择追加筹资方案的依据。

1）个别资本成本率是企业选择筹资方式的依据。一个企业长期资本的筹集往往有多种筹资方式可供选择，包括长期借款、发行债券、发行股票等。这些长期筹资方式的个别资本成本率的高低不同，可作为比较、选择各种筹资方式的一个依据。

2）综合资本成本率是企业进行资本结构决策的依据。企业的全部长期资本通常是由多种长期资本筹资类型的组合构成的。企业长期资本的筹资有多个组合方案可供选择。不同筹资组合的综合资本成本率的高低，可以作为比较各个筹资组合方案，作出资本结构决策的一个依据。

3）边际资本成本率是比较、选择追加筹资方案的依据。企业为了扩大生产经营规模，往往需要追加筹资。不同追加筹资方案的边际资本成本率的高低，可以作为比较、选择追加筹资方案的一个依据。

（2）资本成本是评价投资项目、比较投资方案和进行投资决策的经济标准。一般而言，一个投资项目只有当其投资报酬率高于其资本成本率时，在经济上才是合理的；否则，该项目将无利可图，甚至会发生亏损。因此，国际上通常将资本成本率视为一个投资项目必须赚得的最低报酬率或必要报酬率，或者视为是否采纳一个投资项目的取舍率，作为比较、选择投资方案的一个经济标准。

在企业投资评价分析中，可以将资本成本率作为折现率，用于测算各个投资方案的净现值和现值指数，以比较、选择投资方案，进行投资决策。

（3）资本成本可以作为评价企业整体经营业绩的基准。企业的整体经营业绩可以用企业全部投资的利润率来衡量，并可与企业全部资本的成本率相比较，如果利润率高于成本率，可以认为企业经营有利；反之，如果利润率低于成本率，则可认为企业经营不利，业绩不佳，需要改善经营管理，提高企业全部资本的利润率和降低成本率。

4. 答：在测算企业综合资本成本率时，资本结构或各种资本在全部资本中所占的比例起着决定作用。企业各种资本的比例取决于各种资本价值的确定。各种资本价值的计量基础主要有三种选择：账面价值、市场价值和目标价值。

（1）按账面价值确定资本比例。企业财务会计所提供的资料主要是以账面价值为基础的。财务会计通过资产负债表可以提供以账面价值为基础的资本结构资料，这也是企业筹资管理的一个依据。使用账面价值确定各种资本比例的优点是易于从资产负债表中取得这些资料，容易计算。其主要缺陷是：资本的账面价值可能不符合市场价值，如果资本的市场价值已经脱离账面价值许多，采用账面价值作为计费基础确定资本比例就有失客观性，从而不利于综合资本成本率的测算和筹资管理的决策。

（2）按市场价值确定资本比例。按市场价格确定资本比例是指债券和股票等以现行资本市场价格为基础确定其资本比例，从而测算综合资本成本率。

（3）按目标价值确定资本比例。按目标价值确定资本比例是指债券和股票等以公司预计的未来目标市场价值确定资本比例，从而测算综合资本成本率。从公司筹资管理决策的角度来看，对综合资本成本率的一个基本要求是，它应适用于公司未来的目标资本结构。

5. 答：（1）营业杠杆原理。

1）营业杠杆的概念。营业杠杆，亦称经营杠杆或营运杠杆，是指由于企业经营成本中固定成本的存在而导致息税前利润变动率大于营业收入变动率的现象。企业经营成本按其与营业收入总额的依存关系可分为变动成本和固定成本两部分。其中，变动成本是指随着营业收入总额的变动而变动的成本；固定成本是指在一定的营业收入规模内，不随营业收入总额的变动而变动，保持相对固定不变的成本。企业可以通过扩大营业收入总额来降低单位营业收入的固定成本，从而增加企业的营业利润，如此形成企业的营业杠杆。企业利用营业杠杆，有时可以获得一定的营业杠杆利益，有时也要承受相应的营业风险（即遭受损失）。可见，营业杠杆是一把“双刃剑”。

2）营业杠杆利益分析。营业杠杆利益是指在企业扩大营业收入总额的条件下，单位营业收入的固定成本下降而给企业增加的息税前利润（即支付利息和所得税之前的利润）。在企业一定的营业收入规模内，变动成本随营业收入总额的增加而增加，固定成本则不随营业收入总额的增加而增加，而是保持固定不变。随着营业收入的增加，单位营业收入所负担的固定成本会相对减少，从而给企业带来额外的利润。

3）营业风险分析。营业风险亦称经营风险，是指与企业经营有关的风险，尤其是指企业在经营活动中利用营业杠杆而导致息税前利润下降的风险。由于营业杠杆的作用，当营业收入总额下降时，息税前利润下降得更快，从而给企业带来营业风险。

（2）营业杠杆系数的测算。营业杠杆系数是指企业息税前利润的变动率相当于营业收入变动率的倍数，它反映了营业杠杆的作用程度。为了反映营业杠杆的作用程度，估计营业杠杆利益的大小，评价营业风险的高低，需要测算营业杠杆系数。其测算公式是：

$$DOL=\frac{\Delta EBIT/EBIT}{\Delta S/S}$$

或 $$=\frac{\Delta EBIT/EBIT}{\Delta Q/Q}$$

式中，DOL 表示营业杠杆系数；$EBIT$ 表示营业利润，即息税前利润；$\Delta EBIT$ 表示营业利润的变动额；S 表示营业收入；ΔS 表示营业收入的变动额；Q 表示销售数量；ΔQ 表示销售数量的变动额。

为便于计算，可将上式变换如下：

$$\because EBIT=Q(P-V)-F$$

$$\Delta EBIT=\Delta Q(P-V)$$

$$\therefore DOL=\frac{Q(P-V)}{Q(P-V)-F}$$

或 $$=\frac{S-C}{S-C-F}$$

式中，Q 表示销售数量；P 表示销售单价；V 表示单位销量的变动成本额；F 表示固定成本总额；S 表示营业收入；C 表示变动成本总额，可按变动成本率乘以营业收入总额来确定。

6. 答：(1) 财务杠杆原理。

1) 财务杠杆的概念。财务杠杆亦称筹资杠杆或资本杠杆，是指由于企业债务资本中固定费用的存在而导致普通股每股收益变动率大于息税前利润变动率的现象。企业的全部长期资本是由股权资本和债务资本构成的。股权资本成本是变动的，在支付了企业所得税后的税后利润中支付；而债务资本成本通常是固定的，并可在企业所得税前扣除。不管企业的息税前利润是多少，首先都要扣除利息等债务资本成本，然后才归属于股权资本。因此，企业利用财务杠杆会对股权资本的收益产生一定的影响，有时可能给股权资本的所有者带来额外的收益（即财务杠杆利益），有时也可能造成一定的损失（即遭受财务风险）。

2) 财务杠杆利益分析。财务杠杆利益是指企业利用债务筹资这个财务杠杆而给股权资本带来的额外收益。在企业资本规模和资本结构一定的条件下，企业从息税前利润中支付的债务利息是相对固定的，当息税前利润增多时，每一元息税前利润所负担的债务利息会相应地降低，扣除企业所得税后可分配给企业股权资本所有者的利润就会增加，从而给企业所有者带来额外的收益。

3) 财务风险分析。财务风险亦称筹资风险，是指企业经营活动中与筹资有关的风险，尤其是指在筹资活动中利用财务杠杆可能导致企业股权资本所有者收益下降，甚至企业破产的风险。由于财务杠杆的作用，当息税前利润下降时，税后利润下降得更快，从而给企业股权资本所有者带来财务风险。

(2) 财务杠杆系数的测算。财务杠杆系数是指企业税后利润的变动率相当于息税前利润变动率的倍数，它反映了财务杠杆的作用程度。对股份有限公司而言，财务杠杆系数则可表述为普通股每股收益变动率相当于息税前利润变动率的倍数。为了反映财务杠杆的作用程度，估计财务杠杆利益的大小，评价财务风险的高低，需要测算财务杠杆系数。其测算公式是：

$$DFL=\frac{\Delta EAT/EAT}{\Delta EBIT/EBIT}$$

或

$$=\frac{\Delta EPS/EPS}{\Delta EBIT/EBIT}$$

式中，DFL 表示财务杠杆系数；ΔEAT 表示税后利润变动额；EAT 表示税后利润额；$\Delta EBIT$ 表示息税前利润变动额；$EBIT$ 表示息税前利润额；ΔEPS 表示普通股每股收益变动额；EPS 表示普通股每股收益额。

为便于计算，可将上式变换如下：

$$\because EPS=(EBIT-I)(1-T)/N$$

$$\Delta EPS=\Delta EBIT(1-T)/N$$

$$\therefore DFL=\frac{EBIT}{EBIT-I}$$

式中，I 表示债务年利息；T 表示公司所得税税率；N 表示流通在外的普通股股数。

7. 答：(1) 联合杠杆原理。联合杠杆，亦称总杠杆，是指营业杠杆和财务杠杆的综合。营业杠杆是利用企业经营成本中固定成本的作用而影响息税前利润，财务杠杆是利用企业资本成本中债务资本固定利息费用的作用来影响税后利润或普通股每股收益。营业杠杆和财务杠杆两者最终都将影响企业税后利润或普通股每股收益。因此，联合杠杆综合了营业杠杆和财务杠杆的共同影响。一个企业同时利用营业杠杆和财务杠杆，这种影响作用会更大。

(2) 联合杠杆系数的测算。对于营业杠杆和财务杠杆的综合程度的大小，可以用联合杠杆系数来反映。联合杠杆系数，亦称总杠杆系数，是指普通股每股收益变动率相当于营业收入（或销售数量）变动率的倍数。它是营业杠杆系数与财务杠杆系数的乘积，用公式表示为：

$$DCL(\text{或 } DTL)=DOL\cdot DFL$$

即

$$=\frac{\Delta EPS/EPS}{\Delta Q/Q}$$

或

$$=\frac{\Delta EPS/EPS}{\Delta S/S}$$

式中，DCL（或 DTL）表示联合杠杆系数。

8. 答：企业资本结构决策的影响因素很多，主要有企业财务目标、企业发展阶段、企业财务状况、投资者动机、债权人态度、经营者行为、税收政策、行业差别等。下面进行简要的定性分析。

（1）企业财务目标的影响分析。企业组织类型不同，其财务目标也有所不同。对企业财务目标的认识主要有三种观点：利润最大化、股东财富最大化和公司价值最大化。企业财务目标对资本结构决策具有重要的影响。

1）利润最大化目标的影响分析。利润最大化目标是指企业在财务活动中以获得尽可能多的利润作为总目标。利润是企业财务活动的一项综合性数量指标。企业的筹资和投资行为最终都会影响利润。企业利润有各种口径的利润额，如营业利润额、息税前利润额、所得税前利润额和所得税后利润额；还有各种口径的利润率，如总资产利润率（或总投资利润率）、净资产利润率（或股权资本利润率）和每股收益等。而作为企业财务目标的利润应当是企业的净利润额（即企业所得税后利润额）。

在以利润最大化作为企业财务目标的情况下，企业的资本结构决策也应围绕利润最大化目标。这就要求企业应当在资本结构决策中，在财务风险适当的情况下合理地安排债务资本比例，尽可能地降低资本成本，以提高企业的净利润水平。一般而言，对于非股份制企业，由于其股权资本不具有市场价值，在资本结构决策中采用利润最大化目标是一种现实的选择。此外，利润最大化目标对公司资本结构决策也具有一定的意义。资本结构决策的资本成本比较法实际上是以利润最大化为目标的。

2）股东财富最大化目标的影响分析。股东财富最大化具体表现为股票价值最大化。股票价值最大化目标是指公司在财务活动中以最大限度地提高股票的市场价值作为总目标。它综合了利润最大化的影响，但主要适用于股份公司的资本结构决策。在公司资本结构决策中以股票价值最大化为目标，需要在财务风险适当的情况下合理安排公司债务资本比例，尽可能地降低综合资本成本，通过增加公司的净利润使股票的市场价值上升。资本结构决策的每股收益分析法在一定程度上体现了股票价值最大化的目标。

3）公司价值最大化目标的影响分析。公司价值最大化目标是指公司在财务活动中以最大限度地提高公司的总价值作为总目标。它综合了利润最大化和股东财富最大化目标的影响，主要适用于公司的资本结构决策。通常情况下，公司的价值等于股权资本的价值加上债务资本的价值。公司的资本结构对于其股权资本和债务资本的价值都有影响。公司在资本结构决策中以公司价值最大化为目标，就应当在适度财务风险的条件下合理确定债务资本比例，尽可能地提高公司的总价值。资本结构决策的公司价值分析法就是直接以公司价值最大化为目标的。

（2）企业发展阶段的影响分析。企业在一定的阶段，表现出相应的资本结构状况。一般而言，企业的发展往往经过不同阶段，如初创期、扩张期、稳定期和衰退期等。企业的资本结构在初创期通常表现为债务资本比例较低；在扩张期，债务资本比例开始上升；在稳定期，资本结构保持相对稳定；在衰退期，债务资本比例会有所下降。

（3）企业财务状况的影响分析。企业的财务状况包含负债状况、资产状况和现金流量情况等，对其资本结构的决策都有一定的影响。企业需要分析现有财务状况以及未来发展能力，合理安排资本结构。如果企业财务状况较差，可能主要通过留用利润来补充资本；而如果企业的财务状况良好，则可能更多地进行外部筹资，倾向于使用更多的债务资本。企业为控制财务风险和保持筹资能力，则会选择比较有余地的资本结构。

（4）投资者动机的影响分析。广义而言，一个企业的投资者包括股权投资者和债权投资者，两者对企业投资的动机各有不同。债权投资者对企业投资的动机主要是在按期收回投资本金的条件下获取一定的利息收益。股权投资者的基本动机是在保证投资本金的基础上，获得一定的股利收益并使投资价值不断增值。企业在决定资本结构时必须考虑投资者的动机，安排好股权资本和债务资本的比例关系。

（5）债权人态度的影响分析。通常情况下，企业在决定资本结构并付诸实施之前，都要向贷款银行和信用评估机构咨询，并对它们提出的意见给予充分的重视。如果企业过高地安排债务筹资，贷款银行未必会接受大额贷款的要求，或者只有在担保抵押或较高利率的前提下才同意增加贷款。

（6）经营者行为的影响分析。如果企业的经营者不愿让企业的控制权旁落他人，则可能尽量采用债务筹资的方式来增加资本，而宁可不发行新股增资。与此相反，如果经营者不愿承担财务风险，就可能较少地利用财务杠杆，尽量降低债务资本的比例。

（7）税收政策的影响分析。按照税法的规定，企业债务的利息可以抵税，而股票的股利不能抵税。一般而言，企业所得税税率越高，举债的好处就越大。由此可见，税收政策实际上对企业债务资本的安排产生一种刺激作用。

（8）行业差别的影响分析。在资本结构决策中，应掌握本企业所处行业的特点以及该行业资本结构的一般水准，作为确定本企业资本结构的参照系，分析本企业与同行业其他企业相比的特点和差别，以便更有效地决定本企业的资本结构。

9. 答：（1）资本成本比较法的含义。资本成本比较法是指在适度财务风险的条件下，测算可供选择的不同资本结构或筹资组合方案的综合资本成本率并相互比较，确定最佳资本结构的方法。

企业筹资可分为创立初期的初始筹资和发展过程中的追加筹资两种情况。相应地，企业的资本结构决策可分为初始筹资的资本结构决策和追加筹资的资本结构决策。下面分别说明资本成本比较法在这两种情况下的运用。

(2) 初始筹资的资本结构决策。在企业筹资实务中，企业对拟定的筹资总额可以采用多种筹资方式来筹资，每种筹资方式的筹资额亦可有不同安排，由此会形成若干预选资本结构或筹资组合方案。在资本成本比较法下，可以通过综合资本成本率的测算及比较来做出选择。

(3) 追加筹资的资本结构决策。企业在持续的生产经营活动过程中，由于经营业务或对外投资的需要，有时会追加筹措新资，即追加筹资。因追加筹资以及筹资环境的变化，企业原定的最佳资本结构未必仍是最优的，需要进行调整。因此，企业应在有关情况的不断变化中寻求最佳资本结构，实现资本结构的最优化。

企业追加筹资有多个筹资组合方案可供选择。按照最佳资本结构的要求，在适度财务风险的前提下，企业选择追加筹资组合方案可用两种方法：一是直接测算各备选追加筹资方案的边际资本成本率，从中比较、选择最佳筹资组合方案；二是分别将各备选追加筹资方案与原有最佳资本结构汇总，测算比较各个追加筹资方案下汇总资本结构的综合资本成本率，从中比较、选择最佳筹资方案。

10. 答：每股收益分析法是利用每股收益无差别点来进行资本结构决策的方法。每股收益无差别点是指两种或两种以上筹资方案下普通股每股收益相等时的息税前利润点，亦称息税前利润平衡点，有时亦称筹资无差别点。运用这种方法，根据每股收益无差别点，可以分析判断在什么情况下可利用债务筹资来安排及调整资本结构，进行资本结构决策。

这种方法以普通股每股收益最高为决策标准，也没有具体测算财务风险因素，其决策目标实际上是股东财富最大化或股票价值最大化，而不是公司价值最大化，可用于资本规模不大、资本结构不太复杂的股份有限公司。

11. 答：公司价值比较法是在充分反映公司财务风险的前提下，以公司价值的大小为标准，经过测算确定公司最佳资本结构的方法。与资本成本比较法和每股收益分析法相比，公司价值比较法充分考虑了公司的财务风险和资本成本等因素的影响，进行资本结构的决策以公司价值最大为标准，更符合公司价值最大化的财务目标，但其测算原理及测算过程较为复杂，通常适用于资本规模较大的上市公司。

12. 答：资本成本比较法就是计算并比较不同资本组合的综合资本成本率，综合资本成本率最低的组合为最佳资本结构。具体步骤：第一步，确定本企业所需资金的筹集渠道，凭借以往经验做初步组合；第二步，用加权平均资本成本法计算不同组合的综合资本成本率；第三步，选择乘积之和最小的（即综合资本成本率最低的）方案为最佳方案。

每股收益分析法就是利用每股收益无差别点来进行资本结构决策的方法。具体步骤：计算每股收益无差别点，计算出每股收益无差别点处的息税前利润。当目标利润大于无差别点息税前利润时，采用债务筹资方式；当目标利润小于无差别点息税前利润时，采用普通股筹资方式。

与资本成本比较法和每股收益分析法相比，公司价值比较法充分考虑了公司的财务风险和资本成本等因素的影响，进行资本结构的决策以公司价值最大为标准，更符合公司价值最大化的财务目标。

二、练习题

1. 解：$K_b=\frac{I_b(1-T)}{B(1-F_b)}=\frac{1\,000\times6\%\times(1-25\%)}{550\times(1-2\%)}=8.35\%$

2. 解：$K_p=\frac{D_p}{P_p}$

其中 $D_p=\frac{8\%\times150}{50}=0.24$（元/股）

$P_p=\frac{150-6}{50}=2.88$（元/股）

$K_p=\frac{D_p}{P_p}=0.24/2.88=8.33\%$

3. 解：$K_c=\frac{D}{P_c}+G=\frac{1}{20\times(1-5\%)}+5\%=10.26\%$

4. 解：$DOL=1+F/EBIT=1+3\,200/8\,000=1.4$

$DFL=\frac{8\,000}{8\,000-20\,000\times40\%\times8\%}=1.09$

$DCL=1.4\times1.09=1.53$

5. 解：(1) 计算筹资方案甲的综合资本成本率。

第一步，计算各种长期资本的比例。

长期借款资本比例 $=\frac{800}{5\,000}\times100\%=16\%$

公司债券资本比例 $=\frac{1\,200}{5\,000}\times100\%=24\%$

普通股资本比例 $=\frac{3\,000}{5\,000}\times100\%=60\%$

第二步，测算综合资本成本率。

$K_w=7\%\times0.16+8.5\%\times0.24+14\%\times0.6=11.56\%$

(2) 计算筹资方案乙的综合资本成本率。

第一步，计算各种长期资本的比例。

长期借款资本比例 $=\frac{1\,100}{5\,000}\times100\%=22\%$

$$公司债券资本比例=\frac{400}{5\ 000}\times 100\%=8\%$$

$$普通股资本比例=\frac{3\ 500}{5\ 000}\times 100\%=70\%$$

第二步，测算综合资本成本率。

$$K_w=7.5\%\times 0.22+8\%\times 0.08+14\%\times 0.7=12.09\%$$

由以上计算可知，甲、乙两个筹资方案的综合资本成本率分别为11.56%，12.09%，方案甲的综合资本成本率低于方案乙，因此应选择筹资方案甲。

6. 解：根据第5题的计算结果，七奇公司应选择筹资方案甲作为企业的资本结构。

（1）按方案A进行筹资。

$$长期借款在追加筹资中所占比重=\frac{500}{4\ 000}\times 100\%=12.5\%$$

$$公司债券在追加筹资中所占比重=\frac{1\ 500}{4\ 000}\times 100\%=37.5\%$$

$$优先股在追加筹资中所占比重=\frac{1\ 500}{4\ 000}\times 100\%=37.5\%$$

$$普通股在追加筹资中所占比重=\frac{500}{4\ 000}\times 100\%=12.5\%$$

则方案A的边际资本成本率为：

$$12.5\%\times 7\%+37.5\%\times 9\%+37.5\%\times 12\%+12.5\%\times 14\%=10.5\%$$

按方案B进行筹资。

$$长期借款在追加筹资中所占比重=\frac{1\ 500}{4\ 000}\times 100\%=37.5\%$$

$$公司债券在追加筹资中所占比重=\frac{500}{4\ 000}\times 100\%=12.5\%$$

$$优先股在追加筹资中所占比重=\frac{500}{4\ 000}\times 100\%=12.5\%$$

$$普通股在追加筹资中所占比重=\frac{1\ 500}{4\ 000}\times 100\%=37.5\%$$

则方案B的边际资本成本率为：

$$37.5\%\times 8\%+12.5\%\times 8\%+12.5\%\times 12\%+37.5\%\times 14\%=10.75\%$$

按方案C进行筹资。

$$长期借款在追加筹资中所占比重=\frac{1\ 000}{4\ 000}\times 100\%=25\%$$

$$公司债券在追加筹资中所占比重=\frac{1\,000}{4\,000}\times100\%=25\%$$

$$优先股在追加筹资中所占比重=\frac{1\,000}{4\,000}\times100\%=25\%$$

$$普通股在追加筹资中所占比重=\frac{1\,000}{4\,000}\times100\%=25\%$$

则方案C的边际资本成本率为：

$$25\%\times7.5\%+25\%\times8.25\%+25\%\times12\%+25\%\times14\%=10.44\%$$

经过计算可知，按方案C进行筹资，其边际资本成本率最低，因此七奇公司应选择方案C作为最优追加筹资方案。

(2) 追加筹资后公司资本总额为：

5 000+4 000=9 000(万元)

其中　长期借款=800+1 000=1 800(万元)

公司债券=1 200+1 000=2 200(万元)

(其中个别资本成本率为8.5%的债券1 200万元，个别资本成本率为8.25%的债券1 000万元。)

优先股=1 000(万元)

普通股=3 000+1 000=4 000(万元)

各项资金在新的资本结构中所占的比重为：

个别资本成本率为7%的长期借款：$\frac{800}{9\,000}\times100\%=8.89\%$

个别资本成本率为7.5%的长期借款：$\frac{1\,000}{9\,000}\times100\%=11.11\%$

个别资本成本率为8.5%的公司债券：$\frac{1\,200}{9\,000}\times100\%=13.33\%$

个别资本成本率为8.25%的公司债券：$\frac{1\,000}{9\,000}\times100\%=11.11\%$

优先股：$\frac{1\,000}{9\,000}\times100\%=11.11\%$

普通股：$\frac{4\,000}{9\,000}\times100\%=44.44\%$

七奇公司的综合资本成本率为：

$$\begin{aligned}&8.89\%\times7\%+11.11\%\times7.5\%+13.33\%\times8.5\%+11.11\%\times8.25\%\\&+11.11\%\times12\%+44.44\%\times14\%\\&=11.06\%\end{aligned}$$

7. 解：(1) 设两个方案下的无差别点利润为$\overline{EBIT}$。

发行公司债券方案下公司应负担的利息费用为：

$$4\,000\times10\%+2\,000\times12\%=640(\text{万元})$$

增发普通股方案下公司应负担的利息费用为：

$$4\,000\times10\%=400(\text{万元})$$

则有

$$\frac{(\overline{EBIT}-400)(1-25\%)}{(240+80)}=\frac{(\overline{EBIT}-640)(1-25\%)}{240}$$

$$\overline{EBIT}=1\,360(\text{万元})$$

无差别点下的每股收益为：

$$\frac{(1\,360-640)\times(1-25\%)}{240}=2.25(\text{元/股})$$

(2) 发行债券方案下公司的每股收益为：

$$\frac{(2\,000-640)\times(1-25\%)}{240}=4.25(\text{元/股})$$

发行普通股方案下公司的每股收益为：

$$\frac{(2\,000-400)\times(1-25\%)}{(240+80)}=3.75(\text{元/股})$$

由于发行债券方案下公司的每股收益较高，因此应选择发行债券作为追加投资方案。

8. 解：(1) 当$B=0$，息税前利润为3 000万元时，$K_S=14.60\%$，则

$$S=\frac{(3\,000-0)\times(1-25\%)}{14.60\%}=15\,410.96(\text{万元})$$

$$V=0+15\,410.96=15\,410.96(\text{万元})$$

则

$$K_W=14.60\%$$

(2) 当$B=1\,000$万元，息税前利润为3 000万元时，$K_S=14.80\%$，则

$$S=\frac{(3\,000-1\,000\times10\%)\times(1-25\%)}{14.80\%}=14\,695.95(\text{万元})$$

$$V=1\,000+14\,695.95=15\,695.95(\text{万元})$$

则

$$K_W=10\%\times\frac{1\,000}{15\,695.95}\times(1-25\%)+14.80\%\times\frac{14\,695.95}{15\,695.95}=14.33\%$$

(3) 当$B=2\,000$万元，息税前利润为3 000万元时，$K_S=15.00\%$，则

$$S=\frac{(3\,000-2\,000\times12\%)\times(1-25\%)}{15\%}=13\,800(\text{万元})$$

$$V=2\,000+13\,800=15\,800(\text{万元})$$

则
$$K_W=12\%\times\frac{2\,000}{15\,800}\times(1-25\%)+15\%\times\frac{13\,800}{15\,800}=14.24\%$$

（4）当 $B=3\,000$ 万元，息税前利润为 3 000 万元时，$K_S=15.20\%$，则

$$S=\frac{(3\,000-3\,000\times14\%)\times(1-25\%)}{15.20\%}=12\,730.26(\text{万元})$$

$$V=3\,000+12\,730.26=15\,730.26(\text{万元})$$

则
$$K_W=14\%\times\frac{3\,000}{15\,730.26}\times(1-25\%)+15.20\%\times\frac{12\,730.26}{15\,730.26}=14.30\%$$

（5）当 $B=4\,000$ 万元，息税前利润为 3 000 万元时，$K_S=15.40\%$，则

$$S=\frac{(3\,000-4\,000\times16\%)\times(1-25\%)}{15.40\%}=11\,493.51(\text{万元})$$

$$V=4\,000+11\,493.51=15\,493.51(\text{万元})$$

则
$$K_W=16\%\times\frac{4\,000}{15\,493.51}\times(1-25\%)+15.40\%\times\frac{11\,493.51}{15\,493.51}=14.52\%$$

（6）当 $B=5\,000$ 万元，息税前利润为 3 000 万元时，$K_S=15.60\%$，则

$$S=\frac{(3\,000-5\,000\times18\%)\times(1-25\%)}{15.60\%}=10\,096.15(\text{万元})$$

$$V=5000+10\,096.15=15\,096.15(\text{万元})$$

则
$$K_W=18\%\times\frac{5\,000}{15\,096.15}\times(1-25\%)+15.60\%\times\frac{10\,096.15}{15\,096.15}=14.90\%$$

将上述结果汇总如表 6－4 所示。

表 6－4　不同债务规模下的公司价值和资本成本率汇总表

B（万元）	S（万元）	V（万元）	K_B（%）	K_S（%）	K_W（%）
0	15 410.96	15 410.96	—	14.60	14.60
1 000	14 695.95	15 695.95	10	14.80	14.33
2 000	13 800.00	15 800.00	12	15.00	14.24
3 000	12 730.26	15 730.26	14	15.20	14.30
4 000	11 493.51	15 493.51	16	15.40	14.52
5 000	10 096.15	15 096.15	18	15.60	14.90

经过比较可知，当债务资本为 2 000 万元时为最佳资本结构。

第 7 章 Chapter 7 投资决策原理

学习指导

1. **学习重点**：本章主要讲授了长期投资的概念、投资现金流量分析、各种投资决策方法及其比较。其中现金流量分析是进行投资决策分析的基础，各种投资决策指标的计算和比较是本章的学习重点。

2. **学习难点**：本章的学习难点是理解不同投资决策指标的优缺点及各自的使用范围，并在实践中熟练运用。学生在学习过程中，在理解概念的基础上，应该结合教材和本书的习题加强练习，熟练掌握各种投资决策指标的计算和使用。

练习题

一、名词解释

1. 企业投资
2. 间接投资
3. 短期投资
4. 长期投资
5. 对内投资
6. 对外投资
7. 初创投资
8. 独立项目
9. 互斥项目
10. 相关项目
11. 常规项目
12. 现金流量
13. 净现值
14. 内含报酬率
15. 获利指数
16. 投资回收期
17. 平均报酬率

二、判断题

1. 对现金、应收账款、存货、短期有价证券的投资都属于短期投资。 （ ）

2. 长期证券投资因需要可转为短期投资。 （ ）

3. 对内投资都是直接投资，对外投资都是间接投资。 （ ）

4. 原有固定资产的变价收入的现金流量是指固定资产更新时变卖原有固定资产所得的现金收入，不用考虑净残值的影响。 （ ）

5. 在互斥选择决策中，净现值法有时会作出错误的决策，内含报酬率法则始终能得出正确的答案。 （ ）

6. 进行长期投资决策时，如果某备选方案净现值比较小，那么该方案内含报酬率也相对较低。 （ ）

7. 由于获利指数是用相对数来表示，因此获利指数法优于净现值法。 （ ）

8. 固定资产投资方案的内含报酬率并不一定只有一个。 （ ）

9. 某些自然资源的储量不多，由于不断开采，价格将随储量的下降而上升，因此对这些自然资源越晚开发越好。 （ ）

三、单项选择题

1. 有关企业投资的意义，下列叙述中不正确的是（ ）。

A. 企业投资是实现财务管理目标的基本前提

B. 企业投资是发展生产的必要手段

C. 企业投资有利于提高职工的生活水平

D. 企业投资是降低风险的重要方法

2. 某企业欲购进一套新设备，要支付400万元，该设备的使用寿命为4年，无残值，采用直线法计提折旧。预计每年可产生税前利润140万元，如果所得税税率为25%，则回收期为（ ）年。

A. 4.55　　B. 2.95　　C. 1.95　　D. 3.25

3. 当折现率与内含报酬率相等时（ ）。

A. 净现值小于零　　B. 净现值等于零

C. 净现值大于零　　D. 净现值不一定

4. 某企业准备新建一条生产线，预计各项支出如下：投资前费用2 000元，设备购置费用8 000元，设备安装费用1 000元，建筑工程费用6 000元，投产时需垫支营运资本3 000元，不可预见费按总支出的5%计算，则该生产线的投资总额为（ ）元。

A. 20 000　　B. 21 000　　C. 17 000　　D. 17 850

5. 某企业原有一套生产甲产品的设备，装置能力为年产甲产品2万吨，6

年前投资额为500万元。现该企业欲增加一套年产甲产品3万吨的设备，装置能力指数为0.8，因通货膨胀因素，取调整系数为1.3，则该套新设备的投资额为（　　）万元。

A. 975　　B. 470　　C. 899　　D. 678

6. 当一项长期投资的净现值大于零时，下列说法中不正确的是（　　）。

A. 该方案不可投资

B. 该方案未来报酬的总现值大于初始投资的现值

C. 该方案获利指数大于1

D. 该方案的内含报酬率大于其资本成本率

7. 下列各项中不属于终结现金流量范畴的是（　　）。

A. 固定资产折旧　　B. 固定资产残值收入

C. 垫支在流动资产上资金的收回　　D. 停止使用的土地的变价收入

8. 投资决策评价方法中，对于互斥方案来说，最好的评价方法是（　　）。

A. 净现值法　　B. 获利指数法

C. 内含报酬率法　　D. 平均报酬率法

9. 下列关于投资决策指标的说法中，正确的是（　　）。

A. 净现值法不但能够反映各种投资方案的净收益，还能揭示各个投资方案本身能达到的实际报酬率

B. 在只有一个备选方案的采纳与否决策中，净现值法与内含报酬率法得出的结果总是一致的

C. 获利指数可以看作1元的原始净投资渴望获得的现值净收益

D. 在资本有限但投资机会比较充足的情况下，净现值法优于获利指数法

10. 某投资项目初始投资为12万元，当年完工投产，有效期3年，每年可获得现金净流量4.6万元，则该项目内含报酬率为（　　）。

A. 6.68%　　B. 7.33%　　C. 7.68%　　D. 8.32%

11. 下列关于投资回收期的说法中，不正确的是（　　）。

A. 它忽略了货币的时间价值

B. 它需要一个主观上确定的最长的可接受的回收期作为评价的依据

C. 它不能测度项目的盈利性

D. 它不能测度项目的流动性

12. 下列各项中不影响项目内含报酬率的是（　　）。

A. 投资项目的预期使用年限　　B. 投资项目的营业现金流量

C. 企业要求的必要报酬率　　D. 投资项目的初始投资额

13. 若净现值为负数，表明该投资项目（　　）。

A. 投资报酬率小于零，不可行

B. 为亏损项目，不可行

C. 投资报酬率不一定小于零，因此也有可能是可行方案

D. 投资报酬率没有达到预定的折现率，不可行

14. 某投资方案折现率为 18%时，净现值为－3.17，折现率为 16%时，净现值为 6.12 万元，则该方案的内含报酬率为（　　）。

A. 14.68%　　B. 16.68%　　C. 17.32%　　D. 18.32%

15. 下列说法中不正确的是（　　）。

A. 当净现值大于零时，获利指数小于 1

B. 当净现值大于零时，说明该方案可行

C. 当净现值为零时，说明此时的折现率为内含报酬率

D. 净现值是未来现金流量的总现值与初始投资额现值之差

16. 营业现金流量是指投资项目投入使用后，在其寿命周期内由于生产经营所带来的现金流入和流出的数量。这里现金流出是指（　　）。

A. 营业现金支出　　B. 缴纳的税金

C. 付现成本　　D. 营业现金支出和缴纳的税金

17. 下列说法中不正确的是（　　）。

A. 内含报酬率是能够使未来现金流入量现值等于未来现金流出量现值的折现率

B. 内含报酬率是方案本身的投资报酬率

C. 内含报酬率是使方案净现值等于零的折现率

D. 内含报酬率是使方案获利指数等于零的折现率

四、多项选择题

1. 下列关于企业投资的说法中正确的有（　　）。

A. 企业投资是提高企业价值的基本前提

B. 企业投资仅指将闲置资金用于购买股票、债券等有价证券

C. 直接投资是指把资金投放于证券等金融资产，以使取得股利或利息收入的投资

D. 企业投资是降低风险的重要方法

E. 按投资与企业生产经营的关系，投资可分为直接投资和间接投资

2. 下列投资中属于短期投资的有（　　）。

A. 现金　　B. 机器设备

C. 预收账款　　D. 存货

E. 无形资产

3. 下列投资中属于对外投资的有（　　）。

A. 股票投资　　B. 固定资产投资

C. 债券投资　　D. 联营投资

E. 应收账款

4. 下列费用中属于企业内部长期投资投资前费用的有（　　）。

A. 市场调查费用　　B. 勘察设计费

C. 设备安装费　　D. 土地购入费

E. 建筑工程费

5. 下列各项中影响内含报酬率的有（　　）。

A. 银行存款利率　　B. 银行贷款利率

C. 企业必要投资报酬率　　D. 投资项目有效年限

E. 初始投资额

6. 在单一方案决策中，与净现值评估结论可能发生矛盾的评价指标有（　　）。

A. 获利指数　　B. 平均报酬率

C. 投资回收期　　D. 内部报酬率

E. 内含报酬率

7. 对于同一投资方案，下列说法中正确的有（　　）。

A. 资本成本率越高，净现值越低

B. 资本成本率越高，净现值越高

C. 资本成本率等于内含报酬率时，净现值为零

D. 资本成本率高于内含报酬率时，净现值小于零

E. 资本成本率高于内含报酬率时，净现值大于零

8. 在投资决策分析中使用的折现现金流量指标有（　　）。

A. 净现值　　B. 内含报酬率

C. 投资回收期　　D. 获利指数

E. 平均报酬率

9. 长期投资决策中的初始现金流量包括（　　）。

A. 固定资产上的投资　　B. 流动资产上的投资

C. 原有固定资产的变价收入　　D. 其他投资费用

E. 营业费用

10. 下列关于对净现值、内含报酬率和获利指数这三种指标比较的说法中，正确的有（　　）。

A. 在多数情况下，运用净现值和内含报酬率得出的结论是相同的

B. 在互斥选择决策中，净现值法有时会得出错误的结论

C. 在这三种方法中，净现值法是最好的评价方法

D. 一般来说，内含报酬率法只能用于有资本限量的情况

E. 这三种指标在采纳与否决策中都能得出正确的结论

11. 利润与现金流量的差异主要表现在（　　）。

A. 购置固定资产付出大量现金时不计入成本

B. 将固定资产的价值以折旧或折耗的形式计入成本时，不需要付出现金

C. 现金流量一般来说大于利润

D. 计算利润时不考虑垫支的流动资产的数量和回收的时间

E. 只要销售行为已经确定，就应计入当期的销售收入

五、简答题

1. 简述企业投资的意义及投资管理的原则。
2. 简述在投资决策中使用现金流量的原因。
3. 简述非折现现金流量指标。
4. 简述依据不同标准，企业投资可做哪些分类。

六、计算与分析题

1. 某面粉厂 10 年前引进一条加工面粉的生产线，其装置能力为年加工面粉 20 万吨，当时的投资额为 1 500 万元。现由于业务发展需要，该面粉厂拟增加一条年加工面粉 30 万吨的生产线，根据经验，装置能力指数为 0.85，因物价上涨，需要对投资进行适当调整，取调整系数为 1.3。

要求：试预测年加工面粉 30 万吨的生产线的投资额。

2. E 公司某项目投资期为 2 年，每年投资 200 万元。第 3 年开始投产，投产开始时垫支营运资本 50 万元，于项目结束时收回。项目有效期为 6 年，净残值 40 万元，按直线法计提折旧。每年营业收入 400 万元，付现成本 280 万元。公司所得税税率 25%，资本成本率 10%。

要求：计算每年的营业净现金流量；列出项目的现金流量计算表；计算项目的净现值、获利指数和内含报酬率，并判断项目是否可行。

3. 假设某公司计划购置一个铜矿，需要投资 600 000 元。该公司购置铜矿以后，需要购置运输设备将矿石运送到冶炼厂。公司在购置运输设备时有两种方案，方案甲是投资 400 000 元购买卡车，而方案乙是投资 4 400 000 元安装一条矿石运送线。如果该公司采用方案甲，卡车的燃料费、人工费和其他费用将会高于运送线的经营费用。假设该投资项目的使用期为 1 年，1 年以后，铜矿的矿石将会耗竭。同时，假设方案甲的预期税后净利为 1 280 000 元，方案乙的预期税后净利为 6 000 000 元。方案甲和方案乙的资本成本率均为 10%，且比较稳定。

要求：

（1）分别计算两个项目的净现值和内含报酬率；

（2）根据计算结果作出投资决策，并简单阐述理由。

七、论述题

试述净现值与内含报酬率出现不一致的情况及原因。

八、案例题

嘉华公司的方案选择案例

嘉华快餐公司在一家公园内租用一间售货亭向游人出售快餐。嘉华快餐公司与公园签订的租赁合同期限为3年，3年后售货亭作为临时建筑将被拆除。经过一个月的试营业，嘉华快餐公司发现，每天的午饭和晚饭时间来买快餐的游客很多，但是因为售货亭很小，只有一个售货窗口，顾客不得不排长队，有些顾客因此而离开。为了解决这一问题，嘉华快餐公司设计了四种不同的方案，试图增加销售量，从而增加利润。

方案一：改装售货亭，增加窗口。这一方案要求对现有售货亭进行大幅度的改造，初始投资较多，但是因为增加窗口可以吸引更多的顾客，收入也会相应增加较多。

方案二：在现有售货窗口的基础上，更新设备，加快每份快餐的供应速度，缩短供应时间。

以上两个方案并不互斥，可以同时选择。但是，以下两个方案则要放弃现有的售货亭。

方案三：建造一个新的售货亭。此方案需要将现有的售货亭拆掉，在原来的地方建一个面积更大、售货窗口更多的新售货亭。此方案的投资需求最大，预期增加的收入也最多。

方案四：在公园内租一间更大的售货亭。此方案的初始支出是新售货亭的装修费用，以后每年的增量现金流出是当年的租金支出净额。

嘉华快餐公司可用于这项投资的资金需要从银行借入，资本成本率为15%，与各个方案有关的现金流量如表7-1所示。

表7-1　四个方案的预计现金流量　　单位：元

方案	投资额	第1年	第2年	第3年
增加售货窗口	−75 000	44 000	44 000	44 000
更新现有设备	−50 000	23 000	23 000	23 000
建造新售货亭	−125 000	70 000	70 000	70 000
租赁更大的售货亭	−1 000	12 000	13 000	14 000

要求：

（1）如果运用内含报酬率指标，嘉华快餐公司应该选择哪个方案？

（2）如果运用净现值指标，嘉华快餐公司应该选择哪个方案？

（3）如何解释用内含报酬率指标和净现值指标进行决策时所得到的不同结论？哪个指标更好？

练习题部分答案

一、名词解释

1. 企业投资：企业投资是指公司对现在所持有资金的一种运用，其目的是在未来一定时期内获得与风险相匹配的报酬。

2. 间接投资：间接投资又称证券投资，是指把资金投入证券等金融资产，以取得利息、股利或资本利得收入的投资。

3. 短期投资：短期投资又称流动资产投资，是指能够并且也准备在一年以内收回的投资，主要是指对现金、应收账款、存货、短期有价证券等的投资，长期证券如能随时变现亦可作为短期投资。

4. 长期投资：长期投资是指一年以上才能收回的投资，主要指对厂房、机器设备等固定资产的投资，也包括对无形资产和长期有价证券的投资。由于长期投资中固定资产占的比重较大，因此，长期投资有时专指固定资产投资。

5. 对内投资：对内投资是指把资金投向公司内部，购置各种生产经营用资产的投资。

6. 对外投资：对外投资是指公司以现金、实物、无形资产等方式或者以购买股票、债券等有价证券方式向其他单位的投资。

7. 初创投资：初创投资是在建立新企业时所进行的各种投资。它的特点是投入的资金通过建设形成企业的原始资产，为企业的生产、经营创造必要的条件。

8. 独立项目：独立项目是指既不要求也不排斥其他项目的投资项目。

9. 互斥项目：若接受某一个项目就不能投资于另一个项目，并且反过来亦如此，则这些项目之间就是互斥的。

10. 相关项目：若某一项目的实施依赖于其他项目的接受，这些项目就是相关项目。

11. 常规项目：常规项目是指只有一期初始现金流出，随后是一期或多期现金流入的项目。

12. 现金流量：长期投资决策中所说的现金流量是指与长期投资决策有关的现金流入和流出的数量。它是评价投资方案是否可行时必须事先计算的一个基础性指标。

13. 净现值：净现值是指投资项目投入使用后的净现金流量，按资本成本率或企业要求达到的报酬率折算为现值，减去初始投资以后的余额。如果投资期超过一年，则应是减去初始投资的现值以后的余额。

14. 内含报酬率：内含报酬率实际上反映了投资项目的真实报酬，目前越来越多的企业使用该项指标对投资项目进行评价。内含报酬率的计算公式为：

$$\sum_{t=1}^{n}\frac{NCF_t}{(1+r)^t}-C=0$$

式中，NCF_t 表示第 t 年的净现金流量；r 表示内含报酬率；n 表示项目使用年限；C 表示初始投资额。

15. 获利指数：获利指数又称利润指数，是投资项目未来报酬的总现值与初始投资额的现值之比。

16. 投资回收期：投资回收期代表收回投资所需的年限。回收期越短，方案越有利。

17. 平均报酬率：平均报酬率是投资项目寿命周期内平均的年投资报酬率，也称平均投资报酬率。

二、判断题

1. √	2. √	3. ×	4. ×	5. ×
6. ×	7. ×	8. √	9. ×	

三、单项选择题

1. C	2. C	3. B	4. B	5. C
6. A	7. A	8. A	9. C	10. B
11. D	12. C	13. D	14. C	15. A
16. D	17. D			

四、多项选择题

1. ADE	2. AD	3. ACD	4. ABD	5. DE
6. BCDE	7. ACD	8. ABD	9. ABCD	10. AC
11. ABDE				

五、简答题

1. 答：企业投资是指公司对现在所持有资金的一种运用，如投入经营资产或购买金融资产，或者取得这些资产的权利，其目的是在未来一定时期内获得与风险相匹配的报酬。在市场经济条件下，公司能否把筹集到的资金投入报酬高、回收快、风险小的项目，对企业的生存和发展十分重要。具体来说：

（1）企业投资是实现财务管理目标的基本前提。

（2）企业投资是公司发展生产的必要手段。

（3）企业投资是公司降低经营风险的重要方法。

企业投资的根本目的是谋求利润，增加企业价值。企业能否实现这一目标，关键在于能否在风云变幻的市场环境下，抓住有利的时机，作出合理的投资决策。为此，企业在投资时必须坚持以下原则：

（1）认真进行市场调查，及时捕捉投资机会。

（2）建立科学的投资决策程序，认真进行投资项目的可行性分析。

（3）及时足额地筹集资金，保证投资项目的资金供应。

（4）认真分析风险和报酬的关系，适当控制企业的投资风险。

2. 答：投资决策之所以要以按收付实现制计算的现金流量作为评价项目经济效益的基础，主要有以下两方面的原因：

(1) 采用现金流量有利于科学地考虑资金的时间价值因素。科学的投资决策必须认真考虑资金的时间价值，这就要求在决策时一定要弄清每笔预期收入款项和支出款项的具体时间，因为不同时间的资金具有不同的价值。因此，在衡量方案优劣时，应根据各投资项目寿命周期内各年的现金流量，按照资本成本率，结合资金的时间价值来确定。而利润的计算并不考虑资金收付的时间，它是以权责发生制为基础的。

(2) 采用现金流量才能使投资决策更符合客观实际情况。在长期投资决策中，现金流量能科学、客观地评价投资方案的优劣，而利润则明显存在不科学、不客观的成分。这是因为：1）利润的计算没有一个统一的标准，在一定程度上要受存货估价、费用分摊和折旧计提的不同方法的影响，因而，利润的计算比现金流量的计算有更大的主观随意性，以此作为决策的主要依据不太可靠；2）利润反映的是某一会计期间“应计”的现金流量，而不是实际的现金流量。

3. 答：非折现现金流量指标主要有投资回收期和平均报酬率。

(1) 投资回收期代表收回投资所需的年限。回收期越短，方案越有利。投资回收期法的概念容易理解、计算简单，但这一指标的缺点在于它不仅忽视了货币的时间价值，而且没有考虑回收期满后的现金流量状况。投资回收期法总是优先考虑急功近利的项目，目前仅作为辅助方法使用，主要用于测定投资方案的流动性而非盈利性。

(2) 平均报酬率是投资项目寿命周期内平均的年投资报酬率，也称平均投资报酬率。在采用这一指标时，应事先确定一个企业要求达到的平均报酬率，或称必要平均报酬率。在进行决策时，只有高于必要平均报酬率的方案才能入选。而在有多个互斥方案的选择决策中，则选用平均报酬率最高的方案。平均报酬率的优点是简明、易算、易懂。其主要缺点是，没有考虑货币的时间价值，必要平均报酬率的确定具有很大的主观性。

4. 答：根据不同的划分标准，企业投资可作如下分类。

(1) 按投资与企业生产经营的关系，企业投资可分为直接投资和间接投资两类。在非金融性企业中，直接投资所占比重很大。间接投资又称证券投资，是指把资金投入证券等金融资产，以取得利息、股利或资本利得收入的投资。

(2) 按投资回收时间的长短，企业投资可分为短期投资和长期投资两类。短期投资又称流动资产投资，是指能够并且准备在一年以内收回的投资，主要指对现金、应收账款、存货、短期有价证券等的投资，长期证券如能随时变现亦可作为短期投资。长期投资则是指一年以上才能收回的投资，主要指对厂房、机器设备等固定资产的投资，也包括对无形资产和长期有价证券的投资。由于长期投资中固定资产所占的比重较大，因此，长期投资有时专指固定资产投资。

（3）根据投资的方向，企业投资可分为对内投资和对外投资两类。对内投资是指把资金投在公司内部，购置各种生产经营用资产的投资。对外投资是指公司以现金、实物、无形资产等方式或者以购买股票、债券等有价证券方式向其他单位的投资。对内投资都是直接投资，对外投资主要是间接投资，也可以是直接投资。

（4）根据投资在生产过程中的作用，企业投资可分为初创投资和后续投资。初创投资是在建立新企业时所进行的各种投资。它的特点是投入的资金通过建设形成企业的原始资产，为企业的生产、经营创造必要的条件。后续投资则是指为巩固和发展企业再生产所进行的各种投资，主要包括为维持企业简单再生产所进行的更新性投资、为实现扩大再生产所进行的追加性投资、为调整生产经营方向所进行的转移性投资等。

（5）其他分类方法。根据不同投资项目之间的相互关系，可以将投资分为独立项目投资、相关项目投资和互斥项目投资。根据投资项目现金流入与流出的时间，可以将投资分为常规项目投资和非常规项目投资。

六、计算与分析题

1. 解：$1\,500\times\left(\frac{30}{20}\right)^{0.85}\times1.3=2\,752.4$（万元）

年产面粉30万吨的生产线投资额为2 752.4万元。

2. 解：

（1）每年折旧＝(200＋200－40)÷6＝60(万元)

$$\begin{aligned}\text{每年营业净现金流量}&=\text{年营业收入}-\text{年付现成本}-\text{所得税}\\&=\text{税后净利}+\text{折旧}\\&=400\times(1-25\%)-280\times(1-25\%)+60\times25\%\\&=105(\text{万元})\end{aligned}$$

（2）投资项目的现金流量。该方案每年的现金流量见表7-2。

表7-2　投资项目的现金流量　　单位：万元

项目	第0年	第1年	第2年	第3～第7年	第8年
初始投资	－200	－200			
营运资本垫支			－50		
营业现金流量				105	105
营运资本回收					50
净残值					40
现金流量	－200	－200	－50	105	195

(3) 净现值计算。

$$NPV=195\times PVIF_{10\%,8}+105\times PVIFA_{10\%,5}\times PVIF_{10\%,2}$$
$$-50\times PVIF_{10\%,2}-200\times PVIF_{10\%,1}-200$$
$$=-3.24\text{(万元)}$$

(4) 获利指数＝419.858/423.1＝0.99

(5) $r=10\%$，则

$$NPV=-3.24\text{(万元)}$$

$r=9\%$，则

$$NPV=16.30\text{(万元)}$$

内含报酬率＝9.83%

项目不可行。

3. 解：

(1) $NPV_{甲}=-400\,000+1\,280\,000\times PVIF_{10\%,1}=763\,520$(万元)

$NPV_{乙}=-4\,400\,000+6\,000\,000\times PVIF_{10\%,1}=1\,054\,000$(万元)

$IRR_{甲}=1\,280\,000/400\,000-1=2.2$

$IRR_{乙}=6\,000\,000/4\,400\,000-1=0.364$

(2) 因为方案甲和方案乙的资本成本率是稳定的，即该公司能够按照 10% 的资本成本率筹集全部所需的资本，所以应该选择方案乙。因为方案乙的净现值较高，同时，筹集较多的资本也不会给公司带来额外的资本成本。

七、论述题

答：在多数情况下，运用净现值法和内含报酬率法这两种方法得出的结论是相同的。但在如下两种情况下，有时会产生差异。

(1) 净现值法和内含报酬率法的结论可能不同的一种情况：互斥项目。不一致的原因主要有两个：一是投资规模不同；二是现金流量发生的时间不同。

1) 投资规模不同。当一个项目的投资规模大于另一个项目时，规模较小的项目的内含报酬率可能较大但净现值可能较小。例如，假设项目 A 的内含报酬率为 30%，净现值为 100 万元，而项目 B 的内含报酬率为 20%，净现值为 200 万元。在这两个互斥项目之间进行选择，实际上就是在更多的财富和更高的内含报酬率之间进行选择，很显然，决策者将选择财富。所以，当互斥项目投资规模不同并且资金可以满足投资规模时，净现值决策规则优于内含报酬率决策规则。

2) 现金流量发生的时间不同。有的项目早期现金流入量比较大，而有的项目早期现金流入量比较小。之所以会产生现金流量发生时间不同的问题，是因为"再投资率假设"，即两种方法假定投资项目使用过程中产生的现金流量进行再投资时会产生不同的报酬率。净现值法假定产生的现金流入量重新投资会产生相当于企业资本成本率的利润率，而内含报酬率法假定现金流入量重新投资产生的利润率与此项目特定的内含报酬率相同。

（2）净现值法和内含报酬率法的结论可能不同的另一种情况：非常规项目。非常规项目的现金流量形式在某些方面与常规项目有所不同，如现金流出不发生在期初，或者期初和以后各期有多次现金流出等。非常规项目可能会导致净现值决策规则和内含报酬率决策规则产生的结论不一致。一种比较复杂的情况是：当不同年度的未来现金流量有正有负时，就会出现多个内含报酬率。在这种情况下，内含报酬率决策规则完全失去了作用。如果盲目地使用内含报酬率决策规则，就会出现严重的错误。一般来说，对于有多个内含报酬率的投资项目，内含报酬率的个数不会多于项目各期现金流量中正负号变化的次数。常规项目只有一个内含报酬率，因为各期期望现金流量中正负号只变换了一次，即一笔负的现金流量后面跟着若干笔正的现金流量。

八、案例题

答：（1）计算各个方案的内含报酬率。

设方案一的内含报酬率为 R，则

$$44\,000 \times PVIFA_{R,3} - 75\,000 = 0$$

即 $$PVIFA_{R,3} = 1.705$$

查 $PVIFA$ 表得：$PVIFA_{30\%,3} = 1.816$，$PVIFA_{35\%,3} = 1.696$

利用插值法，得

报酬率	年金现值系数
30%	1.816
R	1.705
35%	1.696

$$\frac{R - 30\%}{35\% - 30\%} = \frac{1.705 - 1.816}{1.696 - 1.816}$$

解得 $R = 34.63\%$

所以方案一的内含报酬率为34.63%。

设方案二的内含报酬率为 R，则

$$23\,000 \times PVIFA_{R,3} - 50\,000 = 0$$

即 $$PVIFA_{R,3} = 2.174$$

查 $PVIFA$ 表得：$PVIFA_{18\%,3} = 2.174$，$R = 18\%$

所以方案二的内含报酬率为18%。

设方案三的内含报酬率为 R，则

$$70\,000\times PVIFA_{R,3}-125\,000=0$$

即　　$PVIFA_{R,3}=1.786$

查 $PVIFA$ 表得：$PVIFA_{30\%,3}=1.816$，$PVIFA_{35\%,3}=1.696$

利用插值法，得

报酬率	年金现值系数
30%	1.816
R	1.786
35%	1.696

$$\frac{R-30\%}{35\%-30\%}=\frac{1.786-1.816}{1.696-1.816}$$

解得　　$R=31.25\%$

所以方案三的内含报酬率为31.25%。

设方案四的内含报酬率为 R，则

$$12\,000\times PVIF_{R,1}+13\,000\times PVIF_{R,2}+14\,000\times PVIF_{R,3}-10\,000=0$$

利用试误法计算得

$$R=112.30\%$$

所以方案四的内含报酬率为112.30%。

由于方案四的内含报酬率最高，如果采用内含报酬率指标来进行投资决策，则公司应该选择方案四。

(2) 计算各个方案的净现值。

$$\begin{aligned}\text{方案一的 } NPV &= 44\,000\times PVIFA_{15\%,3}-75\,000\\ &= 44\,000\times 2.283-75\,000=25\,452(\text{元})\end{aligned}$$

$$\begin{aligned}\text{方案二的 } NPV &= 23\,000\times PVIFA_{15\%,3}-50\,000\\ &= 23\,000\times 2.283-50\,000=2\,509(\text{元})\end{aligned}$$

$$\begin{aligned}\text{方案三的 } NPV &= 70\,000\times PVIFA_{15\%,3}-125\,000\\ &= 70\,000\times 2.283-125\,000=34\,810(\text{元})\end{aligned}$$

$$\begin{aligned}\text{方案四的 } NPV &= 12\,000\times PVIF_{15\%,1}+13\,000\times PVIF_{15\%,2}\\ &\quad +14\,000\times PVIF_{15\%,3}-10\,000\\ &= 12\,000\times 0.87+13\,000\times 0.756+14\,000\times 0.658-10\,000\\ &= 19\,480(\text{元})\end{aligned}$$

由于方案三的净现值最高，如果采用净现值指标来进行投资决策，则公司应该选择方案三。

（3）在互斥项目中，采用净现值指标和内含报酬率指标进行决策，有时会得出不同的结论，其原因主要有两个：

一是投资规模不同。当一个项目的投资规模大于另一个项目时，规模较小的项目的内含报酬率可能较大但净现值较小，如方案四。

二是现金流量发生的时间不同。有的项目早期现金流入量较大，如方案三；而有的项目早期现金流入量较小，如方案四，所以有时项目的内含报酬率较高，净现值却较小。

最高的净现值符合企业的最大利益，净现值越高，企业的收益就越大。在资金无限量的情况下，利用净现值指标在所有的投资评价中都能作出正确的决策，而内含报酬率指标在互斥项目中有时会作出错误的决策。因此，净现值指标更好。

教材习题解析

一、思考题

1. 答：如果通过事后审计将赔偿责任引入投资项目的预测阶段，从积极的方面来说，由于赔偿责任的约束，一方面，进行投资预测的工作人员会不断地改进预测方法，总结经验教训，更加认真踏实地做好本职工作，提高投资项目预测的准确度，从而持续提高投资管理的效率；另一方面，进行投资预测的工作人员在进行项目预测时会更加谨慎，从而降低企业的投资风险。从消极的方面来说，由于赔偿责任的存在，进行预测的工作人员为了规避这种风险，可能故意低估一些风险比较大的项目的决策指标，从而使公司丧失投资效率最高的项目。另外，某一项目的实际值和预测值的偏差可能是多种原因导致的，其中可能有环境变化方面的原因，可能有投资实施阶段的原因，如果责任划分不清，会使进行投资项目预测的工作人员感到不公平，降低他们的工作满意度，进而影响他们的工作积极性、主动性和创造性，最终对投资项目造成不利影响。

2. 答：按照现金流量的发生时间，投资活动的现金流量可以分为初始现金流量、营业现金流量和终结现金流量。初始现金流量一般包括如下几个部分：（1）投资前费用；（2）设备购置费用；（3）设备安装费用；（4）建筑工程费；（5）营运资本的垫支；（6）原有固定资产的变价收入扣除相关税金后的净收益；（7）不可预见费。营业现金流量一般以年为单位进行计算。营业现金流入一般是指营业现金收入，营业现金流出是指营业现金支出和缴纳的税金。终结现金流量主要包括：（1）固定资产的残值收入或变价收入（指扣除所需要缴纳的税金等支出后的净收入）；（2）原有垫支在各种流动资产上的资金的收回；（3）停止使用的土地的变价收入等。

投资决策采用折现现金流量指标更合理的原因是：

（1）非折现现金流量指标把不同时间点上的现金收入和支出当作毫无差别的资金进行对比，忽略了资金的时间价值因素，这是不科学的。折现现金流量指标则把不同时间点收入或支出的现金按照统一的折现率折算到同一时间点上，使不同时期的现金具有可比性，这样才能做出正确的投资决策。

（2）非折现现金流量指标中的投资回收期法只能反映投资的回收速度，不能反映投资的主要目标——净现值的多少。同时，由于投资回收期没有考虑货币时间价值因素，因而高估了投资的回收速度。

（3）投资回收期、平均报酬率等非折现现金流量指标对使用寿命不同、资金投入时间和提供收益时间不同的投资方案缺乏鉴别能力。折现现金流量指标法则可以通过净现值、内含报酬率和获利指数等指标进行综合分析，从而作出正确合理的决策。

（4）非折现现金流量指标中的平均报酬率等指标，由于没有考虑资金的时间价值，实际上夸大了项目的盈利水平。而折现现金流量指标中的报酬率是以预计的现金流量为基础，考虑了货币的时间价值以后计算出的真实报酬率。

（5）在运用投资回收期这一指标时，标准回收期是方案取舍的依据，但标准回收期一般都是以经验或主观判断为基础来确定的，缺乏客观依据。而折现现金流量指标中的净现值和内含报酬率等指标实际上都是以企业的资本成本为取舍依据，任何企业的资本成本都可以通过计算得到，因此，这一取舍标准符合客观实际。

（6）管理人员水平的不断提高和电子计算机的广泛应用，加快了折现现金流量指标的推广使用。在 20 世纪五六十年代，只有很少企业的财务人员能真正了解折现现金流量指标的真正含义，而今天，几乎所有大型企业的高级财务人员都明白这一方法的科学性和正确性。电子计算机的广泛应用使折现现金流量指标中的复杂计算变得非常容易，加快了折现现金流量指标的推广速度。

3. 答：

（1）折现现金流量指标主要有：净现值、内含报酬率、获利指数等。

（2）决策规则。净现值法的决策规则是：在只有一个备选方案时，净现值大于或等于零则采纳，净现值小于零不采纳。在有多个备选方案的互斥项目选择决策中，应选用正的净现值中的最大者。

采用内含报酬率法的决策规则是：在只有一个备选方案时，如果计算出的内含报酬率大于或等于公司的资本成本率或必要报酬率，就采纳；反之，则拒绝。在有多个备选方案的互斥项目选择决策中，选用内含报酬率超过资本成本率或必要报酬率最大的投资项目。

获利指数法的决策规则是：在只有一个备选方案时，获利指数大于或等于

1，则采纳；否则就拒绝。在有多个备选方案的互斥项目选择决策中，应采用获利指数大于1最多的投资项目。

（3）优缺点。净现值法的优点是：考虑了货币的时间价值，能够反映各种投资方案的净收益。净现值法的缺点是：净现值法并不能揭示各个投资方案本身可能达到的实际报酬率是多少，内含报酬率法则可以弥补这一缺陷。

内含报酬率法考虑了资金的时间价值，反映了投资项目的真实报酬率，概念也易于理解。但这种方法的计算过程比较复杂，特别是对于每年 *NCF* 不相等的投资项目，一般要经过多次测算。

获利指数可以看成1元的初始投资渴望获得的现值净收益。获利指数法的优点是：考虑了资金的时间价值，能够真实地反映投资项目的盈利能力，由于获利指数是用相对数表示的，因此有利于在初始投资额不同的投资方案之间进行对比。获利指数法的缺点是：获利指数只代表获得收益的能力而不代表实际可能获得的财富，它忽略了互斥项目之间投资规模上的差异，所以在多个互斥项目的选择中，可能会得到错误的答案。

4. 答："对于所有的投资项目，只使用净现值指标进行分析就可以了"的说法是不正确的。一方面，净现值决策优于其他规则是有限制条件的，是在没有资本限额的条件下；另一方面，即使在没有资本限额的情况下，只用净现值决策也是有问题的。因为净现值指标有其自身的缺陷，净现值法并不能揭示各个投资方案本身可能达到的实际报酬率是多少，内含报酬率法则可以弥补这一缺陷。另外，由于净现值指标是一个绝对值，如果企业还有其他投资项目，在进行不同投资项目决策时，可能更注重投资效率，这时，由于获利指数和内含报酬率是相对数指标，更利于初始投资额不同的方案之间的比较。

二、练习题

1. 解：（1）$PP_A=2$(年)

$$PP_B=2+\frac{1\,300}{3\,000}\approx 2.43\text{(年)}$$

若MS软件公司要求的项目资金必须在两年内收回，应选择项目A。

（2）
$$\begin{aligned}NPV_A&=-7\,500+4\,000\times PVIF_{15\%,1}+3\,500\times PVIF_{15\%,2}+1\,500\times PVIF_{15\%,3}\\&=-7\,500+4\,000\times 0.870+3\,500\times 0.756\,2+1\,500\times 0.658\\&=-386.3\text{(元)}\end{aligned}$$

$$\begin{aligned}NPV_B&=-5\,000+2\,500\times PVIF_{15\%,1}+1\,200\times PVIF_{15\%,2}+3\,000\times PVIF_{15\%,3}\\&=-5\,000+2\,500\times 0.870+1\,200\times 0.756\,2+3\,000\times 0.658\\&=56.44\text{(元)}\end{aligned}$$

$NPV_A<0$，$NPV_B>0$，应采纳项目B。

2. 解：（1）投资项目的现金流量计算见表7-3。

表7-3 投资项目的现金流量计算表　　单位：万元

项目	第0年	第1年	第2年	第3年	第4年	第5年
初始投资	−750					
残值						50
营运资本	−250					250
营业收入		750	750	750	750	750
付现成本		300	300	300	300	300
折旧		140	140	140	140	140
税前利润		310	310	310	310	310
所得税费用		77.5	77.5	77.5	77.5	77.5
税后净利		232.5	232.5	232.5	232.5	232.5
项目现金流量	−1 000	372.5	372.5	372.5	372.5	672.5

（2）项目净现值。

$$NPV = NCF_{1\sim4} \times PVIFA_{10\%,4} + NCF_5 \times PVIF_{10\%,5} - 1\,000$$
$$= 372.5 \times 3.170 + 672.5 \times 0.621 - 1\,000$$
$$= 598.45(\text{万元})$$

项目净现值为598.45万元。

（3）由于每年 NCF 不相等，因而项目内含报酬率必须逐次测算。

按照20%的折现率进行测算：

$$NPV = NCF_{1\sim4} \times PVIFA_{20\%,4} + NCF_5 \times PVIF_{20\%,5} - 1\,000$$
$$= 372.5 \times 2.589 + 672.5 \times 0.402 - 1\,000$$
$$= 234.75(\text{万元})$$

按照30%的折现率进行测算：

$$NPV = NCF_{1\sim4} \times PVIFA_{30\%,4} + NCF_5 \times PVIF_{30\%,5} - 1\,000$$
$$= 372.5 \times 2.166 + 672.5 \times 0.269 - 1\,000$$
$$= -12.262\,5(\text{万元})$$

于是，内含报酬率在20%～30%之间。

$$\frac{x}{10} = \frac{234.75}{234.75 + 12.262\,5}$$

$x = 9.50$

内含报酬率 $= 20\% + 9.5\% = 29.5\%$

3. 解：$NPV_S = -250 + 100 \times PVIFA_{10\%,2} + 75 \times PVIFA_{10\%,2} \times PVIF_{10\%,2}$

$$+ 50 \times PVIF_{10\%,5} + 25 \times PVIF_{10\%,6}$$
$$= -250 + 100 \times 1.736 + 75 \times 1.736 \times 0.826 + 50 \times 0.621 + 25 \times 0.564$$

$=76.3$(美元)

$NPV_L=-250+50\times PVIFA_{10\%,2}+75\times PVIF_{10\%,3}+100\times PVIFA_{10\%,2}\times PVIF_{10\%,3}+125\times PVIF_{10\%,6}$

$=-250+50\times 1.736+75\times 0.751+100\times 1.736\times 0.751+125\times 0.564$

$=94$(美元)

$NPV_S< NPV_L$

项目S内含报酬率的测算过程如表7-4所示。

表7-4 项目S内含报酬率的测算过程 单位：美元

年次（t）	NCF_t	测试20%		测试25%	
		复利现值系数 $PVIF_{20\%,t}$	现值	复利现值系数 $PVIF_{25\%,t}$	现值
0	−250	1.000	−250.0	1.000	−250.0
1	100	0.833	83.3	0.800	80.0
2	100	0.694	69.4	0.640	64.0
3	75	0.579	43.4	0.512	38.4
4	75	0.482	36.2	0.410	30.8
5	50	0.402	20.1	0.328	16.4
6	25	0.335	8.4	0.262	6.6
NPV	—	—	10.8	—	−13.8

$$\frac{x-20\%}{25\%-20\%}=\frac{0-10.8}{-13.8-10.8}$$

解得 $x\approx 22.19\%$

项目L内含报酬率的测算过程如表7-5所示。

表7-5 项目L内含报酬率的测算过程 单位：美元

年次（t）	NCF_t	测试20%		测试25%	
		复利现值系数 $PVIF_{20\%,t}$	现值	复利现值系数 $PVIF_{25\%,t}$	现值
0	−250	1.000	−250.0	1.000	−250.0
1	50	0.833	41.7	0.800	40.0
2	50	0.694	34.7	0.640	32.0
3	75	0.579	43.4	0.512	38.4
4	100	0.482	48.2	0.410	41.0
5	100	0.402	40.2	0.328	32.8
6	125	0.335	41.9	0.262	32.8
NPV	—	—	0.1	—	−33.0

$$\frac{x-20\%}{25\%-20\%}=\frac{0-0.1}{-33.0-0.1}$$

解得　$x \approx 20.02\%$

$$IRR_S > IRR_L$$

由以上计算可知，因为在资本无限量的条件下，净现值指标优于内含报酬率指标，所以项目 L 更优。

第 8 章 Chapter 8 投资决策实务

学习指导

1. **学习重点**：本章在第 7 章的基础上，讨论了投资决策实务中可能遇到的几种典型情况。重点内容包括现金流估计中应该注意的问题、税负与折旧对投资的影响、固定资产更新决策、投资时机选择决策、风险投资决策等。

2. **学习难点**：本章的难点是如何根据不同的具体情况选择合适的投资决策方法，进而做出最有效的投资决策。本章需要计算的内容较多，学生应结合课后习题和本书中的练习题多加练习，熟练掌握本章的内容。

练习题

一、名词解释

1. 相关成本
2. 沉没成本
3. 机会成本
4. 风险调整折现率法
5. 肯定当量法
6. 概率法
7. 决策树法
8. 敏感性分析
9. 最小公倍寿命法

二、判断题

1. 某公司 2014 年想新建厂房，之前已经支付 10 000 元的咨询费，这10 000 元是公司进行新建厂房决策时的相关成本。（　　）

2. 在计算营业现金流量时，应将机会成本视为现金流出。（　　）

3. 如果一项新产品的上市会减少公司原有产品的销量或者价格，那么在计

算新项目现金流量时应将这部分减少的现金流扣除。（　　）

4. 出售已经使用过的非不动产中的其他固定资产，需按照售价的 4%缴纳增值税。（　　）

5. 在投资决策的现金流量分析中应将投产后产品的增值税考虑在内。（　　）

6. 某公司每月要支付一项保险费 1 000 元，该公司的所得税税率为 25%，那么不管在何种情况下，该公司实际承担的保险费只有 750 元。（　　）

7. 在投资决策中，应纳所得税收入包括项目结束时收回的垫支的流动资金等现金流入。（　　）

8. 如果一项固定资产的变价收入为 10 000 元，其账面价值为 20 000 元，在固定资产更新决策中，在不考虑增值税的情况下，因固定资产变价导致的现金流量增加额为 10 000 元。（　　）

9. 在新旧设备使用寿命不同的固定资产更新决策中，直接使用净现值法得出的答案一定是错误的。（　　）

10. 在有资本限额的情况下，一般不使用内含报酬率法进行决策。（　　）

11. 在使用按风险调整现金流量法计算净现值时采用的折现率是按风险进行调整后的折现率。（　　）

12. 概率法在各期现金流不独立的情况下也是可以使用的。（　　）

13. 决策树法适用于各期现金流不相关的项目决策。（　　）

14. 决策树采用从左到右的方法来确定最优决策序列。（　　）

三、单项选择题

1. 在进行投资项目评价时，投资者要求的风险报酬取决于该项目的（　　）。

A. 经营风险　　B. 财务风险　　C. 系统风险　　D. 特别风险

2. 计算营业现金流量时，每年净现金流量可按公式（　　）来计算。

A. NCF=每年营业收入－付现成本

B. NCF=每年营业收入－付现成本－所得税

C. NCF=税后净利＋折旧＋所得税

D. NCF=税后净利＋折旧－所得税

3. 在新旧设备使用寿命不同的固定资产更新决策中，不可以使用的决策方法是（　　）。

A. 差量分析法　　B. 年均净现值法

C. 年均成本法　　D. 最小公倍寿命法

4. 已知某设备原值 60 000 元，税法规定的残值率为 10%，最终报废残值 5 000 元，该公司所得税税率为 25%，则该设备最终报废由于残值带来的现金流入量为（　　）元。

A. 5 250　　B. 6 000　　C. 5 000　　D. 4 600

5. 肯定当量法的基本思路是先用一个系数把不确定的各年现金流量折算为大约相当于确定的现金流量，然后用（　　）去计算净现值。

A. 内部报酬率　　B. 资本成本率

C. 无风险的折现率　　D. 有风险的折现率

6. 某投资方案的年营业收入为10 000元，年付现成本为6 000元，年折旧额为1 000元，所得税税率为25%，该方案的每年营业现金流量为（　　）元。

A. 1 680　　B. 2 680　　C. 3 250　　D. 3 990

7. 可以根据各年不同的风险程度对方案进行评价的方法是（　　）。

A. 风险调整折现率法　　B. 肯定当量法

C. 内含报酬率法　　D. 获利指数法

8. 某项目的β系数为1.5，无风险报酬率为10%，所有项目平均必要报酬率为14%，则该项目按风险调整的折现率为（　　）。

A. 14%　　B. 15%　　C. 16%　　D. 18%

9. 当使用新旧设备的未来收益相同，但准确数字不好估计时，应该选用的固定资产更新决策方法是（　　）。

A. 差量分析法　　B. 最小公倍寿命法

C. 年均净现值法　　D. 年均成本法

10. 下列各种投资决策分析方法中，属于对项目的“基础状态”进行分析的是（　　）。

A. 决策树法　　B. 肯定当量法

C. 敏感性分析法　　D. 风险评分法

四、多项选择题

1. 在考虑所得税因素以后，下列公式中能够计算出营业现金流量的有（　　）。

A. 营业现金流量=税后收入-税后成本+税负减少

B. 营业现金流量=营业收入×(1-所得税税率)-付现成本×(1-所得税税率)+折旧×所得税税率

C. 营业现金流量=税后净利+折旧

D. 营业现金流量=税后净利+折旧-所得税

E. 营业现金流量=营业收入-付现成本-所得税

2. 下列表述中正确的有（　　）。

A. 肯定当量法有夸大远期风险的特点

B. 肯定当量法可以和净现值法结合使用，也可以和内含报酬率法结合使用

C. 风险调整折现率法把时间价值和风险价值混在一起，并据此对现金流

量进行折现

D. 肯定当量法的主要困难是确定合理的当量系数

E. 肯定当量法可以降低投资决策的风险

3. 下列决策分析方法中，属于风险决策分析方法的有（ ）。

A. 决策树法 B. 敏感性分析法

C. 肯定当量法 D. 盈亏平衡分析法

E. 最小公倍寿命法

4. 下列关于相关成本的论述中，正确的有（ ）。

A. 相关成本是指与特定决策有关，在分析评价时必须加以考虑的成本

B. 差额成本、未来成本、重置成本、机会成本都属于相关成本

C. A设备可按3 200元出售，也可对外出租且三年内可获租金3 500元，该设备是三年前以5 000元购置的，故出售决策的相关成本是5 000元

D. 如果将非相关成本纳入投资方案的总成本，则一个有利的方案可能变得不利，从而造成失误

E. 相关成本一般是在未来将要发生的成本，历史成本不属于相关成本

5. 下列关于约当系数的说法中，不正确的有（ ）。

A. 约当系数是肯定的现金流量对与之相当的、不肯定的现金流量的比值

B. 当现金流量风险一般时，可取$0<\delta<0.40$

C. 冒险型的分析家会选用较低的约当系数，保守型的分析家会选用较高的约当系数

D. 离散系数越高，则约当系数也越高

E. 如何准确、合理地确定约当系数比较困难

6. 对于项目使用年限不等的投资决策，可采纳的决策方法有（ ）。

A. 最小公倍寿命法 B. 内含报酬率法

C. 年均净现值法 D. 获利指数法

E. 年均成本法

7. 某公司有五个可供选择的项目A，B，C，D，E，其中B，C项目互斥，D，E项目互斥，下面的项目组合中不存在的有（ ）。

A. ABC B. ACD

C. BDE D. ADE

E. ABE

8. 下列投资决策方法中，属于风险投资分析方法的有（ ）。

A. 按风险调整折现率法 B. 按风险调整现金流量法

C. 年均净现值法 D. 决策树法

E. 敏感性分析法

五、简答题

1. 简述差量分析法的基本步骤。

2. 为什么投资时机选择决策是有意义的？

3. 企业为什么要进行投资期选择决策？

4. 试述决策树法的优缺点及适用范围。

5. 什么是敏感性分析？试述敏感性分析法的优缺点。

六、计算与分析题

1. 某公司因业务发展需要，准备购入一套设备。现有甲、乙两个方案可供选择，其中甲方案需投资 20 万元，使用寿命为 5 年，采用直线法计提折旧，5 年后设备无残值。5 年中每年销售收入为 8 万元，每年的付现成本为 3 万元。乙方案需投资 24 万元，也采用直线法计提折旧，使用寿命也为 5 年，5 年后有残值收入 4 万元。5 年中每年的销售收入为 10 万元，付现成本第一年为 4 万元，以后随着设备不断陈旧，将逐年增加日常修理费 2 000 元，另需垫支营运资本 3 万元。假设所得税税率为 25%。

要求：

（1）试计算两个方案的现金流量。

（2）如果该公司资本成本率为 10%，试用净现值法对两个方案作出取舍。

2. G 公司是一家生产和销售软饮料的企业。该公司产销的甲饮料持续盈利，目前供不应求，公司正在研究是否扩充其生产能力。有关资料如下：

（1）该种饮料批发价格为每瓶 5 元，变动成本为每瓶 4.1 元。本年销售 400 万瓶，已经达到现有设备的最大生产能力。

（2）市场预测显示明年销量可以达到 500 万瓶，后年将达到 600 万瓶，然后以每年 700 万瓶的水平持续 3 年。5 年后的销售前景难以预测。

（3）投资预测：为了增加一条年产 400 万瓶的生产线，需要设备投资 600 万元；预计第 5 年年末设备的变现价值为 100 万元；生产部门估计需要增加的营运资本为新增销售额的 16%，在年初投入，在项目结束时收回；该设备能够很快安装并运行，可以假设没有建设期。

（4）设备开始使用前需要支出培训费 6 万元，该设备每年需要运行维护费 6 万元。

（5）公司所得税税率为 25%；税法规定该类设备使用年限 6 年，直线法计提折旧，残值率为 5%；假设与该项目等风险投资要求的最低报酬率为 15%；银行借款（有担保）利息率为 12%。

要求：计算该投资方案的净现值，并判断其是否可行。

3. 某公司原有设备一套，购置成本为 150 万元，预计使用 10 年，已使用 5 年，预计残值为原值的 10%，该公司用直线法计提折旧，现该公司拟购买新设备替换旧设备，以提高生产率，降低成本。新设备购置成本为200万元，使用年限为5年，同样用直线法计提折旧，预计残值为购置成本的10%，使用新设备后公司每年的销售额可以从1 500万元上升到1 650万元，每年付现成本将从1 100万元上升到1 150万元，公司如购置新设备，旧设备出售可得收入100万元，该公司的所得税税率为25%，资本成本率为10%。

要求：通过计算说明该设备是否应更新。

4. 某公司拥有一稀有矿藏，这种矿产品的价格不断上升。根据预测，6年后价格将一次性上升30%，因此，公司研究是现在开采还是6年后开采的问题。不论是现在开采还是6年后开采，初始投资均相同，建设期均为1年，从第2年开始投产，投产后5年就把矿藏全部开采完，有关资料详见表8-1。

表8-1 投资资料

投资与回收		收入与成本	
固定资产投资	80万元	年产销量	2 000吨
营运资本垫支	10万元	现在投资开发每吨售价	0.1万元
固定资产残值	0万元	6年后投资开发每吨售价	0.13万元
资本成本率	10%	所得税税率	25%
		付现成本	60万元

要求：通过计算说明该公司是应该现在开采该矿藏还是等到6年后再开采。

七、论述题

试论述按风险调整现金流量法。

八、案例题

时代公司项目投资案例

时代公司的债券原为AA级，但最近公司为一系列问题所困扰，陷入了财务困境，如果公司现在被迫破产，公司的股东将一无所获。现公司通过出售其过去投资的有价证券，动用其历年的折旧积累来筹集资金，准备对如下两个互斥项目中的一项进行投资，以避免公司破产。两个项目均在第1年年初投资1 500万元，第1～10年的净现金流量（不包括第1年年初的现金流出量）及有关资料如表8-2所示。

表8-2 现金流量与概率

有关情况		第1～10年净现金流量（万元）	
状况	概率	A	B
好	0.5	310	800
差	0.5	290	−200

公司加权平均资本成本率为15%，$PVIFA_{15\%,10}=5.018\ 8$。

要求：

（1）各项目的期望年现金流量为多少？

（2）哪一个项目的总风险较大？为什么？

（3）分别计算两个项目在状况好和状况差时的净现值。

（4）如果你是公司股东，你希望选哪个项目？

（5）如果你是公司的债权人，你希望经理选哪个项目？

（6）为防止决策引起利益冲突，债权人预先应采取何种保护措施？

（7）谁来承担保护措施的成本？这与企业最优资本结构有什么关系？

练习题部分答案

一、名词解释

1. 相关成本：相关成本是指与特定决策有关的、在分析评价时必须加以考虑的成本。

2. 沉没成本：沉没成本是指已经付出且不可收回的成本。沉没成本常用来和可变成本作比较，可变成本可以被改变，沉没成本则不能被改变。

3. 机会成本：机会成本是指为了得到某种东西而所要放弃的另一种东西。简单地讲，可以理解为把一定资源投入某一用途后所放弃的在其他用途中所能获得的最大利益。

4. 风险调整折现率法：将与特定投资项目有关的风险报酬加入资本成本率或公司要求达到的报酬率中，构成按风险调整的折现率，并据以进行投资决策分析的方法，称为按风险调整折现率法。

5. 肯定当量法：在风险投资决策中，由于各年的现金流量具有不确定性，因此必须进行调整。肯定当量法就是把不确定的各年现金流量，按照一定的系数（通常称为约当系数）折算为大约相当于确定的现金流量的数量，然后利用无风险折现率来评价风险投资项目的决策分析方法。

6. 概率法：概率法是指通过发生概率来调整各期的现金流量，并计算投资项目的年期望现金流量和期望净现值，进而对风险投资做出评价的一种方法。概率法适用于各期现金流量相互独立的投资项目，其中，各期的现金流量相互独立，是指前后各期的现金流量互不相关。

7. 决策树法：决策树法是对不确定性投资项目进行分析的一种方法，可用于分析各期现金流量彼此相关的投资项目。决策树直观地表示了一个多阶段项目决策中每一个阶段的投资决策和可能发生的结果及其发生的概率，所以决策树法可用于识别净现值分析中的系列决策过程。

8. 敏感性分析：敏感性分析是衡量不确定性因素的变化对项目评价指标（如NPV，IRR等）的影响程度的一种分析方法。它回答“如果……则……”的问题。

如果某因素在较小范围内发生变动，项目评价指标却发生了较大的变动，则表明项目评价指标对该因素的敏感性强；反之，如果某因素发生较大的变动才会影响原有的评价结果，则表明项目评价指标对该因素的敏感性弱。

9. 最小公倍寿命法：最小公倍寿命法又称为项目复制法，它是将两个方案使用寿命的最小公倍数作为比较期间，并假设两个方案在这个比较期间内进行多次重复投资，将各自多次投资的净现值进行比较的分析方法。

二、判断题

1. ×	2. √	3. √	4. ×	5. ×
6. ×	7. ×	8. ×	9. ×	10. √
11. ×	12. ×	13. ×	14. ×	

三、单项选择题

1. C	2. B	3. A	4. A	5. C
6. C	7. B	8. C	9. D	10. C

四、多项选择题

1. ABCE	2. BCD	3. ABCD	4. ABDE	5. BCD
6. ACE	7. ACD	8. ABDE		

五、简答题

1. 答：假设有两个不同投资期的方案A和方案B，差量分析法的基本步骤是：首先，将两个方案的现金流量进行对比，求出Δ现金流量（方案A的现金流量－方案B的现金流量）。其次，根据各期的Δ现金流量，计算两个方案的Δ净现值。最后，根据Δ净现值做出判断：如果Δ净现值≥0，则选择方案A；否则，选择方案B。

2. 答：投资时机选择决策可以使决策者确定开始投资的最佳时期。在等待时机的过程中，公司能够得到更充分的市场信息或更高的产品价格，或者有时间继续提高产品的性能。但是这些决策优势也会带来等待引起的时间价值的损失，以及竞争者提前进入市场的危险，另外，成本也可能会随着时间的延长而增加。如果等待时机的利益超过伴随而来的成本，那么公司应该采取等待时机的策略。

3. 答：投资期是指项目从开始投入资金至项目建成投入生产所需要的时间。较短的投资期，需要在初期投入较多的人力、物力，但是后续的营业现金流量发生得比较早；较长的投资期，初始投资较少，但是由于后续的营业现金流量发生得比较晚，也会影响投资项目的净现值。因此，在可以选择的情况下，公司应该运用投资期选择决策的分析方法，对延长或缩短投资期进行认真比较，以权衡利弊。

4. 答：决策树法是对不确定性投资项目进行分析的一种方法。概率法只适用于分析各期现金流量相互独立的投资项目，决策树法则可用于分析各期现金流量彼此相关的投资项目。决策树直观地表示了一个多阶段项目决策中每一个阶段的投资决策和可能发生的结果及其发生的概率，所以决策树法可用于识别净现值分析中的系列决策过程。

决策树分析为项目决策者提供了很多有用信息，但是进行决策树分析也需要大量的信息。决策树分析要求被分析的项目可以区分为几个明确的阶段，要求每一阶段的结果必须是相互离散的，而且结果发生的概率及其对现金流量的影响可以事先预测，这些要求减少了可被分析项目的数量，从而使得决策树法的使用受到限制。另外，如果项目的投资发生在期初或逐渐投入，而不是明显地分阶段投入，这类项目的分析就很难使用决策树法来进行。

5. 答：敏感性分析是衡量不确定性因素的变化对项目评价指标（如 NPV，IRR 等）的影响程度的一种分析方法。它回答“如果……则……”的问题。如果某因素在较小范围内发生变动，项目评价指标却发生了较大的变动，则表明项目评价指标对该因素的敏感性强；反之，如果某因素发生较大的变动才会影响原有的评价结果，则表明项目评价指标对该因素的敏感性弱。

敏感性分析能够在一定程度上就多种不确定性因素的变化对项目评价指标的影响进行定量分析，有助于决策者了解项目决策需要重点分析与控制的因素。但敏感性分析方法也存在一些不足，如没有考虑各种不确定性因素在未来发生变动的概率分布情况，从而影响风险分析的准确性。例如，项目评价标准对某些因素十分敏感，而这些因素发生变动的可能性却很小；相反，一些不太敏感的因素发生变动的可能性却很大，也会对投资决策指标产生重要影响。另外，敏感性分析孤立地处理每一个影响因素的变化，有时也会与事实不符，实际上，许多影响因素都是相互关联的。这涉及一系列因素变化对决策指标的影响问题，这类问题可以通过场景分析的方法得到解决。

六、计算与分析题

1. 解：(1) 甲方案每年折旧额＝200 000/5＝40 000(元)

乙方案每年折旧额＝(240 000－40 000)/5＝40 000(元)

甲、乙两个方案的现金流量计算分别如表 8-3 至表 8-6 所示。

表 8-3 甲方案营业现金流量

单位：元

项目	第1年	第2年	第3年	第4年	第5年
销售收入	80 000	80 000	80 000	80 000	80 000
付现成本	30 000	30 000	30 000	30 000	30 000
折旧	40 000	40 000	40 000	40 000	40 000
税前利润	10 000	10 000	10 000	10 000	10 000
所得税费用	2 500	2 500	2 500	2 500	2 500
税后利润	7 500	7 500	7 500	7 500	7 500
现金流量	47 500	47 500	47 500	47 500	47 500

表8-4　乙方案营业现金流量

单位：元

项目	第1年	第2年	第3年	第4年	第5年
销售收入	100 000	100 000	100 000	100 000	100 000
付现成本	40 000	42 000	44 000	46 000	48 000
折旧	40 000	40 000	40 000	40 000	40 000
税前利润	20 000	18 000	16 000	14 000	12 000
所得税费用	5 000	4 500	4 000	3 500	3 000
税后利润	15 000	13 500	12 000	10 500	9 000
现金流量	55 000	53 500	52 000	50 500	49 000

表8-5　甲方案现金流量计算表

单位：元

项目	第0年	第1~5年
固定资产投资	−200 000	
营业现金流量		47 500
现金流量	−200 000	47 500

表8-6　乙方案现金流量计算表

单位：元

项目	第0年	第1年	第2年	第3年	第4年	第5年
固定资产投资	−240 000					
营运资本垫支	−30 000					
营业现金流量		55 000	53 500	52 000	50 500	49 000
固定资产残值						40 000
营运资本回收						30 000
现金流量	−270 000	55 000	53 500	52 000	50 500	119 000

（2）甲方案的净现值为：

$$NPV_{甲}=-200\ 000+47\ 500\times PVIFA_{10\%,5}=-19\ 927.5(元)$$

乙方案的净现值为：

$$\begin{aligned}NPV_{乙}&=55\ 000\times PVIF_{10\%,1}+53\ 500\times PVIF_{10\%,2}+52\ 000\times PVIF_{10\%,3}\\&\quad+50\ 500\times PVIF_{10\%,4}+119\ 000\times PVIF_{10\%,5}-270\ 000\\&=-28\ 371.5(元)\end{aligned}$$

两方案的净现值都小于零，故都不可选。

2. 解：计算过程如表8-7所示。

表8-7　投资方案的净现值计算表

单位：万元

项目	第0年末	第1年末	第2年末	第3年末	第4年末	第5年末
营业收入（1）		500	1 000	1 500	1 500	1 500
税后收入（2）=(1)×(1−25%)		375	750	1 125	1 125	1 125
税后付现成本（3）		307.5	615	922.5	922.5	922.5

续表

项目	第0年末	第1年末	第2年末	第3年末	第4年末	第5年末
折旧抵税（4）		23.75	23.75	23.75	23.75	23.75
税后维护费（5）		6	6	6	6	6
税后培训费（6）	6					
税后营业现金流量（7）=(2)－(3)＋(4)－(5)－(6)	－6	85.25	152.75	220.25	220.25	220.25
设备投资（8）	－600					
营运资本投资（9）	－80	－80	－80			
回收残值流量（10）						106.25
回收营运资本（11）						240
项目增量现金流量（12）=(7)＋(8)＋(9)＋(10)＋(11)	－686	5.25	72.75	220.25	220.25	566.5
折现系数（13）	1	0.869 6	0.756 1	0.657 5	0.571 8	0.497 2
现值（12）×(13)	－686	4.57	55.01	144.81	125.94	281.66
净现值（14）	－74.01					

营业收入=(预计销量－原有生产能力)×5

折旧=600×(1－5%)/6=95(万元)

税后付现成本=付现成本×(1－25%)

折旧抵税=折旧额×25%

税后维护费=维护费×(1－25%)

税后培训费=培训费×(1－25%)

营运资本投资=500×16%=80(万元)

终结点账面净值=600－5×95=125(万元)

变现损失=25(万元)

回收残值流量=100＋25×25%=106.25(万元)

因为项目的净现值小于零，所以项目不可行。

3. 解：(1) 继续使用旧设备。

旧设备年折旧额=150×(1－10%)/10=13.5(万元)

旧设备账面价值=150－13.5×5=82.5(万元)＜变现值100万元

初始现金流量=－[100－(100－82.5)×25%]=－95.625(万元)

营业现金流量=1 500×(1－25%)－1 100×(1－25%)＋13.5×25%

=303.375(万元)

终结现金流量=150×10%=15(万元)

继续使用旧设备的净现值 $=303.375\times PVIFA_{10\%,5}+15\times PVIF_{10\%,5}-95.625$

=1 063.78(万元)

（2）更新设备。

$$新设备年折旧额=200\times\frac{1-10\%}{5}=36(万元)$$

$$初始现金流量=-200(万元)$$

$$\begin{aligned}营业现金流量&=1\,650\times(1-25\%)-1\,150\times(1-25\%)+36\times25\%\\&=384(万元)\end{aligned}$$

$$终结现金流量=200\times10\%=20(万元)$$

$$\begin{aligned}采用新设备的净现值&=384\times PVIFA_{10\%,5}+20\times PVIF_{10\%,5}-200\\&=1\,268.16(万元)\end{aligned}$$

通过计算可知购买新设备的净现值较大，所以该设备应该更新。

4. 解：（1）计算现在开采的净现值。

首先，计算现在开采的营业现金流量，见表 8－8。

表 8－8　现在开采的营业现金流量　　单位：万元

项目	第 2～6 年
销售收入（1）	200
付现成本（2）	60
折旧（3）	16
税前利润（4）	124
所得税费用（5）	31
税后利润（6）	93
营业现金流量（7）=(1)－(2)－(5)=(3)+(6)	109

其次，根据初始投资、营业现金流量和终结现金流量编制现金流量表，如表 8－9 所示。

表 8－9　现在开采的现金流量表　　单位：万元

项目	第 0 年	第 1 年	第 2～5 年	第 6 年
固定资产投资	－80			
营运资本垫支	－10			
营业现金流量		0	109	109
营运资本回收				10
现金流量	－90	0	109	119

最后，计算现在开采的净现值。

$$\begin{aligned}NPV&=109\times PVIFA_{10\%,4}\times PVIF_{10\%,1}+119\times PVIF_{10\%,6}-90\\&=109\times3.170\times0.909+119\times0.564-90\\&=291(万元)\end{aligned}$$

（2）计算6年后开采的净现值。

首先，计算6年后开采的营业现金流量（以第6年年初为起点），见表8-10。

表8-10　6年后开采的营业现金流量　　单位：万元

项目	第2~6年
销售收入（1）	260
付现成本（2）	60
折旧（3）	16
税前利润（4）	184
所得税费用（5）	46
税后利润（6）	138
营业现金流量（7）=（1）-（2）-（5）=（3）+（6）	154

其次，根据初始投资、营业现金流量和终结现金流量编制现金流量表，见表8-11。

表8-11　6年后开采的现金流量表　　单位：万元

项目	第0年	第1年	第2~5年	第6年
固定资产投资	-80			
营运资本垫支	-10			
营业现金流量		0	154	154
营运资本回收				10
现金流量	-90	0	154	164

再次，计算6年后开采到开采年度年初的净现值。

$$\begin{aligned}NPV&=154\times PVIFA_{10\%,4}\times PVIF_{10\%,1}+164\times PVIF_{10\%,6}-90\\&=154\times 3.170\times 0.909+164\times 0.564-90\\&=446(\text{万元})\end{aligned}$$

最后，将6年后的开采净现值折算为现值。

$$6\text{年后开采的现值}=446\times PVIF_{10\%,6}=446\times 0.564=252(\text{万元})$$

综上所述，现在开采的净现值为291万元，6年后开采的净现值为252万元，因此应立即开采。

七、论述题

答：由于风险的存在，各年的现金流量变得不确定，就需要按风险情况对各年的现金流量进行调整。这种先按风险调整现金流量，然后进行长期投资决策的评价方法，称为按风险调整现金流量法。最常用的方法为肯定当量法和概率法。

（1）肯定当量法。在风险投资决策中，由于各年的现金流量具有不确定性，必须进行调整。肯定当量法就是把不确定的各年现金流量，按照一定的系数（通常称为约当系数）折算为大约相当于确定的现金流量的数量，然后利用无风险折现率来评价风险投资项目的决策分析方法。约当系数是肯定的现金流量对与之相当的、不肯定的期望现金流量的比值，通常用 d 来表示，即

肯定的现金流量＝期望现金流量×约当系数

在进行评价时，可根据各年现金流量风险的大小，选取不同的约当系数，当现金流量确定时，可取 $d=1.00$；当现金流量的风险很小时，可取 $1.00>d\geqslant 0.80$；当现金流量的风险一般时，可取 $0.80>d\geqslant 0.40$；当现金流量的风险很大时，可取 $0.40>d>0$。

约当系数的选取可能会因人而异，敢于冒险的分析者会选用较高的约当系数，而不愿冒险的投资者可能选用较低的约当系数。为了防止因决策者的偏好不同而造成决策失误，有些企业根据标准离差率来确定约当系数，因为标准离差率是衡量风险大小的一个很好的指标，用它来确定约当系数是合理的。

采用肯定当量法来调整现金流量，进而作出投资决策，克服了调整折现率法夸大远期风险的缺点，但如何准确、合理地确定约当系数是一个难度很大的问题。

（2）概率法。概率法是指通过发生概率来调整各期的现金流量，并计算投资项目的年期望现金流量和期望净现值，进而对风险投资做出评价的一种方法。概率法适用于各期现金流量相互独立的投资项目，各期的现金流量相互独立是指前后各期的现金流量互不相关。

运用概率法时，各年期望现金流量的计算公式为：

$$\overline{NCF_t}=\sum_{t=1}^{n}NCF_{ti}P_{ti}$$

式中，$\overline{NCF_t}$表示第 t 年的期望净现金流量；NCF_{ti}表示第 t 年的第 i 种结果的净现金流量；P_{ti}表示第 t 年的第 i 种结果发生的概率；n 表示第 t 年可能结果的数量。

投资的期望净现值可以按下式计算：

$$\overline{NPV}=\sum_{t=0}^{m}\overline{NCF_t}\times PVIF_{k,t}$$

式中，$\overline{NPV}$表示投资项目的期望净现值；$PVIF_{k,t}$表示折现率为 k，第 t 年的复利现值系数；m 表示未来现金流量的期数。

八、案例题

答：（1）项目A的期望年现金流量＝310×0.5＋290×0.5＝300(万元)

项目B的期望年现金流量＝800×0.5＋(－200)×0.5＝300(万元)

(2) 项目A的现金流量方差$=(310-300)^2\times0.5+(290-300)^2\times0.5=100$

项目B的现金流量方差$=(800-300)^2\times0.5+(-200-300)^2\times0.5$

$=250\,000$

因为项目B的现金流量方差更大，所以项目B的总风险较大。

(3) 状况好时：

$$NPV_A=-1\,500+310\times PVIFA_{15\%,10}=55.89(\text{万元})$$
$$NPV_B=-1\,500+800\times PVIFA_{15\%,10}=2\,515.04(\text{万元})$$

状况差时：

$$NPV_A=-1\,500+290\times PVIFA_{15\%,10}=-44.5(\text{万元})$$
$$NPV_B=-1\,500+(-200)\times PVIFA_{15\%,10}=-2\,503.8(\text{万元})$$

(4) 如果我是公司股东，将选择项目B。因为如案例所述，时代公司已经濒临倒闭。即使项目B失败，股东也不会有更多的损失。但是一旦项目成功，与选择项目A相比，项目B能为公司带来更多的现金流量，从而使时代公司起死回生。

(5) 如果我是公司债权人，将希望经理选择项目A。因为项目A的风险较小，可以保证债权人的资金安全。

(6) 本例实际上是股东和债权人之间的委托-代理问题。为了解决这种代理问题，债权人可以采取多种措施，比如在贷款合同中限定资金的用途，只允许用于项目A。

(7) 表面上看，保护措施的受益者是债权人，所以应该由债权人承担保护措施的成本，但在现实生活中债权人往往用一定方法将这部分成本转嫁给企业（如调整贷款利率）。企业的最优资本结构要权衡负债带来的企业价值增加效应与价值减少效应之间的关系。当负债带来的边际价值增加等于边际价值减少时，企业得到自己的最优资本结构。负债的代理成本和破产成本是进行最优资本结构决策时要考虑的两个重要因素。

教材习题解析

一、思考题

1. 答：在进行投资项目现金流量的估计时，需要考虑的因素很多，并且可能需要企业多个部门的参与。例如，需要市场部门负责预测市场需求量和售价；研发部门估计投资的研发成本、设备购置、厂房建筑等；生产部门负责估计工艺设计、生产成本等；财务人员协调各参与部门的人员，为销售和生产等部门建立共同的基本假设条件，估计资本成本及相关的现金流量等。

为了正确计算投资方案的现金流量，需要正确判断哪些支出会引起企业总现金流量的变动，哪些支出只是引起某个部门的现金流量的变动。在进行这种判断时，要注意以下几个问题：

（1）区分相关成本和非相关成本。相关成本是指与特定决策有关的、在分析评价时必须加以考虑的成本。与此相反，与特定决策无关的、在分析评价时不必加以考虑的成本是非相关成本，如沉没成本等。

（2）机会成本。在投资决策中，我们不能忽视机会成本。在计算营业现金流量的时候，需要将其视作现金流出。因此机会成本不是通常意义上的支出，而是一种潜在的收益。机会成本总是基于具体方案的，离开被放弃的方案就无从计量。

（3）部门间的影响。当选择一个新的投资项目后，该项目可能会对公司的其他部门造成有利或不利的影响，决策者在进行投资分析时仍需将其考虑在内。

2. 答：根据我国的税法，在固定资产投资过程中，公司通常会面临两种税负：流转税和所得税。流转税主要是增值税，由于投产的产品取得的销售收入所缴纳的增值税是价外税，因此通常不需要额外加以考虑。所得税是指项目投产后，获取营业利润以及处置固定资产的净收益（指变价收入扣除固定资产的折余价值及相应的清理费用后的净收益）所应缴纳的所得税，由于所得税会对项目的未来现金流量产生影响，在固定资产投资决策时应该加以考虑。

涉及固定资产变价收入所要缴纳的流转税和所得税只发生在取得变价收入的当期，是一次性的。项目经营期内营业利润所要缴纳的所得税则在整个项目的使用期间都会涉及。经营期内所得税的大小取决于利润大小和所得税税率的高低，而利润大小受折旧方法的影响，因此，讨论所得税问题必然会涉及折旧问题。反之，也可以说折旧对投资决策的影响实际上是由所得税引起的，因此可以把这两个问题放在一起讨论。

（1）税后成本与税后收入。凡是可以税前扣除的项目，都可以起到减免所得税的作用，因而其实际支付的金额并不是真实的成本，还应将因此而减少的所得税考虑进去。税后成本的计算公式为：

税后成本＝实际支付×(1－所得税税率)

与税后成本相对应的概念是税后收入。同样，由于所得税的作用，公司实际得到的现金流入是税后收入：

税后收入＝应税收入×(1－所得税税率)

在投资决策中，应纳所得税收入不包括项目结束时收回的垫支的流动资金等现金流入。投资过程中取得的营业收入及固定资产变价收入都需要缴纳流转税，而取得的营业利润还需要缴纳所得税。

（2）折旧的抵税作用。折旧是在所得税前扣除的一项费用，因此可以起到抵减所得税的作用，这种作用被称为折旧抵税或税收挡板。折旧对税负的影响可按下式计算：

$$税负减少=折旧\times所得税税率$$

(3) 税后现金流量。从前面所讲的税后收入、税后成本和折旧的抵税来考虑，营业净现金流量可以表示为：

$$\begin{aligned}\begin{matrix}每年营业\\净现金流量\end{matrix}&=\begin{matrix}税后\\收入\end{matrix}-\begin{matrix}税后\\成本\end{matrix}+\begin{matrix}税负\\减少\end{matrix}\\&=\begin{matrix}年营业\\收入\end{matrix}\times\left(1-\begin{matrix}所得税\\税率\end{matrix}\right)-\begin{matrix}年付现\\成本\end{matrix}\times\left(1-\begin{matrix}所得税\\税率\end{matrix}\right)+折旧\\&\quad\times\begin{matrix}所得税\\税率\end{matrix}\end{aligned}$$

3. 答：固定资产更新是对技术上或经济上不宜继续使用的旧资产用新的资产更换，或用先进的技术对原有设备进行局部改造。固定资产更新决策的分析方法有：

(1) 新旧设备使用寿命相同的情况。在新旧设备尚可使用年限相同的情况下，我们可以采用差量分析法来计算一个方案比另一个方案增减的现金流量。

(2) 多数情况下，新设备的使用年限要比旧设备长，此时的固定资产更新问题就演变成两个或两个以上寿命不同的投资项目的选择问题。对于寿命不同的项目，不能对它们的净现值、内含报酬率及获利指数进行直接比较。为了使投资项目的各项指标具有可比性，要设法使其在相同的寿命期内进行比较。此时可以采用的方法有最小公倍寿命法和年均净现值法。

4. 答：进行风险性投资分析有两类基本方法，第一类方法称为风险调整法，即对项目的风险因素进行调整，主要包括调整折现率和调整未来现金流量两方面内容。第二类方法是对项目的基础状态的不确定性进行分析，主要包括决策树法、敏感性分析等，这类方法通过研究投资基础状态变动对投资分析结果的影响力，来测试该投资分析的适用性，进而做出最终决策。

这些分析方法都是建立在对未来基础状态下的成本和收入的可靠估计基础上的。其有效性在于：对那些与投资决策分析至关重要的变量的预测与估计都是基于当前可获得的信息和已有的知识和经验所作出的最佳估计，是当前情况下的理性分析。其局限性在于，由于未来的不确定性、认识和经验的局限性以及信息的不对称性，这些估计大多带有很强的主观性，这些估计值与未来的实现值可能不一致，在某种情况下甚至存在较大的差距。具体来说：

(1) 按风险调整折现率法。其有效性在于它将与特定投资项目有关的风险报酬加入资本成本率或公司要求达到的报酬率中，构成按风险调整的折现率，并据以进行投资决策分析。其局限性表现在如果按照资本资产定价模型来调整折现率，无风险折现率 R_F、用来表示项目 j 的不可分散风险的 β 系数、所有项目平均的折现率或必要报酬率 R_M 的选择具有很大的主观性。如果按照风险等级来调整折现率，风险因素、风险等级、折现率的确定都由企业的管理人员根据以往的经验来设定，也带有一定的主观性。

（2）按风险调整现金流量法。其有效性在于按风险情况对各年的现金流量进行调整，然后进行长期投资决策的评价。其局限性在于如果运用肯定当量法，每年的约当系数的确定具有很大的主观性。如果运用概率法，未来现金流量的概率分布的确定也会带有很大的主观性。

（3）决策树法。决策树法也是对不确定性投资项目进行分析的一种方法。前面提到的概率法只适用于分析各期现金流量相互独立的投资项目，决策树法则可用于分析各期现金流量彼此相关的投资项目。决策树直观地表示了一个多阶段项目决策中每一个阶段的投资决策和可能发生的结果及其发生的概率，所以决策树法可用于识别净现值分析中的系列决策过程。决策树分析为项目决策者提供了很多有用信息，但是进行决策树分析也需要大量的信息。决策树法要求被分析的项目可以区分为几个明确的阶段，要求每一阶段的结果必须是相互离散的，而且结果发生的概率及其对现金流量的影响可以事先预测，这些要求减少了可被分析项目的数量，从而使得决策树法的使用受到限制。

（4）敏感性分析。敏感性分析是衡量不确定性因素的变化对项目评价指标（如 NPV，IRR 等）的影响程度的一种分析方法。它回答“如果……则……”的问题。如果某因素在较小范围内发生变动，项目评价指标却发生了较大的变动，则表明项目评价指标对该因素的敏感性强；反之，如果某因素发生较大的变动才会影响原有的评价结果，则表明项目评价指标对该因素的敏感性弱。敏感性分析能够在一定程度上就多种不确定性因素的变化对项目评价指标的影响进行定量分析，有助于决策者了解项目决策需要重点分析与控制的因素。但敏感性分析方法也存在一些不足，如没有考虑各种不确定性因素在未来发生变动的概率分布情况，从而影响风险分析的准确性。另外，敏感性分析孤立地处理每一个影响因素的变化，有时也会与事实不符，实际上，许多影响因素都是相互关联的。

二、练习题

1. 解：

（1）每年折旧额 $=\dfrac{250-50}{5}=40$（万元）

每年税收收益 $=40\times25\%=10$（万元）

（2）$PVA_5=A\cdot PVIFA_{10\%,5}=10\times3.791=37.91$（万元）

2. 解：$NPV_A=-160\,000+80\,000\times PVIFA_{16\%,3}$

$=-160\,000+80\,000\times 2.246=19\,680$(元)

$NPV_B=-210\,000+64\,000\times PVIFA_{16\%,6}$

$=-210\,000+64\,000\times 3.685=25\,840$(元)

由于项目A，B的使用寿命不同，因此需要采用最小公倍寿命法。6年内项目A的净现值为：

$NPV_A=19\,680+19\,680\times PVIF_{16\%,3}$

$=19\,680+19\,680\times 0.641=32\,294.9$(元)

$NPV_B=25\,840$(元)

$NPV_A>NPV_B$，所以应该选择项目A。

3. 解：$NPV=-20\,000\times 1.0+6\,000\times 0.95\times PVIF_{10\%,1}+7\,000\times 0.9\times PVIF_{10\%,2}+8\,000\times 0.8\times PVIF_{10\%,3}+9\,000\times 0.8\times PVIF_{10\%,4}$

$=109.1$(千元) >0

该项目可行。

第 9 章

Chapter 9 短期资产管理

学习指导

1. **学习重点**：本章的学习重点是理解现金、短期金融资产、应收账款和存货等短期资产的概念和功能，重点掌握现金、应收账款、存货等短期资产管理决策和日常控制的基本方法。通过本章的学习，应对短期资产管理的内容有总体的了解，并学会运用短期资产管理方法解决实际问题。

2. **学习难点**：短期资产的管理决策方法是本章学习的难点，包括如何确定最佳现金持有量，如何根据企业的实际情况合理制定信用政策，如何计算当信用标准、信用条件等发生变化时对企业造成的影响，如何确定存货的经济批量、再订货点、保险储备等。在学习的过程中，要注意掌握短期资产决策方法的原理，结合教材以及本章练习题，增强对这些方法的理解，同时要注意思考如何运用本章的相关理论和方法指导企业的管理实践。

练习题

一、名词解释

1. 营运资本
2. 短期资产
3. 短期金融资产
4. 现金预算
5. 现金持有成本
6. 现金转换成本
7. 信用标准
8. 信用条件
9. 5C 评估法
10. 资产证券化
11. 经济批量
12. 保险储备

13. 再订货点　　14. 订货成本

15. 储存成本

二、判断题

1. 营运资本有广义和狭义之分，狭义的营运资本又称净营运资本，指短期资产减去短期负债后的余额。（　）

2. 营运资本具有流动性强的特点，但是流动性越强的资产其收益性就越差。（　）

3. 拥有大量现金的企业具有较强的偿债能力和承担风险的能力，因此，企业单位应该尽量多地拥有现金。（　）

4. 如果一个企业的短期资产比较多，短期负债比较少，说明短期偿债能力较弱。（　）

5. 企业持有现金的动机包括交易动机、补偿动机、预防动机、投机动机。一笔现金余额只能服务于一个动机。（　）

6. 现金预算管理是现金管理的核心环节和方法。（　）

7. 当企业实际的现金余额与最佳的现金余额不一致时，可采用短期筹资策略或投资于有价证券等策略来达到理想状况。（　）

8. 宽松的短期资产持有政策要求企业在一定的销售水平上保持较多的短期资产，这种政策的特点是报酬高、风险大。（　）

9. 在资产总额和筹资组合都保持不变的情况下，如果长期资产减少而短期资产增加，就会减少企业的风险，但也会减少企业的盈利。（　）

10. “浮存”是指企业账簿中的现金余额与银行记录中的现金余额之差。这个差异是由于企业支付、收款与银行转账业务之间存在时滞，在判断企业现金持有情况时可以不用考虑。（　）

11. 现金持有成本与现金余额成正比例变化，而现金转换成本与现金余额成反比例变化。（　）

12. 在存货模型中，使现金持有成本和现金转换成本之和最小的现金余额即为最佳现金余额。（　）

13. 企业控制应收账款的最好方法是拒绝向具有潜在风险的客户赊销商品，或将赊销的商品作为附属担保品进行有担保销售。（　）

14. 赊销是扩大销售的有力手段之一，企业应尽可能放宽信用条件，增加赊销量。（　）

15. 应收账款管理的基本目标，就是尽量减少应收账款的数量，降低应收账款投资的成本。（　）

16. 企业加速收款的任务不仅是要尽量使顾客早付款，而且要尽快地使这些付款转化为可用现金。（　）

17. 收账费用支出越多，坏账损失越少，两者是线性关系。（　　）

18. 要制定最优的信用政策，应把信用标准、信用条件、收账政策结合起来，考虑其综合变化对销售额、应收账款机会成本、坏账成本和收账成本的影响。（　　）

19. 订货成本的高低取决于订货的数量。（　　）

20. 在进行存货规划时，保险储备的存在会影响经济订货批量的计算，同时会影响再订货点的确定。（　　）

三、单项选择题

1. 下列各项中属于短期资产的特点的是（　　）。

A. 占用时间长、周转快、易变现

B. 占用时间短、周转慢、易变现

C. 占用时间短、周转快、易变现

D. 占用时间长、周转快、不易变现

2. 在资产总额和筹资组合都保持不变的情况下，如果固定资产增加，则短期资产减少，而企业的风险和盈利（　　）。

A. 不变　　B. 增加

C. 一个增加，另一个减少　　D. 不确定

3. 下列关于现金的说法中，不正确的是（　　）。

A. 现金是指可以立即用来购买物品、支付各项费用或用来偿还债务的交换媒介或支付手段

B. 现金主要包括库存现金和银行活期及定期存款

C. 现金是流动资产中流动性最强的资产，可直接支用，也可立即投入流通

D. 拥有现金较多的企业具有较强的偿债能力和承担风险的能力

4. 紧缩的短期资产持有政策要求企业在一定的销售水平上保持（　　）的短期资产，这种政策的特点是（　　）。

A. 较多；报酬高，风险大　　B. 较少；报酬高，风险大

C. 较多；报酬低，风险小　　D. 较少；报酬低，风险小

5. 在采用 5C 评估法进行信用评估时，最重要的因素是（　　）。

A. 品德　　B. 能力　　C. 资本　　D. 抵押品

6. 下列关于信用期限的描述中，正确的是（　　）。

A. 缩短信用期限，有利于销售收入的扩大

B. 信用期限越短，企业坏账风险越大

C. 信用期限越长，表明客户享受的信用条件越优越

D. 信用期限越短，应收账款的机会成本越高

7. 下列各项中属于应收账款机会成本的是（　　）。

A. 坏账损失　　B. 收账费用

C. 对客户信用进行调查的费用　　D. 应收账款占用资金的应计利息

8. 信用条件“2/10，n/30”表示（　）。

A. 信用期限为10天，折扣期限为30天

B. 如果在开票后10～30天内付款可享受2%的折扣

C. 信用期限为30天，现金折扣为20%

D. 如果在10天内付款，可享受2%的现金折扣

9. 现金余缺是指（　）与最佳现金余额相比之后的差额。

A. 预计现金收入　　B. 预计现金支出

C. 计划期现金期末余额　　D. 计划期现金期初余额

10. 下列关于信用标准的说法中，不正确的是（　）。

A. 信用标准是企业同意向顾客提供商业信用而提出的基本要求

B. 信用标准主要是规定企业只能对信誉很好、坏账损失率很低的顾客给予赊销

C. 如果企业的信用标准较严，则会减少坏账损失，减少应收账款的机会成本

D. 如果信用标准较宽，虽然会增加销售，但会相应增加坏账损失和应收账款的机会成本

11. 企业如果采用较积极的收账政策，可能会（　）应收账款投资，（　）坏账损失，（　）收账成本。

A. 增加，增加，减少　　B. 减少，减少，增加

C. 增加，减少，减少　　D. 减少，增加，增加

12. 经济批量是指（　）。

A. 采购成本最低的采购批量　　B. 订货成本最低的采购批量

C. 储存成本最低的采购批量　　D. 存货总成本最低的采购批量

13. 在对存货采用ABC法进行控制时，应当重点控制的是（　）。

A. 数量较大的存货　　B. 占用资金较多的存货

C. 品种多的存货　　D. 价格昂贵的存货

14. 某公司每天正常耗用甲零件10件，订货提前期为10天，预计最大日耗用量为20件，预计最长收货时间为20天，则该公司的保险储备和再订货点分别为（　）件。

A. 150；250　　B. 100；400　　C. 200；250　　D. 250；150

15. 下列关于适时制的说法中，不正确的是（　）。

A. 适时制起源于日本

B. 在适时制下，只有在使用前才要求供应商送货，从而将存货数量减至最少

C. 在适时制下，库存没有替代品，其所生产的每一个零部件都必须是合格品

D. 适时制在按订单生产的制造业中使用最为广泛

四、多项选择题

1. 下列关于营运资本的说法中正确的有（　　）。

A. 营运资本有广义和狭义之分

B. 通常所说的营运资本多指广义营运资本

C. 广义的营运资本是指在生产经营活动中的短期资产

D. 狭义的营运资本是指短期资产减去短期负债后的余额

E. 营运资本的管理既包括短期资产的管理，又包括短期负债的管理

2. 企业进行营运资本管理，应该遵循的原则有（　　）。

A. 认真分析生产经营状况，合理确定营运资本的需要数量

B. 在保证生产经营需要的前提下，节约使用资金

C. 企业应准确确认短期资产和短期负债的数量，以正确确认营运资本的数量

D. 加速营运资本周转，提高资金的利用效率

E. 合理安排短期资产与短期负债的比例关系，保证企业有足够的短期偿债能力

3. 现金管理的内容包括（　　）。

A. 编制现金收支计划，以便合理地估计未来的现金需求

B. 节约使用资金，从暂时闲置的现金中获得最多的利息收入

C. 对日常的现金收支进行控制，力求加速收款，延缓付款

D. 既保证企业交易所需资金，降低风险，又不使企业有过多的闲置资金，以增加收益

E. 用特定的方法确定最佳现金余额，当企业的实际现金余额与最佳现金余额不一致时，设法达到理想状况

4. 为了提高现金的使用效率，企业应尽量加速收款，为此，必须满足的要求有（　　）。

A. 尽量使顾客早付款

B. 尽量使用预收账款等方法

C. 减少顾客付款的邮寄时间

D. 减少企业收到顾客开来支票与支票兑现之间的时间

E. 加快资金存入自己往来银行的过程

5. 有效的现金管理方法主要有（　　）。

A. 现金流动同步化　　B. 合理估计“浮存”

C. 加快应收账款收现速度　　D. 提高转账效率

E. 采用最严格的信用政策

6. 现金预算的编制方法有（　　）。

A. 收支预算法　　B. 直接法
C. 调整净收益法　　D. 间接法
E. 成本分析法

7. 在收支预算法下，现金预算的步骤有（　　）。

A. 编制预计利润表，求出预算期的净收益
B. 计算预算期内现金收入
C. 计算预算期内现金支出
D. 计算现金不足或结余
E. 现金融通

8. 企业在权衡确定短期资产的最优持有水平时，应综合考虑的因素有（　　）。

A. 风险与报酬　　B. 企业所处的行业
C. 企业净利润　　D. 外部筹资环境
E. 企业规模

9. 短期金融资产的种类有（　　）。

A. 短期国库券　　B. 大额可转让定期存单
C. 货币市场基金　　D. 商业票据
E. 证券化资产

10. 提供比较优惠的信用条件，可增加销售量，但可能会付出一定的代价，包括（　　）。

A. 应收账款机会成本　　B. 坏账成本
C. 收账费用　　D. 现金折扣成本
E. 账簿的记录费用

11. 评估顾客信用的5C评估法中的“5C”包括（　　）。

A. 品德　　B. 能力
C. 利润　　D. 资本
E. 情况

12. 应收账款的管理成本主要包括（　　）。

A. 调查顾客信用情况的费用　　B. 收集各种信息的费用
C. 账簿的记录费用　　D. 应收账款的坏账损失
E. 收账费用

13. 信用条件是指企业要求顾客支付赊销款项的条件，包括（　　）。

A. 信用期限　　B. 现金折扣
C. 折扣期限　　D. 机会成本
E. 坏账成本

14. 现金折扣是在顾客提前付款时给予的优惠，“2/10，n/30”的含义包括（　　）。

A. 如果在发票开出 10 天内付款，可以享受 2%的折扣

B. 如果在发票开出 10 天内付款，可以享受 20%的折扣

C. 信用期限为 30 天，这笔货款必须在 30 天内付清

D. 信用期限为 10 天，这笔货款必须在 10 天内付清

E. 折扣期限为 10 天，这笔货款必须在 10 天内付清

15. 下列关于收账费用与坏账损失关系的说法中，正确的有（　　）。

A. 收账费用支出越多，坏账损失越少，两者成反比例的线性关系

B. 收账费用支出越多，坏账损失越少，但两者不一定存在线性关系

C. 在一定范围内，坏账损失随着收账费用的增加而明显减少，但当收款费用增加到一定限度后，坏账损失的减少就不再明显了

D. 在制定信用政策时，要权衡增加收款费用和减少坏账损失之间的得失

E. 为了减少坏账损失，可以不断增加收账费用

16. 确定再订货点，需要考虑的因素有（　　）。

A. 平均每天的正常耗用量

B. 预计每天的最大耗用量

C. 提前时间

D. 预计最长收货时间

E. 保险储备

17. 关于订货成本，下列说法中正确的有（　　）。

A. 订货成本是指为订购材料、商品而发生的成本

B. 订货成本一般与订货数量无关，而与订货次数有关

C. 订货成本与订货数量和订货次数均有关

D. 要降低订货成本，需要大批量采购，以减少订货次数

E. 要降低订货成本，需要小批量采购，以减少储存数量

18. 关于储存成本，下列说法中正确的有（　　）。

A. 储存成本包括仓储费、搬运费、保险费、占用资金支付的利息费等

B. 一定时期的储存成本总额，等于该期内平均存货量与单位储存成本之积

C. 要降低储存成本，需要小批量采购

D. 要降低储存成本，需要大批量采购

E. 为了降低存货总成本，订货的数量越少越好

19. 关于保险储备，下列说法中正确的有（　　）。

A. 保险储备是为防止存货使用量突增或交货期延误等不确定情况所持有的存货储备

B. 保险储备的存在会影响经济批量的计算

C. 保险储备的存在会影响再订货点的确定

D. 保险储备的水平由企业预计的最大日消耗量和最长收货时间确定

E. 当保险储备增加所带来的缺货成本下降的幅度大于储存成本上升的幅度时，增加保险储备是有利的

20. 适时制的成功因素包括（　　）。

A. 计划要求　　B. 与供应商的关系

C. 准备成本　　D. 其他的成本因素

E. 电子数据交换

五、简答题

1. 简述营运资本管理的原则。
2. 企业在权衡确定短期资产的最优持有水平时，应考虑的因素有哪些？
3. 简述现金管理的目标和内容。
4. 简述现金日常管理控制的主要方法。
5. 短期金融资产的投资组合决策方法主要有哪些？
6. 简述应收账款的功能和成本。
7. 什么是5C评估法？
8. 简述存货ABC分类管理的步骤。

六、计算与分析题

1. 某公司有A，B两种备选的现金持有方案。A方案现金持有量为2 000元，机会成本率为12%，短缺成本为300元；B方案现金持有量为3 000元，机会成本率为12%，短缺成本为100元。

要求：确定该公司应采用哪种方案。

2. 某公司预计全年需要现金8 000元，现金与有价证券的转换成本为每次400元，有价证券的利息率为25%。

要求：计算该公司的最佳现金余额。

3. 某公司有价证券的年利率为10.8%，每次证券交易的成本为5 000元，公司认为任何时候其银行活期存款及现金余额不能低于2 000元，又根据以往经验测算出现金余额波动的标准差为100元。

要求：计算该公司的最佳现金持有量和现金持有量的最高上限。

4. 某公司的销售全部为赊销，销售毛利率保持不变，应收账款机会成本率为15%，当前信用政策以及建议的信用政策相关情况如表9－1所示。

表9－1　信用政策

当前信用政策	建议信用政策
信用条件：30天付清	信用条件：2/10，n/30
销售收入：20万元	销售收入：25万元

续表

当前信用政策	建议信用政策
销售毛利：4 万元 平均坏账损失率：8% 平均收现期：50 天	享受现金折扣的比例：60% 平均坏账损失率：6% 平均收现期：25 天

要求： 试判断建议的信用政策是否可行。

5. 某公司每年需要某种原材料 600 吨，每次订货的固定成本为 8 000 元，每吨原材料年储存保管费用为 6 000 元。每吨原材料的价格为 800 元，但如果一次订购超过 50 吨，可得到 2%的批量折扣。

要求： 计算该公司应以多大批量订货。

6. 某企业平均每天消耗甲材料 30 千克，预计每天最大消耗量为 50 千克。甲材料从发出订单到货物验收完毕平均需要 10 天，预计最长需要 13 天。

要求： 计算甲材料的再订货点。

7. 某企业全年需用 A 材料 36 000 吨，每次订货成本为 400 元，每吨材料年储存成本为 20 元。

要求： 计算该企业的每年最佳订货次数。

8. 某企业的原材料保险储备量为 500 件，交货期为 20 天，每天原材料的耗用量为 10 件。

要求： 计算该企业的再订货点。

七、论述题

联系企业管理实际，试论述企业应该如何加强应收账款的日常控制工作。

八、案例题

四方新材应收账款问题案例

重庆四方新材股份有限公司（简称“四方新材”）是一家主要市场位于重庆的区域性混凝土生产和销售企业，以商品混凝土研发、生产和销售为主，同时生产建筑用砂石骨料。得益于房地产和基建等行业近年来的发展，混凝土和水泥行业也过得颇为滋润。中国混凝土与水泥制品协会披露的《2019 年上半年混凝土与水泥制品行业经济运行报告》显示，2019 年上半年，全国规模以上预拌混凝土产量 10.32 亿立方米，同比增长 13.62%，其中西南地区增速仍维持在双位数。

2020 年 1 月 3 日，证监会网站披露了四方新材更新后的招股说明书。公司 2020 年 9 月 3 日首次上会，但其 IPO 申请遭暂缓表决。

招股书显示，2016—2018 年和 2019 年上半年，四方新材的营业收入分别为 7.07 亿元、9.28 亿元、14.52 亿元和 6.7 亿元，2017 年营业收入同比增长 31.23%，2018 年营业收入同比增长 56.43%；同期，净利润分别为 5 287.27 万元、6 586.48万元、1.44亿元和8 535.15万元，2017年净利润同比增长24.57%，2018年净利润同比增长118.46%，业绩增长迅猛。

从招股说明书披露的信息来看，随着营业收入快速增长，四方新材的应收账款余额也在快速增加。招股说明书显示，2016—2018年及2019年上半年，四方新材应收账款余额分别为6.94亿元、8.25亿元、11.06亿元和11.4亿元，在营业收入中的占比分别为98.1%、88.88%、76.15%和170.14%，在流动资产中的占比分别为76.76%、81.64%、81.22%和77.95%。

对此，发审委在发审会上要求四方新材结合客户销售、信用政策变化及自身业务开展等情况，说明各期末应收账款余额及占收入比例变动的合理性，是否存在通过放宽信用客户门槛、应收账款信用期、还款条件等方式增加营业收入的情形，并结合各期末应收账款账龄、逾期金额、期后回款、坏账核销以及与同行业可比公司坏账计提政策对比等情况，说明应收账款坏账准备的计提是否充分，报告期内坏账实际核销情况；同时要求保荐代表人说明核查依据、过程，并发表明确核查意见。

招股说明书披露的四方新材应收账款情况如表9-2至表9-6所示。

表9-2　四方新材报告期内应收账款明细　　单位：万元

项目	2019-6-30	2018-12-31	2017-12-31	2016-12-31
应收账款余额	114 013.87	110 578.25	82 507.54	69 386.29
坏账准备	9 122.91	8 399.30	5 914.24	4 659.63
应收账款净额	104 890.96	102 178.95	76 593.30	64 726.66
营业收入	67 010.40	145 206.02	92 825.49	70 733.15
应收账款余额占营业收入比例	170.14%	76.15%	88.88%	98.10%

表9-3　四方新材报告期内应收账款账龄结构情况　　单位：万元

账龄	2019-6-30		2018-12-31		2017-12-31		2016-12-31	
	金额	比例	金额	比例	金额	比例	金额	比例
1年以内	99 221.12	87.03%	98 279.49	88.88%	66 878.80	81.06%	51 218.50	73.82%
1~2年	8 918.35	7.82%	6 785.89	6.14%	10 588.54	12.83%	15 978.44	23.03%
2~3年	2 383.95	2.09%	2 792.33	2.53%	3 570.80	4.33%	1 979.37	2.85%
3~4年	1 372.69	1.20%	1 569.89	1.42%	1 260.79	1.53%	209.96	0.30%
4~5年	1 938.34	1.70%	971.22	0.88%	208.61	0.25%	—	—
5年以上	179.42	0.16%	179.42	0.16%	—	—	—	—
应收账款余额	114 013.87	100.00%	110 578.25	100.00%	82 507.54	100.00%	69 386.29	100.00%

表 9-4　四方新材报告期内应收账款余额及坏账准备计提情况　　单位：万元

账龄	2019-6-30		2018-12-31		2017-12-31		2016-12-31	
	余额	坏账准备	余额	坏账准备	余额	坏账准备	余额	坏账准备
1 年以内	99 221.12	4 961.06	98 279.49	4 913.97	66 878.80	3 343.94	51 218.50	2 560.93
1～2 年	8 918.35	891.83	6 785.89	678.59	10 588.54	1 058.85	15 978.44	1 597.84
2～3 年	2 287.44	457.49	2 360.73	472.15	3 570.80	714.16	1 979.37	395.87
3～4 年	850.65	425.32	1 284.299	642.15	1 260.79	630.40	209.96	104.98
4～5 年	1 745.51	1 396.41	877.05	701.64	208.61	166.89	—	—
5 年以上	179.42	179.42	179.42	179.42	—	—	—	—
小计	113 202.49	8 311.53	109 766.87	7 587.92	82 507.54	5 914.24	69 386.29	4 659.63
单项计提坏账准备	811.38	811.38	811.38	811.38	—	—	—	—
合计	114 013.87	9 122.91	110 578.25	8 399.30	82 507.54	5 914.24	69 386.29	4 659.63

表 9-5　四方新材报告期内应收账款逾期情况　　单位：万元

期限	2019-6-30		2018-12-31		2017-12-31		2016-12-31	
	金额	比例	金额	比例	金额	比例	金额	比例
未逾期	79 101.78	69.38%	82 152.48	74.29%	53 812.24	65.22%	35 353.93	50.95%
逾期	34 912.09	30.62%	23 425.77	25.71%	28 695.30	34.78%	34 032.36	49.05%
应收账款余额	114 013.87	100.00%	110 578.25	100.00%	82 507.54	100.00%	69 386.29	100.00%

表 9-6　四方新材报告期内应收账款期后回款情况　　单位：万元

项目	2019-6-30	2018-12-31	2017-12-31	2016-12-31
应收账款余额	114 013.87	110 578.25	82 507.54	69 386.29
期后回款金额	24 650.33	60 441.78	70 188.95	55 993.57
期后回款率	21.62%	54.66%	85.07%	80.70%

注：2016 年末应收账款的期后回款金额计算期间为 2017 年度，2017 年末应收账款的期后回款金额计算期间为 2018 年度，2018 年末应收账款的期后回款金额计算期间为 2019 年 1—6 月，2019 年 6 月末应收账款的期后回款计算期间为 2019 年 7—9 月。

资料来源：重庆四方新材股份有限公司招股说明书（申报稿）；东方财富网（http://finance.eastmoney.com/a/202001141355772933.html）.

要求：

（1）四方新材的应收账款管理可能出现了什么问题？

（2）你认为四方新材可以从哪几个方面加强应收账款管理？

练习题部分答案

一、名词解释

1. 营运资本：营运资本有广义和狭义之分。广义的营运资本是指总营运资本，简单来说就是指在生产经营活动中的短期资产；狭义的营运资本则是指净营运资本，是短期资产减去短期负债的差额。通常所说的营运资本多指后者。

2. 短期资产：短期资产指可以在一年以内或超过一年的一个营业周期内变现或耗用的资产。

3. 短期金融资产：短期金融资产指能够随时变现并且持有时间不准备超过一年（含一年）的金融资产，包括股票、债券、基金等。

4. 现金预算：现金预算指在企业的长期发展战略基础上，以现金管理的目标为指导，充分调查和分析各种现金收支影响因素，运用一定的方法合理预测企业未来一定时期的现金收支状况，并对预期差异采取相应对策的活动。

5. 现金持有成本：即机会成本，是指持有现金所放弃的收益，这种成本通常为有价证券的利息率，它与现金余额成正比例变化。

6. 现金转换成本：即交易成本，是指现金与有价证券转换的固定成本，包括经纪人费用、捐税及其他管理成本，这种成本只与交易的次数有关，而与现金的持有量无关。

7. 信用标准：信用标准是企业同意向顾客提供商业信用而提出的基本要求。通常以预期的坏账损失率作为判别标准。

8. 信用条件：信用条件是指企业要求顾客支付赊销款项的条件，包括信用期限、折扣期限和现金折扣。

9. 5C评估法：5C评估法指重点分析影响信用的五个方面的一种方法。这五个方面是品德（character）、能力（capacity）、资本（capital）、抵押品（collateral）和情况（conditions），因其英文的第一个字母都是C，故称为5C评估法。

10. 资产证券化：资产证券化是一种对（金融）资产所有权和收益权进行分离的金融创新，其基本流程是：发起人把证券化资产出售给一家特设信托机构（SPV），或者由SPV主动购买可以证券化的资产，然后由SPV将这些资产汇集成资产池，并以该资产池所产生的现金流量为支撑在金融市场上发行有价证券。

11. 经济批量：经济批量是指一定时期储存成本和订货成本总和最低的采购批量。

12. 保险储备：又称安全储备，是指为防止存货使用量突然增加或者交货期延误等不确定情况所持有的存货储备。

13. 再订货点：再订货点是订购下一批存货时本批存货的储存量。

14. 订货成本：订货成本指为订购材料、商品而发生的成本，一般与订货的数量无关，而与订货的次数有关。

15. 储存成本：储存成本指在物资储存过程中发生的仓储费、搬运费、保险费、占用资金支付的利息费等。

二、判断题

1. √　　2. √　　3. ×　　4. ×　　5. ×

6. √	7. √	8. ×	9. √	10. ×
11. ×	12. √	13. √	14. ×	15. ×
16. √	17. ×	18. √	19. ×	20. ×

三、单项选择题

1. C	2. B	3. B	4. B	5. A
6. C	7. D	8. D	9. C	10. B
11. B	12. D	13. B	14. A	15. A

四、多项选择题

1. ACDE	2. ABDE	3. ACE	4. CDE	5. ABC
6. ABCD	7. BCDE	8. ABDE	9. ABCDE	10. ABCDE
11. ABDE	12. ABCE	13. ABC	14. AC	15. BCD
16. ABCDE	17. ABD	18. ABC	19. ACDE	20. ABCDE

五、简答题

1. 答：营运资本管理应遵循的原则有：

(1) 认真分析生产经营状况，合理确定营运资本的需要数量；

(2) 在保证生产经营需要的前提下，节约使用资金；

(3) 加速营运资本的周转，提高资金的利用效率；

(4) 合理安排短期资产与短期负债的比例关系，保障企业有足够的短期偿债能力。

2. 答：企业在权衡确定短期资产的最优持有水平时，应考虑的因素有：

(1) 风险与报酬。一般而言，持有大量的短期资产可以降低企业的风险，但如果短期资产太多，则会降低企业的投资报酬率。因此需要对风险和报酬进行认真权衡，选择最佳的短期资产持有水平。

(2) 企业所处的行业。不同行业的经营范围不同，资产组合有较大的差异。

(3) 企业规模。企业规模对资产组合也有重要影响，随着企业规模的扩大，短期资产的比重有所下降，这是因为：1) 与小企业相比，大企业有较强的筹资能力，当企业出现不能偿付的风险时，可以迅速筹集资金，因而能承担较大风险，可以只使用较少的短期资产而使用更多的固定资产。2) 大企业实力雄厚，机械设备的自动化水平较高，故应在固定资产上进行比较多的投资。

(4) 外部筹资环境。一般而言，在外部市场较为发达、筹资渠道较为畅通的环境下，企业为了增强整体盈利能力，通常会减少对盈利能力不强的短期资产的投资，这将直接导致短期资产在总资产中比重的降低。

3. 答：现金管理的目标在于：如何在现金的流动性和收益性之间进行合理选择，即在保证正常业务经营需要的同时，尽可能降低现金的占用量，并从暂时闲置的现金中获得最大的投资报酬。

现金管理的内容包括：编制现金收支计划，以便合理估计未来的现金需求；对日常的现金收支进行控制，力求加速收款，延缓付款；用特定的方法确定最佳现金余额，当企业实际的现金余额与最佳的现金余额不一致时，采用短期筹资策略或采用归还借款和投资于有价证券等策略来达到理想状况。

4. 答：现金日常管理控制的主要方法有：

(1) 现金流动同步化。为了尽量减少企业持有现金带来的成本增加和盈利减少，企业财务人员需要提高预测和管理能力，使现金流入和流出能够合理配合，实现同步化的理想效果。现金流动同步化的实现可以使企业的现金余额减到最少，从而减少持有成本，提高企业的盈利水平。

(2) 合理估计"浮存"。"浮存"是指企业账簿中的现金余额与银行记录中的现金余额的差额。由于企业支付、收款与银行转账业务之间存在时滞，本应显示同一余额的企业账簿和银行记录之间就会出现差异。为了保证企业的安全运转，财务人员必须对这个差异有清楚的了解，以正确判断企业的现金持有情况，避免出现高估或低估企业现金余额的错误。

(3) 加快应收账款收现速度。应收账款收现延迟的一部分原因是企业无法控制的，比如银行的操作、邮局的效率等，但还有一部分原因是企业应该注意和尽量处理的，比如开户银行的选择、应收账款的信用政策等。企业应该从各个方面努力加快应收账款的收现速度，并适当采用一些加速收款技术，如集中银行、锁箱系统、在线支付或自动转账系统等。

5. 答：短期金融资产的投资组合决策方法主要有：

(1) 三分组合模式。在西方一些发达国家，比较流行的投资组合三分法是：1/3的资金存入银行以备不时之需；1/3的资金投资于债券、股票等有价证券；1/3的资金投资于房地产等不动产。同样，投资于有价证券的资金也要进行三分，即1/3投资于风险较大、有发展前景的成长性股票；1/3投资于安全性较高的债券或优先股等有价证券；1/3投资于中等风险的有价证券。

(2) 风险与报酬组合模式。投资者可以测定出自己期望的投资报酬率和所能承受的风险程度，然后在市场中选择相应风险和报酬的证券作为投资组合。一般来说，在选择证券进行投资组合时，同等风险的证券，应尽可能选择报酬高的；同等报酬的证券，应尽可能选择风险小的，并且要尽可能选择一些风险呈负相关的证券进行投资组合，以便分散证券投资的非系统性风险。

(3) 期限搭配组合模式。期限搭配组合模式就是根据企业不同时期的现金流量模式和规律，对短期金融资产的期限进行搭配，进行长、中、短期相结合的投资组合。投资者对现金的需求总是有先有后，长期不用的资金可以进行长期投资，以获得较大的投资收益，近期就可能要使用的资金，最好投资于风险较小、易于变现的有价证券。同时，通过期限搭配，还可以使现金流入与流出的时间尽可能接近，从而降低由于到期日不同所造成的机会成本。

6. 答：应收账款的功能是指其在生产经营中的作用，主要有以下方面：

（1）增加销售的功能。在市场竞争比较激烈的情况下，赊销是促进销售的一种重要方式。进行赊销的企业实际上是向顾客提供了两项交易：1）向顾客销售产品；2）在一个有限的时期内向顾客提供资金。虽然赊销仅仅是影响销售量的因素之一，但在银根紧缩、市场疲软、资金匮乏的情况下，赊销的促销作用是十分明显的，特别是在企业销售新产品、开拓新市场时，赊销更具有重要的意义。

（2）减少存货的功能。企业持有产成品存货，要追加管理费、仓储费和保险费等支出；相反，企业持有应收账款，就不需要上述支出。因此，无论是季节性生产企业还是非季节性生产企业，当产成品存货较多时，一般都可采用较为优惠的信用条件进行赊销，把存货转化为应收账款，减少产成品存货，节约各种支出。

应收账款的成本包括：

（1）应收账款的机会成本。投放于应收账款而放弃的其他收入，即为应收账款的机会成本，这种成本一般按有价证券的利息计算。

（2）应收账款的管理成本。主要包括调查顾客信用情况的费用、收集各种信息的费用、账簿的记录费用、收账费用等。

（3）应收账款的坏账成本。指应收账款因故不能收回而发生的损失，此项成本一般与应收账款的数量成正比。

7. 答：5C 评估法是指重点分析影响信用的五个方面的一种方法。这五个方面英文的第一个字母都是 C，故称为 5C 评估法。这五个方面是：

（1）品德。品德是指顾客愿意履行其付款义务的可能性。在信用评估中，品德因素是最重要的因素。

（2）能力。能力是指顾客偿还货款的能力。这主要根据顾客的经营规模和经营状况来判断。

（3）资本。资本是指一个企业的财务状况。这主要根据有关的财务比率来判断。

（4）抵押品。抵押品是指顾客能否为获取商业信用提供担保资产。如有担保资产，则对顺利收回货款比较有利。

（5）情况。情况是指一般的经济情况对企业的影响，或某一地区的一些特殊情况对顾客偿还能力的影响。

通过以上五个方面的分析，基本上可以判断顾客的信用状况，为最后决定是否向顾客提供商业信用做好准备。

8. 答：存货ABC分类管理的步骤一般如下：

（1）计算每一种存货在一定时间内（一般为一年）的资金占用额；

（2）计算每一种存货资金占用额占全部资金占用额的百分比，并按大小顺序排列，编成表格；

（3）根据事先测定好的标准，把最重要的存货划为A类，把一般存货划为B类，把不重要的存货划为C类，并画图表示出来；

（4）对A类存货进行重点规划和控制，对B类存货进行次重点管理，对C类存货只进行一般管理。

六、计算与分析题

1. 解：A方案的现金总成本$=2\,000\times12\%+300=540$(元)

B方案的现金总成本$=3\,000\times12\%+100=460$(元)

因此应选择B方案。

2. 解：最佳现金余额 $N=\sqrt{\dfrac{2\times8\,000\times400}{25\%}}=5\,060$(元)

3. 解：投资日收益率 $i=10.8\%\div360=0.03\%$

最佳现金持有量 $Z^*=2\,000+\sqrt[3]{\dfrac{3\times5\,000\times100^2}{4\times0.03\%}}=7\,000$(元)

现金持有量最高上限 $U=2\,000+3\times\sqrt[3]{\dfrac{3\times5\,000\times100^2}{4\times0.03\%}}=17\,000$(元)

4. 解：销售毛利率$=4\div20\times100\%=20\%$

Δ销售毛利$=(25-20)\times20\%=1$(万元)

Δ机会成本$=(5\times\dfrac{25}{360}+20\times\dfrac{25-50}{360})\times15\%=-0.16$(万元)

Δ坏账成本$=5\times6\%+20\times(6\%-8\%)=-0.1$(万元)

Δ折扣成本$=25\times60\%\times2\%=0.3$(万元)

Δ净利润$=1+0.16+0.1-0.3=0.96$(万元)

所以建议的信用政策可行。

5. 解：经济批量 $Q=\sqrt{\dfrac{2\times8\,000\times600}{6\,000}}=40$(吨)

（1）如果按经济批量订货，放弃折扣，总成本为：

$600\div40\times8\,000+40\div2\times6\,000+600\times800=720\,000$(元)

（2）如果不按经济批量订货，取得数量折扣，总成本为：

$600\div50\times8\,000+50\div2\times6\,000+600\times800\times(1-2\%)=716\,400$(元)

因此，公司应以50吨的批量订货。

6. 解：再订货点$=(50\times13+30\times10)\div2=475$(千克)

7. 解：最佳订货次数 $=\sqrt{\frac{36\,000\times20}{2\times400}}=30$(次)

8. 解：再订货点 $=20\times10+500=700$(件)

七、论述题

答：(1) 加强对顾客信用状况的调查和评估，拒绝向具有较大潜在风险的客户赊销商品，或要求将赊销商品作为附属担保品进行有担保销售，合理执行企业的信用政策。

(2) 对已经发生的应收账款加强监控，运用账龄分析表等方法及时了解应收账款的质量和回收情况，分析可能存在的坏账损失，对应收账款的恶化做到提早预警，并采取行动以阻止进一步恶化，将损失降到最小。

(3) 加强收账管理，在成本收益原则下，对于过期的应收账款根据情况采取不同的催收方式。

八、案例题

答：(1) 四方新材的应收账款管理可能出现的问题有：

1) 没有制定合理的信用政策，在赊销时，没有实行严格的信用标准，也没有对客户的信用状况进行调查和评估，从而对一些信誉不好、坏账损失率高的客户也实行赊销，使公司坏账损失增加。

2) 对应收账款的监控不足，对逾期的应收账款采取的收账措施不力，导致期后回款率明显下降。

3) 在回款率明显下降的情况下，没有适当调整坏账损失的计提比例。

(2) 四方新材可以从以下几个方面加强应收账款的管理：

1) 事前：对客户进行信用调查和信用评估，制定严格的信用标准。

2) 事中：制定合理的信用政策，采用账龄分析表等方法对应收账款进行监控。

3) 事后：制定合理有效的收账政策催收拖欠款项，减少坏账损失。

4) 加强风险控制，有计划地提高坏账损失计提比例，保证应收账款的真实完整。

教材习题解析

一、思考题

1. 答：营运资本有广义和狭义之分。广义的营运资本是指总营运资本，简单来说就是在生产经营活动中的短期资产；狭义的营运资本则是指净营运资本，是短期资产减去短期负债的差额。通常所说的营运资本多指后者。

营运资本的各项目在不断变现和再投入，而各项目的变化会直接影响公司的现金周转，同时恰恰是由于现金周转才使得营运资本不断循环运转，使公司成为一个活跃的经济实体，两者相辅相成。

2. 答：企业持有现金往往是出于以下动机：

（1）交易动机。在企业的日常经营中，为了进行正常的生产销售，必须保持一定的现金余额。销售产品往往不能马上收到现金，而采购原材料、支付工资等则需要现金支持，为了进一步的生产交易需要一定的现金余额。所以，基于这种企业购产销行为需要的现金，就是交易动机要求的现金持有。

（2）补偿动机。银行为企业提供服务时，往往需要企业在银行中保留存款余额来补偿服务费用。同时，银行贷给企业款项也需要企业在银行中留有存款以保证银行的资金安全。这种出于银行要求而保留在企业银行账户中的存款就是补偿动机要求的现金持有。

（3）预防动机。现金的流入和流出经常是不确定的，这种不确定性取决于企业所处的外部环境和自身经营条件的好坏。为了应对一些突发事件和偶然情况，企业必须持有一定现金余额来保证生产经营的安全顺利进行，这就是预防动机要求的现金持有。

（4）投机动机。企业在保证生产经营正常进行的基础上，还希望有一些回报率较高的投资机会，此时也需要企业持有现金，这就是投机动机对现金的需求。

现金管理的主要内容包括：编制现金收支计划，以便合理估计未来的现金需求；对日常的现金收支进行控制，力求加速收款，延缓付款；用特定的方法确定最佳现金余额，当企业实际的现金余额与最佳的现金余额不一致时，采用短期筹资策略或采用归还借款和投资于有价证券等策略来达到理想状况。

3. 答：现金预算编制的方法主要有两种：收支预算法和调整净收益法。

收支预算法，又称直接法，其基本原理是通过将预算期内可能发生的一切现金收支分类列入现金预算表内，从而确定收支差异并采取适当的财务对策。

调整净收益法，又称间接法，是指将企业按权责发生制计算的会计净收益调整为按收付实现制计算的现金净收益，并在此基础上加减有关现金收支项目，使净收益与现金流量相互关联，从而确定预算期现金余缺，并做出财务安排。

4. 答：企业持有短期金融资产主要是基于两个目的：

（1）以短期金融资产作为现金的替代品。短期金融资产虽然不能直接用作支付手段，但是与其他短期资产相比，短期金融资产具有较高的流动性和较强的变现能力。通过持有不同的短期金融资产组合，可以丰富企业货币资金的持有形式。

（2）以短期金融资产取得一定的收益。单纯的现金（现钞和银行存款）项目没有收益或者收益很低，将一部分现金投资于短期金融资产，可以在保持较高流动性的同时获取高于现金资产的收益。所以，将持有的部分现金投资于短期金融资产是多数企业的做法。

常见的短期金融资产有：短期国库券、大额可转让定期存单、货币市场基金、商业票据、证券化资产等。

5. 答：应收账款管理的基本目标在于：通过应收账款管理发挥应收账款强化竞争、扩大销售的功能，同时尽可能降低投资的机会成本、坏账损失与管理成本，最大限度地提高应收账款投资的效益。

应收账款政策主要包括信用标准、信用条件、收账政策三个部分。信用标准是企业同意向顾客提供商业信用而提出的基本要求。通常以预期的坏账损失率作为判别标准。信用条件是指企业要求顾客支付赊销款项的条件，包括信用期限、折扣期限和现金折扣。信用期限是企业为顾客规定的最长付款时间，折扣期限是为顾客规定的可享受现金折扣的付款时间，现金折扣是在顾客提前付款时给予的优惠。收账政策是指信用条件被违反时，企业所采取的收账策略。

6. 答：存货规划所要解决的主要问题是企业怎样采购存货，包括两个方面的内容：一是应当订购多少存货；二是应当何时开始订货。即确定存货的经济批量和再订货点。经济批量是指一定时期储存成本和订货成本总和最小的采购批量，再订货点就是订购下一批存货时本批存货的储存量。

二、练习题

1. 解：最佳现金余额为：

$$N=\sqrt{\frac{2\times 6\,000\times 100}{30\%}}=2\,000(\text{元})$$

2. 解：最佳现金余额为：

$$Z^{*}=0+\sqrt[3]{\frac{3\times 30\times 10\,000^{2}}{4\times(9\%\div 360)}}=20\,801(\text{元})$$

持有上限为：

$$U-0+3\times\sqrt[3]{\frac{3\times 30\times 10\,000^{2}}{4\times(9\%\div 360)}}=62\,403(\text{元})$$

3. 解：Δ销售毛利$=(14\,000-15\,000)\times(1-75\%)=-250$(元)

$$\Delta\text{机会成本}=14\,000\times 10\%\times\frac{30}{360}-15\,000\times 10\%\times\frac{60}{360}$$
$$=-133.33(\text{元})$$

Δ坏账成本$=14\,000\times 2\%-15\,000\times 5\%=-470$(元)

Δ净利润$=-250+133.33+470=353.33$(元)

新的信用政策可以增加企业净利润，因此应该采用新的信用政策。

4. 解：应收账款的平均账龄$=15\times 53.33\%+45\times 33.33\%+75\times 13.33\%$
$=33$(天)

5. 解：最佳经济批量为：

$$Q=\sqrt{\frac{2\times5\ 000\times300}{3}}=1\ 000(件)$$

如果存在数量折扣：

（1）按经济批量，不取得折扣，则

$$总成本=5\ 000\times35+\frac{5\ 000}{1\ 000}\times300+\frac{1\ 000}{2}\times3=178\ 000(元)$$

（2）不按经济批量，取得折扣，则

$$总成本=5\ 000\times35\times(1-2\%)+\frac{5\ 000}{1\ 200}\times300+\frac{1\ 200}{2}\times3=174\ 550(元)$$

因此企业应以1 200件的批量订货，订货成本最低。

6. 解：再订货点为：

$$R=5\times10+100=150(件)$$

第 10 章 Chapter 10 短期筹资管理

学习指导

1. **学习重点**：本章的学习重点是在理解短期筹资的相关概念和原则的基础上，掌握商业信用筹资、银行短期借款、短期融资券等常见短期筹资方式的概念、内容、程序和各自的优缺点。

2. **学习难点**：本章的学习难点是各种短期筹资方式资本成本的计算，包括商业信用的资本成本计算、应付费用筹资额计算、短期借款的资本成本计算。同时，对各种短期筹资方式的比较也是本章的一个学习难点。在学习的过程中，应结合教材和本章练习题，加强对计算公式的理解。同时联系实际，思考各种短期筹资方式的适用性，以及如何通过合理安排企业的短期筹资方式来降低资本成本、增加企业价值。

练习题

一、名词解释

1. 短期筹资
2. 信用借款
3. 循环协议借款
4. 票据贴现
5. 商业信用
6. 信用额度
7. 担保借款
8. 质押借款
9. 短期融资券

二、判断题

1. 信用额度是指商业银行和企业之间商定的在未来一段时间内银行必须向

企业提供的无担保贷款。（　）

2. 循环协议借款是一种特殊的信用额度借款，企业和银行要协商确定贷款的最高限额，在最高限额内，企业可以借款、还款，再借款、再还款，不停地周转使用。（　）

3. 信用额度借款和循环协议借款的有效期一般为一年。（　）

4. 循环协议借款不具有法律约束力，不构成银行必须给企业提供贷款的法律责任，而信用额度借款具有法律约束力，银行要承担额度内的贷款义务。（　）

5. 企业采用循环协议借款，除支付利息之外，还要支付协议费，而在信用额度借款的情况下，一般无须支付协议费。（　）

6. 质押借款是指按《中华人民共和国担保法》规定的质押方式，以借款人或第三人的不动产或权利作为质押物而取得的借款。（　）

7. 票据贴现是银行信用发展的产物，实为一种商业信用。（　）

8. 贴现率是指贴现息与贴现金额的比率。（　）

9. 商业信用是指商品交易中的延期付款或延期交货所形成的借贷关系，是企业之间的一种直接信用关系。（　）

10. 赊购商品和预付货款是商业信用筹资的两种典型形式。（　）

11. 商业信用筹资的优点是使用方便、成本低、限制少，缺点是时间短。（　）

12. 应付费用所筹集的资金不用支付任何代价，是一项免费的短期资金来源，因此可以无限制地加以利用。（　）

13. 银行短期借款的优点是具有较好的弹性，缺点是资本成本较高，限制较多。（　）

14. 由于放弃现金折扣的机会成本很高，因此购买单位应该尽量争取获得此项折扣。（　）

15. 利用商业信用筹资的限制较多，而利用银行信用筹资的限制较少。（　）

16. 直接销售的融资券是指发行人直接销售给最终投资者的融资券。（　）

17. 金融企业的融资券一般都采用间接发行的形式。（　）

18. 目前我国短期融资券的利率一般要比银行借款利率高，这是因为短期融资券筹资的成本比较高。（　）

19. 我国企业短期融资券的发行必须由符合条件的金融机构承销，企业自身不具有销售融资券的资格。（　）

20. 短期融资券筹资数额比较大，而银行一般不会向企业发放巨额的流动资金借款，因此对于需要巨额资金的企业而言，短期融资券更适用。（　）

三、单项选择题

1. 当公司采用宽松的短期资产持有政策时，采用（　　）短期筹资政策，可以在一定程度上平衡公司持有过多短期资产带来的低风险、低报酬。

A. 配合型　　B. 激进型　　C. 稳健型　　D. 任意一种

2. 一般来说，如果公司对营运资本的使用能够达到游刃有余的程度，则最有利的短期筹资政策是（　　）。

A. 配合型　　B. 激进型　　C. 稳健型　　D. 自发型

3. 下列等式中，符合稳健型短期筹资政策的是（　　）。

A. 临时性短期资产＝临时性短期负债

B. 临时性短期资产＋部分永久性短期资产＝临时性短期负债

C. 部分临时性短期资产＝临时性短期负债

D. 临时性短期资产＋固定资产＝临时性短期负债

4. 下列关于商业信用的说法中，错误的是（　　）。

A. 商业信用产生于银行信用之后

B. 利用商业信用筹资，主要有赊购商品和预收货款等两种形式

C. 企业利用商业信用筹资的限制条件较少

D. 商业信用属于一种自然性筹资，不用作非常正式的安排

5. 如果某企业的信用条件是“2/10，n/30”，则放弃该现金折扣的资本成本率为（　　）。

A. 36%　　B. 18%　　C. 35.29%　　D. 36.73%

6. 现金折扣一般为发票金额的（　　）。

A. 2%～6%　　B. 2%～4%　　C. 1%～5%　　D. 1%～7%

7. 下列关于应付费用的说法中，错误的是（　　）。

A. 应付费用是指企业生产经营过程中发生的应付而未付的费用

B. 应付费用的筹资额通常取决于企业经营规模、涉足行业等

C. 应付费用的资本成本通常为零

D. 应付费用可以被企业自由利用

8. 下列关于信用借款的说法中，正确的是（　　）。

A. 信用借款是指信用额度借款

B. 信用借款一般都是由贷款人给予借款人一定的信用额度或双方签订循环贷款协议

C. 信用额度的期限，一般半年签订一次

D. 信用额度具有法律的约束力，构成法律责任

9. 抵押借款中的抵押物一般是指借款人或第三人的（　　）。

A. 动产　　B. 不动产　　C. 权利　　D. 财产

10. 质押借款中的质押物一般是指借款人或第三人的（　　）或权利。

A. 动产　　B. 不动产　　C. 权利　　D. 财产

11. 关于票据贴现，下列说法中错误的是（　　）。

A. 票据贴现是商业信用发展的产物

B. 银行在贴现商业票据时，所付金额与票面金额的差额是银行收取的手续费

C. 采用票据贴现方式，企业既可以给购买单位提供临时资金融通，又可以在自身需要资金时及时得到资金

D. 贴现息与票面金额之比，等于贴现率

12. 借款数额、借款方式和还款期限应在借款合同的（　　）中规定。

A. 保证条款　　B. 违约条款

C. 其他附属条款　　D. 基本条款

13. 下列关于银行短期借款的说法中，错误的是（　　）。

A. 银行资金充足，实力雄厚，能随时为企业提供比较多的短期贷款

B. 银行短期借款的限制条件比较多，会构成对企业的限制

C. 银行短期借款的弹性较差，借款期限太短

D. 银行短期借款的资本成本比较高

14. 下列关于循环协议借款的说法中，错误的是（　　）。

A. 循环协议借款的持续时间可以超过一年

B. 循环协议借款具有法律约束力

C. 采用循环协议借款，一般不需要支付协议费

D. 企业和银行之间要协定借款的最高限额

15. 下列关于短期融资券的说法中，错误的是（　　）。

A. 短期融资券筹资数额比较大，适合需要巨额资金的企业

B. 短期融资券筹资的成本比较低

C. 发行短期融资券的条件比较严格

D. 短期融资券筹资的弹性比较大，但一般不能提前偿还

四、多项选择题

1. 风险与报酬都得到中和的短期筹资政策与短期资产政策的配合方式有（　　）。

A. 紧缩的持有政策与稳健型筹资政策

B. 宽松的持有政策与稳健型筹资政策

C. 宽松的持有政策与激进型筹资政策

D. 紧缩的持有政策与激进型筹资政策

E. 紧缩的持有政策与配合型筹资政策

2. 下列各项中属于商业信用筹资形式的有（　　）。

A. 分期收款售货　　B. 赊购商品

C. 委托代销商品　　D. 预收货款

E. 预付货款

3. 下列关于商业信用的叙述中，正确的有（　　）。

A. 商业信用有赊购商品和预收货款两种形式

B. 商业信用与商品买卖同时进行，属自然性筹资

C. 无论企业是否放弃现金折扣，商业信用的资本成本都较低

D. 商业信用是企业之间的一种间接信用关系

E. 信用条件“1/10，n/30”表明企业如在 10 天内付款，则可享受到 10% 的现金折扣

4. 关于商业信用筹资的优缺点，下列说法中正确的有（　　）。

A. 商业信用筹资使用方便

B. 商业信用筹资限制少且具有弹性

C. 商业信用筹资成本较高

D. 商业信用可以占用资金的时间一般较长

E. 如果没有现金折扣，或公司不放弃现金折扣，则利用商业信用筹资没有实际成本

5. 预付货款是买方在卖方发出货物之前支付的货款，一般用于以下情况，包括（　　）。

A. 买方资金很充裕，而卖方又急于取得货款时

B. 卖方的货物非常紧俏，供不应求时

C. 买方和卖方有口头协议

D. 卖方已知买方的信用欠佳时

E. 销售生产周期长、售价高的产品

6. 银行接到企业提出的借款申请书后，应对申请书进行认真的审查，这主要包括（　　）。

A. 审查借款的用途和原因，作出是否贷款的决策

B. 审查借款单位的信誉和还款情况

C. 审查企业的产品销售和物资保证情况，决定贷款的数额

D. 审查借款申请书是否条款齐全、字迹清楚

E. 审查企业的资金周转和物资耗用状况，确定借款的期限

7. 关于短期借款的归还，下列说法中正确的有（　　）。

A. 借款企业应按借款合同的规定按时、足额支付借款本息

B. 不能按期归还借款的，借款人应该在借款到期日向贷款人申请贷款展期

C. 只要借款人申请贷款展期，银行一般都会同意

D. 贷款银行在短期贷款到期一个星期之前，应当向借款企业发送还本付息通知单

E. 申请保证借款、抵押借款、质押借款展期的，应当由保证人、抵押人、出质人出具同意的书面证明

8. 关于短期借款的优缺点，下列说法中正确的有（　　）。

A. 银行短期借款具有较好的弹性，可以根据需要增加或减少借款

B. 短期借款的资本成本较高

C. 向银行借款的限制较少

D. 与商业信用筹资相比，短期借款的资本成本较低

E. 当企业需要资金时，随时都能得到银行的短期借款

9. 下列各项中属于担保借款的有（　　）。

A. 保证借款　　B. 信用额度借款

C. 抵押借款　　D. 循环协议借款

E. 质押借款

10. 利用短期融资券筹集资金的优点有（　　）。

A. 资本成本较低　　B. 发行风险较小

C. 筹资数额较大　　D. 能提高企业信誉

E. 筹资弹性较大

11. 利用短期融资券筹资的缺点有（　　）。

A. 发行风险较大　　B. 发行成本较高

C. 筹资数额不大　　D. 筹资弹性较小

E. 发行条件比较严格

12. 按发行方式，可将短期融资券分为（　　）。

A. 国内融资券　　B. 经纪人代销融资券

C. 国际融资券　　D. 金融企业融资券

E. 直接销售融资券

13. 企业在发行短期融资券申请书及其附件中必须提供的内容包括（　　）。

A. 营业执照　　B. 发行融资券备案报告

C. 律师出具的法律意见书　　D. 主承销商推荐函

E. 信用评级报告

14. 短期融资券票面一般要载明的内容包括（　　）。

A. 企业名称、地址　　B. 收款人名称、地址

C. 融资券票面金额　　D. 票面利率

E. 还本期限和方式

15. 在承销发行方式下，短期融资券的主要发行步骤包括（　　）。

A. 发行融资券的企业与经纪人协商融资券的有关事项，并签订委托发行协议

B. 企业的财务部门按协议中的有关条件和承销方式发布公告并进行其他宣传活动

C. 投资者购买融资券，资金存入企业的账户

D. 经纪人将资金划转到发行融资券的企业的账户中

E. 经纪人按协议中的规定处理未售完的融资券

五、简答题

1. 简述短期筹资的特征。
2. 简述商业信用筹资的优缺点。
3. 简述银行短期借款的优缺点。
4. 什么是信用额度借款和循环协议借款？两者有何区别？
5. 简述利用短期融资券筹资的优缺点。

六、计算与分析题

1. 万泉公司最近从宝达公司购进原材料一批，合同规定的信用条件是“2/10，n/40”。如果万泉公司由于流动资金紧张，不准备取得现金折扣，在第 40 天按时付款。

要求：计算万泉公司放弃现金折扣的资本成本率。

2. 某公司 2008 年发生采购成本 1 000 000 元，年度应付账款平均余额为 400 000 元。

要求：计算该公司的应付账款周转率。

3. 某公司 2008 年预计支付增值税税额为 170 000 元，按规定在次月 5 日缴纳。

要求：如果每月上缴一次，按平均占用天数计算应交税费筹资额。

4. 某公司以贴现方式借入 1 年期贷款 10 万元，名义利率为 12%。

要求：

（1）计算该贴现贷款的有效利率。

（2）如果公司以分期付款的方式借入这笔贷款，分 12 个月等额偿还，计算有效利率。

5. 某公司以 10%的票面利率发行了 30 亿元为期 180 天的短期融资券。

要求：

（1）计算该短期融资券的年成本率。

（2）如果该公司利用备用信用额度所获资金的成本率是 0.25%，其他直接费用率为每年 0.55%，计算该短期融资券的总成本率。

七、案例题

苏宁的营运资金管理

苏宁于1990年在江苏南京创立，2004年在深圳证券交易所上市（股票代码：002024），是中国3C（家电、电脑、通信）家电连锁零售企业的领先者。

公司从2004年开始进入快速扩张阶段，快速扩张战略需要大量的资金支持。公司的净营运资金在2004—2007年间呈现出缓慢增长的趋势，而2007年—2010年有了大幅上升，从15亿元左右上升到约99.4亿元。苏宁电器对营运资金的把握和管理能有效地支持其完成扩张和发展的战略目标。2004—2010年的财务数据显示，苏宁的流动负债中，应付账款和应付票据是债务的主体，应付账款、应付票据和预收账款三者占流动负债的比例平均达到90%。零售业企业中普遍存在通过占用供应商资金（应付账款一般可延期3～4个月，应付票据可延期6个月支付）满足自身短期资金需求的情况。

2013年2月，苏宁发布公告称，基于线上线下多渠道融合、全品类经营、开放平台服务的业务形态，将上市公司名称变更为苏宁云商。在随后的几年发展中，苏宁逐渐形成了苏宁易购、苏宁金融、苏宁置业、苏宁文创、苏宁体育、苏宁投资六大产业板块。2018年1月，苏宁再次更名，新名称为苏宁易购，并将原有的物流、IT体系升级为物流、科技集团，至此，苏宁的六大产业板块新增了苏宁物流、苏宁科技，形成八大产业板块集聚的生态圈。苏宁拥有专业的自营商品供应链管理能力，以及全场景融合的消费生态及强大的商品组货能力，打造集中心仓、城市仓、门店仓、前置仓为一体的全国仓储网络布局，通过数字技术串联，为商品的快速流通提供支撑。苏宁还加大了预付供应商货款的力度，用于加大对供应商的支持，公司2018年应付账款周转天数为28.56天，远低于行业平均水平。2019年第四季度，公司强化了商品供应链管理，优化账期及支付方式，积极推动供应链金融业务，运营资金效率有所提升，实现经营性现金流净额20.99亿元。

资料来源：苏宁年报．蒋艳霞．企业战略、内部资本运作与企业价值．中国人民大学博士后研究工作报告，2011-06.

案例思考题：

（1）苏宁为什么从利用供应商资金转变为支持供应商？

（2）在营运资金管理中，零售业连锁企业有哪些方法可以提高自身营运资金的使用效率？

练习题部分答案

一、名词解释

1. 短期筹资：短期筹资指筹集在一年内或者超过一年的一个营业周期内到

期的资金，通常是指短期负债筹资。

2. 信用借款：又称无担保借款，是指不用保证人担保或没有财产作抵押，仅凭借款人的信用而取得的借款。信用借款一般都由贷款人给予借款人一定的信用额度或双方签订循环贷款协议。

3. 循环协议借款：循环协议借款是一种特殊的信用额度借款，在此借款协议下，企业和银行之间也要协商确定贷款的最高限额，在最高限额内，企业可以借款、还款，再借款、再还款，不停地周转使用。

4. 票据贴现：票据贴现指商业票据的持有人把未到期的商业票据转让给银行，贴付一定利息以取得银行资金的一种借贷行为。票据贴现是商业信用发展的产物，实为一种银行信用。

5. 商业信用：商业信用指商品交易中的延期付款或延期交货所形成的借贷关系，是企业之间的一种直接信用关系。

6. 信用额度：信用额度是商业银行与企业之间商定的在未来一段时间内银行能向企业提供无担保贷款的最高限额。一般是银行在对企业信用状况详细调查后确定的。

7. 担保借款：担保借款指有一定的保证人担保或利用一定的财产作抵押或质押而取得的借款。

8. 质押借款：质押借款指按《中华人民共和国担保法》规定的质押方式以借款人或第三人的动产或权利作为质押物而取得的借款。

9. 短期融资券：又称商业票据、短期债券，是由大型工商企业或金融企业发行的短期无担保本票，是一种新兴的短期资金筹集方式。

二、判断题

1. ×	2. √	3. ×	4. ×	5. √
6. ×	7. ×	8. ×	9. √	10. ×
11. √	12. ×	13. √	14. √	15. ×
16. √	17. ×	18. ×	19. √	20. √

三、单项选择题

1. B	2. A	3. C	4. A	5. D
6. C	7. D	8. B	9. D	10. A
11. B	12. D	13. C	14. C	15. D

四、多项选择题

1. AC	2. BD	3. AB	4. ABE	5. DE
6. ACE	7. ADE	8. AB	9. ACE	10. ACD
11. ADE	12. BE	13. ABCDE	14. ACDE	15. ADE

五、简答题

1. 答：短期筹资的特征有：

（1）筹资速度快。由于短期筹资的期限较短，债权人承担的风险相对较小，往往顾虑较少，不需要像长期筹资一样对筹资方进行全面、复杂的财务调查，因此短期资金更容易筹集。

（2）筹资弹性好。短期筹资的相关限制和约束相对较少，使得筹资方在资金的使用和配置上显得更加灵活、富有弹性。

（3）筹资成本低。当筹资期限较短时，债权人所承担的利率风险相对较小，因此向筹资方索取的资金使用成本也相对较低。

（4）筹资风险大。短期筹资通常需要在短期内偿还，因而要求筹资方在短期内拿出足够的资金偿还债务，这对筹资方的资金营运和配置提出了较高的要求，如果筹资企业在资金到期时不能及时归还款项，就有陷入财务危机的可能。此外，短期负债利率通常波动较大，无法在较长时期内将筹资成本锁定在某个较低水平，因此也有可能高于长期负债的利率水平。

2. 答：商业信用筹资的优点：

（1）使用方便。因为商业信用与商品买卖同时进行，属于一种自发性筹资，不用进行非常正规的安排，而且不需办理手续，一般也不附加条件，使用比较方便。

（2）成本低。如果没有现金折扣，或公司不放弃现金折扣，则利用商业信用筹资没有实际成本。

（3）限制少。商业信用的使用比较灵活且具有弹性。如果公司利用银行借款筹资，银行往往会对贷款的使用规定一些限制条件，商业信用则限制较少。

商业信用筹资的缺点：

商业信用的时间一般较短，尤其是应付账款，不利于公司对资本的统筹运用，如果拖欠，则有可能导致公司信用地位和信用等级下降。另外，如果公司享受现金折扣，则付款时间会更短，而若放弃现金折扣，则公司会付出较高的资本成本。而且，在法制不健全的情况下，若公司缺乏信誉，容易造成公司之间相互拖欠，影响资金运转。

3. 答：银行短期借款的优点：

（1）银行资金充足，实力雄厚，能随时为企业提供比较多的短期贷款。对于季节性和临时性的资金需求，采用银行短期借款尤为方便。而那些规模大、信誉好的大企业，更可以比较低的利率借入资金。

（2）银行短期借款具有较好的弹性，可在资金需要增加时借款，在资金需要减少时还款。

银行短期借款的缺点：

（1）资本成本较高。采用短期借款成本比较高，不仅不能与商业信用相比，与短期融资券相比也高出许多。而抵押借款因需要支付管理和服务费用，成本更高。

（2）限制较多。向银行借款，银行要在对企业的经营和财务状况进行调查以后才能决定是否贷款，有些银行还要求对企业有一定的控制权，要求企业把流动比率、负债比率维持在一定的范围之内，这些都会构成对企业的限制。

4. 答：信用额度借款是商业银行与企业之间商定的在未来一段时间内银行能向企业提供无担保贷款的最高限额的借款。信用额度一般是在银行对企业信用状况进行详细调查后确定的，一般要规定信用额度的期限、信用额度的数量、应支付的利率和其他一些条款。

循环协议借款是一种特殊的信用额度借款，在此借款协议下，企业和银行之间也要协商确定贷款的最高限额，在最高限额内，企业可以借款、还款，再借款、再还款，不停地周转使用。

循环协议借款与信用额度借款的区别主要在于：

（1）持续时间不同。信用额度借款的有效期一般为一年，而循环协议借款可超过一年。只要银行和企业之间遵照协议进行，贷款可一再延长。

（2）法律约束力不同。信用额度借款一般不具有法律约束力，不构成银行必须给企业提供贷款的法律责任，而循环协议借款具有法律约束力，银行要承担限额内的贷款义务。

（3）费用支付不同。在信用额度借款的情况下，一般无须支付协议费。企业采用循环协议借款，除支付利息外，还要支付协议费。

5. 答：短期融资券筹资的优点：

（1）短期融资券筹资的成本低。在采用短期融资券筹资时，筹资者与投资者直接往来，绕开了银行中介，节省了一笔原应付给银行的筹资费用。

（2）短期融资券筹资数额比较大。银行一般不会向企业发放巨额的流动资金借款，对于需要巨额资金的企业，短期融资券这一方式尤为适用。

（3）短期融资券筹资能提高企业的信誉。能在货币市场上发行短期融资券的公司都是著名的大公司，一家公司如果能在货币市场上发行自己的短期融资券，就说明该公司的信誉很好。

短期融资券筹资的缺点：

（1）发行短期融资券的风险比较大。短期融资券到期必须归还，一般不会有延期的可能。到期不归还会产生严重后果。

（2）发行短期融资券的弹性比较小。只有当企业的资金需求达到一定数量时才能使用短期融资券；如果数量小，则不宜采用短期融资券方式。另外，短期融资券一般不能提前偿还，因此，即使公司资金比较宽裕，也要到期才能还款。

（3）发行短期融资券的条件比较严格。并不是任何公司都能发行短期融资券，必须是信誉好、实力强、效益高的企业才能使用，而一些小企业或信誉不太好的企业不能利用短期融资券来筹集资金。

六、计算与分析题

1. 解：$资本成本率=\frac{2\%}{1-2\%}\times\frac{360}{40-10}=24.49\%$

2. 解：$应付账款周转率=1\ 000\ 000\div400\ 000=2.5(次)$

3. 解：
$$\begin{aligned}应交税费筹资额&=170\ 000\div360\times(30\div2)\\&=7\ 083.33(元)\end{aligned}$$

4. 解：（1）$有效利率=\frac{100\ 000\times12\%}{100\ 000-100\ 000\times12\%}=13.64\%$

（2）$有效利率=\frac{100\ 000\times12\%}{100\ 000\times\frac{1}{2}}=24\%$

5. 解：（1）$年成本率=\frac{10\%}{1-10\%\times\frac{180}{360}}=10.53\%$

（2）$总成本率=10.53\%+0.25\%+0.55\%=11.33\%$

七、案例题

答：（1）占用供应商资金可以降低企业资本成本，实现企业规模扩张，但这种模式会面临较大的还款压力，增加财务风险。随着零售业的环境改变，一味挤压供应商的利润空间已经不具有可持续发展的前景，需要通过供应链整合，实现供应链价值的整体提升。

（2）零售业连锁企业可通过以下方法提高自身营运资金的使用效率：

1）充分发挥信息管理系统的作用，建立与供应商信息共享的商品信息系统，使供应商及时了解商品需求情况和商品库存种类和数量，零售业无须大量进货，减少库存产品资金占用量，供应商也可以根据库存及时补货。

2）拓展营销渠道，利用自身实体品牌开设电子商务，网上交易既降低了营销费用，也加快了信息处理和传输。

3）建立高效精简的物流配送系统。

教材习题解析

一、思考题

1. 答：短期筹资政策的主要类型包括配合型筹资政策、激进型筹资政策、稳健型筹资政策。

配合型筹资政策是指公司的负债结构与公司资产的寿命周期相对应，其特点是：临时性短期资产所需资金用临时性短期负债筹集，永久性短期资产和固定资产所需资金用自发性短期负债和长期负债、股权资本筹集。

激进型筹资政策的特点是：临时性短期负债不但要满足临时性短期资产的需要，还要满足一部分永久性短期资产的需要，有时甚至全部短期资产都要由临时性短期负债支持。

稳健型筹资政策的特点是：临时性短期负债只满足部分临时性短期资产的需要，其他短期资产和长期资产用自发性短期负债、长期负债和股权资本筹集满足。

短期筹资政策与短期资产管理政策之间的配合关系：

(1) 公司采用宽松的短期资产持有政策时，采用风险大、报酬高的激进型筹资政策，用大量短期负债筹资，可以在一定程度上平衡公司持有过多短期资产带来的低风险、低报酬，使公司总体的报酬和风险基本均衡。

(2) 公司采用适中的短期资产持有政策时，采用风险和报酬居中的配合型筹资政策，与适中的持有政策匹配，则会使公司总体的风险和报酬处于一个平均水平；采用激进型的筹资政策，则提高了公司的风险和报酬水平；采用稳健型的筹资政策，则降低了公司的风险和报酬水平。

(3) 公司采用紧缩的短期资产持有政策时，与稳健型筹资政策配合，可以对紧缩的持有政策产生平衡效应。

2. 答：自然性短期负债是指公司正常的持续经营活动中产生的、由于结算程序的原因自然形成的短期负债。自然性筹资主要包括两大类：商业信用和应付费用。商业信用是指商品交易中的延期付款或延期交货所形成的借贷关系，是企业之间的一种直接信用关系。利用商业信用筹资主要有赊购商品、预收货款两种形式。应付费用是指在企业生产经营过程中发生的应付而未付的费用，如应付职工薪酬、应交税费等。

3. 答：商业信用筹资时，如果销货方不提供现金折扣或者在现金折扣期内付款，则资本成本为零；如果超过折扣期限，则存在放弃现金折扣的机会成本。

应付费用的资本成本通常为零，但这种特殊的筹资方式并不能为企业自由利用，企业如果无限期地拖欠应付费用，则极有可能产生较高的显性或隐性成本。

4. 答：银行短期借款包括信用借款、担保借款和票据贴现三类。

信用借款又称无担保借款，是指不用保证人担保或没有财产作抵押，仅凭借款人的信用而取得的借款。信用借款又分为信用额度借款和循环协议借款。

担保借款是指由一定的保证人担保或利用一定的财产作抵押或质押而取得的借款。担保借款又分为保证借款、抵押借款和质押借款。

票据贴现是商业票据的持有人把未到期的商业票据转让给银行，贴付一定利息以取得银行资金的一种借贷行为。

5. 答：在选择贷款银行时，应考虑的因素有：

（1）银行对待风险的基本政策。不同的银行对待风险的政策是不同的，一些银行偏好比较保守的信贷政策，另一些银行则喜欢开展创新性业务。这些政策一定程度上反映了银行管理者的个性和银行存款的特征。业务范围大、分支机构多的银行能够很好地分散风险，而一些专业化的小银行能够接受的信用风险要小得多。

（2）银行所能提供的咨询服务。一些银行提供咨询服务，某些银行甚至设有专门机构向客户提供建议和咨询。

（3）银行对待客户的忠诚度。财务管理学上所指的银行忠诚度是指在公司困难时期，银行支持借款人的行为。不同的银行，其对客户的忠诚度是不同的。一些银行要求公司无论遭受何种困难，都必须无条件偿还其贷款。而另一些银行十分顾及“老交情”，即使自己遇到困难，也要千方百计地支持那些与自己有多年业务关系的公司，帮助这些公司获得更有利的发展条件。

（4）银行贷款的专业化程度。银行在贷款专业化方面有极大的差异。大银行有专门的部门负责不同类型的针对行业特征的专业化贷款。小银行则比较注重公司生产经营所处的经济环境。借款者可以从经营业务十分熟悉且经验丰富的银行获得更主动的支持和更有创新性的合作。因此，理财者应该慎重选择银行。

（5）其他。银行的规模、外汇管理水平等都是公司需要考虑的因素。

6. 答：（1）作出筹资决策；（2）选择承销商；（3）办理信用评级；（4）向审批机关提出申请；（5）审批机关审查和批准；（6）正式发行，取得资金。

7. 答：银行短期借款的优点：银行资金充足、弹性较好。银行短期借款的缺点：资本成本较高、限制较多。

商业信用的优点：使用方便、成本低、限制少。商业信用的缺点：时间一般较短。

短期融资券的优点：筹资成本低、筹资数额大、能提高企业的信誉。短期融资券的缺点：风险较大、弹性较小、条件较严格。

二、练习题

1. 解：$商业信用资本成本率=\frac{2\%}{1-2\%}\times\frac{360}{40-20}=36.7\%$

2. 解：$应付账款周转率=\frac{2\ 000\ 000}{400\ 000}=5(次)$

3. 解：$有效利率=\frac{150\ 000\times10\%}{150\ 000-150\ 000\times10\%}=11.1\%$

如果分期付款，则

$$有效利率=\frac{150\ 000\times10\%}{150\ 000\times\frac{1}{2}}=20\%$$

第 11 章

Chapter 11 股利理论与政策

学习指导

1. **学习重点**：本章学习的重点内容包括各种股利理论、影响股利政策的因素以及股利政策的主要类型。

2. **学习难点**：本章的学习难点是正确理解各种股利理论，并掌握各种股利政策制定的程序。

练习题

一、名词解释

1. 股息
2. 股票股利
3. 股权登记日
4. 除息日
5. 股利无关理论
6. 股利相关理论
7. “一鸟在手”理论
8. 税收差别理论
9. 股利政策
10. 剩余股利政策
11. 固定股利政策
12. 稳定增长股利政策
13. 固定股利支付率政策
14. 低正常股利加额外股利政策
15. 股票分割
16. 股票回购
17. 公开市场回购
18. 要约回购
19. 协议回购
20. 转换回购

二、判断题

1. 公司发生年度亏损可以在 5 年内用税前利润弥补。 (　　)

2. 公司的法定公积金是按利润总额的 10%计提的。（　）

3. 公积金可以用于弥补亏损、扩大生产经营或者转增股本。（　）

4. 公司用公积金转增股本后，所留存的法定公积金不能低于转增前公司注册资本的 25%。（　）

5. 股份有限公司依法回购的股份可以参与利润分配。（　）

6. 股份有限公司的股利分配预案应提交股东大会表决。（　）

7. 投资者在除息日购入股票无权领取本次股利。（　）

8. 公司分派股票股利会增加现金流出量。（　）

9. 根据股利无关理论，公司未来是否分配股利和如何分配股利都不会影响公司目前的价值。（　）

10. “一鸟在手”理论认为，相对于资本利得，投资者更偏好现金股利。（　）

11. 税收差别理论认为，由于不对称税率的存在，股利政策会影响公司价值和股票价格。（　）

12. 税收差别理论认为，公司实行较低的股利支付率政策可以给股东带来税收利益，有利于增加股东财富。（　）

13. 由于税收差异的存在，股利政策可以产生顾客效应。（　）

14. 信号传递理论认为，股利政策包含了公司经营状况和未来发展前景的信息。（　）

15. 代理理论主张低股利支付率政策，认为提高现金股利不利于降低代理成本。（　）

16. 公司的现金流量会影响股利的分配。（　）

17. 采取剩余股利政策，首先要确定企业的最佳资本结构。（　）

18. 采取剩余股利政策可以保证公司各年的股利水平比较均衡。（　）

19. 固定股利政策可以向投资者传递公司经营状况稳定的信息。（　）

20. 稳定增长股利政策适用于处于成长或成熟阶段的公司。（　）

21. 固定股利支付率政策可能会使各年股利波动较大。（　）

22. 公司采用股票股利进行股利分配，会减少公司的股东权益。（　）

23. 股票分割可以增加股东财富。（　）

24. 根据我国有关法规的规定，上市公司回购股票既可以注销，也可以作为库藏股由公司持有。（　）

25. 根据信号理论，公司回购股票主要是传递股价被低估的信号。（　）

26. 公司用股票回购的方式来代替发放现金股利，可以为股东带来税收利益。（　）

27. 公司进行股票回购可以预防或抵制敌意并购。（　）

28. 采用转换回购方式进行股票回购需要支付大量的现金。（ ）

29. 投资者在宣告日以后购买股票就不会得到最近一次股利。（ ）

30. 投资者只有在除息日之前购买股票，才能领取最近一次股利。（ ）

三、单项选择题

1. 企业的法定公积金应当从（ ）中提取。

A. 利润总额　　B. 税后利润

C. 营业利润　　D. 营业收入

2. 法定公积金累计达到公司注册资本的（ ）时，可以不再提取。

A. 10%　　B. 25%　　C. 30%　　D. 50%

3. 公司发生年度亏损，用下一年度税前利润不足弥补时，可以在（ ）年内延续弥补。

A. 2　　B. 3　　C. 5　　D. 10

4. 公司提取的公积金不能用于（ ）。

A. 弥补亏损　　B. 扩大生产经营

C. 增加注册资本　　D. 集体福利支出

5. 下列各项中，（ ）是确定投资者是否有权领取本次股利的日期。

A. 宣告日　　B. 股权登记日

C. 除息日　　D. 股利发放日

6. 对“一鸟在手”理论提出批评的主要理由是（ ）。

A. 该理论混淆了投资决策和股利政策对公司风险的不同影响

B. 投资者偏好现金股利不符合实际情况

C. 税收差异不会对股利分配产生影响

D. 投资者实际上更喜欢资本利得收益

7. 股利政策产生顾客效应的重要原因是（ ）。

A. 投资者的偏好不同　　B. 投资者的风险承受力不同

C. 投资者的边际税率不同　　D. 公司的风险水平不同

8. 下列股利政策中，属于一种投资优先的股利政策的是（ ）。

A. 剩余股利政策　　B. 固定股利政策

C. 固定股利支付率政策　　D. 低正常股利加额外股利政策

9. 下列股利政策中，能够使股利支付水平与公司盈利状况密切相关的是（ ）。

A. 固定股利政策　　B. 剩余股利政策

C. 固定股利支付率政策　　D. 稳定增长股利政策

10. 下列关于股票分割的论述中，正确的是（ ）。

A. 股票分割可以增加股东财富

B. 股票分割不会使股票价格下降

C. 股票分割可使股票股数增加，但股票面值不变

D. 股票分割不会影响资产负债表中股东权益各项金额的变化

11. 下列关于库藏股的论述中，正确的是（　　）。

A. 我国上市公司回购股票不可以作为库藏股

B. 库藏股不能用于实施股权激励计划

C. 公司可以长期持有库藏股

D. 库藏股不能享有与正常的普通股相同的权利

12. 公司进行股票回购的动机不包括（　　）。

A. 为股东避税　　B. 提高每股收益

C. 传递股价被低估的信号　　D. 减少公司自由现金流量

13. 下列股票回购方式中，不需要支付大量现金的是（　　）。

A. 公开市场回购　　B. 要约回购

C. 协议回购　　D. 转换回购

四、多项选择题

1. 公司提取的公积金可以用于（　　）。

A. 弥补亏损　　B. 扩大生产经营

C. 转增公司股本　　D. 转增公司资本公积

E. 分配股利

2. 我国股份有限公司可以采取的股利形式包括（　　）。

A. 现金股利　　B. 股票股利

C. 财产股利　　D. 负债股利

E. 资产股利

3. 下列关于股票股利的说法中，正确的有（　　）。

A. 发放股票股利可以增加股东财富

B. 发放股票股利不会改变公司的股东权益总额

C. 发放股票股利会增加公司的股本总额

D. 发放股票股利不会增加公司的现金流出量

E. 发放股票股利后股票价格不会下降

4. MM 理论认为完全资本市场须符合的条件包括（　　）。

A. 不存在交易成本和破产成本

B. 没有信息成本，且信息是对称的

C. 证券交易没有政府或其他限制

D. 市场是完全竞争的

E. 没有不对称税负

5. 下列股利理论中，属于股利相关理论的有（　　）。

A. MM股利理论
B. “一鸟在手”理论
C. 税收差别理论
D. 信号传递理论
E. 代理理论

6. 在股份有限公司中，与股利政策有关的代理问题主要有（　　）。
A. 股东与经理之间的代理问题
B. 经理与职工之间的代理问题
C. 股东与债权人之间的代理问题
D. 经理与政府之间的代理问题
E. 控股股东与中小股东之间的代理问题

7. 下列关于自由现金流量的论述中，正确的有（　　）。
A. 自由现金流量是经理可以随意支配的现金
B. 自由现金流量是公司持有的超过投资所有净现值为正的项目所需资本的剩余现金
C. 自由现金流量留在公司内部不能为公司创造价值
D. 公司留有大量的自由现金流量有利于增加股东未来收益
E. 公司将自由现金流量以现金股利的形式分配给股东更符合股东的利益

8. 公司股利政策的内容主要包括（　　）。
A. 股利分配的形式
B. 股利支付率的确定
C. 每股股利额的确定
D. 股利分配的时间
E. 股利分配的对象

9. 影响股利政策的因素有（　　）。
A. 法律因素
B. 债务契约因素
C. 公司自身因素
D. 股东因素
E. 行业因素

10. 影响股利政策的法律因素主要有（　　）。
A. 企业积累的约束
B. 企业利润的约束
C. 资本保全的约束
D. 偿债能力的约束
E. 筹资能力的约束

11. 公司常用的股利政策类型包括（　　）。
A. 剩余股利政策
B. 固定股利政策
C. 稳定增长股利政策
D. 固定股利支付率政策
E. 低正常股利加额外股利政策

12. 公司进行股票分割的主要动机有（　　）。
A. 通过股票分割降低股票价格
B. 向投资者传递未来业绩增长的信号

C. 为以后发行新股筹资做准备
D. 增加股本总额
E. 为股东增加财富

13. 公司进行股票回购的动机主要有（　　）。
A. 传递股价被低估的信号
B. 为股东避税
C. 减少公司自由现金流量
D. 预防或抵制敌意并购
E. 增加股东财富

14. 股票回购的方式主要有（　　）。
A. 公开市场回购
B. 要约回购
C. 协议回购
D. 强制回购
E. 转换回购

五、简答题

1. 简述公司利润分配的程序。
2. 简述股利的发放程序。
3. 简述股利无关理论的基本内容。
4. 简述“一鸟在手”理论的基本内容。
5. 简述税收差别理论的基本内容。
6. 简述信号传递理论的基本内容。
7. 简述代理理论的基本内容。
8. 什么是股利政策？股利政策主要包括哪些内容？
9. 简述固定股利支付率政策制定的程序。
10. 比较分析股票分割与股票股利。
11. 公司进行股票回购有哪些主要动机？
12. 股票回购的方式有哪些？
13. 我国上市公司回购的股份可以用于什么用途？

六、计算与分析题

1. 海虹股份公司 20×4 年的税后利润为 1 500 万元，确定的目标资本结构为：债务资本占 60%，股权资本占 40%。如果 20×5 年该公司有较好的投资项目，需要投资 800 万元，该公司采取剩余股利政策。

要求：计算该公司应当如何筹资和分配股利。

2. 某公司 20×5 年拟投资 2 000 万元引进一条生产线以扩大生产能力，该公司目标资本结构为自有资金占 60%，借入资金占 40%。该公司 20×4 年度的税后利润为 1 000 万元，继续执行固定股利政策，该年度应分配的股利为 300 万元。

要求：计算 20×5 年度该公司为引进生产线需要从外部筹集资金的数额。

3. 某公司20×4年的税后利润为1 200万元，分配的现金股利为420万元。20×5年的税后利润为900万元。预计20×6年该公司的投资计划需要资金500万元。该公司的目标资本结构为自有资金占60%，债务资金占40%。

要求：

（1）如果采取剩余股利政策，计算该公司20×5年应分配的现金股利额。

（2）如果采取固定股利政策，计算该公司20×5年应分配的现金股利额。

（3）如果采取固定股利支付率政策，计算该公司20×5年应分配的现金股利额。

（4）如果采取低正常股利加额外股利政策，该公司20×4年的现金股利为正常股利额，计算该公司20×5年应分配的现金股利额。

4. A公司目前发行在外的股票为1 500万股，每股面值为2元，本年税后利润为4 000万元。现拟追加投资5 000万元，使生产能力扩大30%，预计A公司产品销路会非常稳定。该公司想维持目前40%的资产负债率，并执行50%的固定股利支付率政策。

要求：

（1）计算该公司本年年末应该分配多少股利。

（2）计算该公司必须从外部筹集到多少股权资本，才能达到追加投资的目的。

5. M公司是一家大型冶金企业，20×4年公司税后利润为1 000万元，当年发放股利共250万元。20×5年公司面临一个投资机会，投资总额为900万元，公司目标资本结构是负债/权益为4∶5。假设公司已经进入稳定增长期，公司盈余的增长率为3%。现公司面临股利分配政策选择的问题，可供选择的股利分配政策有固定股利支付率政策、剩余股利政策以及稳定增长的股利政策。

要求：如果你是该公司的财务分析人员，请你计算该公司实行不同的股利政策的股利水平，并比较不同的股利政策。

七、论述题

1. 试论述影响股利政策的因素有哪些。

2. 试论述股利政策的基本类型有哪些。

八、案例题

格力电器股份回购案例

珠海格力电器股份有限公司（简称格力电器）成立于1991年，1996年11月18日在深圳证券交易所上市，是一家多元化、科技型的全球工业集团，旗下拥有格力、TOSOT、晶弘三大品牌，产品覆盖家用消费品和工业装备两大领域。家用消费领域的产品包括家用空调、冰箱、洗衣机、热水器、厨房电器、环境电器、通信产品、智能家居等；工业领域的产品包括高端装备、精密模具、冷冻冷藏设备、电机、压缩机、电容、半导体器件、精密铸造、基础材料、工业储能、再生资源等。格力电器的产品远销 160 多个国家及地区，全球用户超过 4 亿。

2020 年，格力电器凭借突出的综合实力位列《财富》世界 500 强榜单第 436 位，上榜福布斯“全球企业 2 000 强”第 246 位，排名较 2019 年上升 14 位。同时荣登《财富》2020 年“最受赞赏的中国公司”榜单，位列总榜单第 7 位，居家电行业之首。中国标准化研究院顾客满意度测评中心发布的顾客满意度调查结果显示，格力空调行业顾客满意度及各项指标均为行业第一，连续 10 年位居榜首。据《暖通空调资讯》发布的数据显示，格力中央空调以 13.9%的市场占有率稳居行业第一，实现中央空调市场“九连冠”；据《产业在线》公开的 2020 年度空调品牌内销销量数据显示，格力空调以 36.9%的份额排名行业第一，实现 26 年领跑。

1996 年 11 月 18 日，格力电器在深圳证券交易所上市，总股本为 7 500 万股，上市首日开盘价为 17.50 元，以开盘价计算公司总市值为 13.125 亿元。截至 2020 年 12 月 31 日，公司股票收盘价为 61.94 元（不复权价格），总股本为 6 015 730 878 股，总市值达到 3 726.614 亿元，25 年增长了 283 倍。如果对股价进行后复权处理，2020 年 12 月 31 日的后复权股价为 9 506.56 元，比上市首日开盘价增长了 542 倍。公司上市 25 年来为投资者创造了极高的收益。

然而，最近两年格力电器的股票价格表现却很平淡。2020 年 1 月 9 日格力电器股价到达历史最高价 70.56 元（不复权价格），之后由于受 2020 年初新冠肺炎疫情的影响，股市从 2020 年 1 月中旬至 3 月下旬大幅下跌，格力电器的股价也从 1 月 9 日的最高价 70.56 元跌到 50 元以下，到 2021 年 9 月 15 日格力电器股价跌破 40 元，较最高价跌了 43%。

在此情况下，格力电器董事会决定回购公司股份。从 2020 年 4 月 10 日至 2021 年 9 月 9 日，格力电器公司共实施了 3 次股份回购，具体情况如下：

(1) 第一期股份回购。格力电器于 2020 年 4 月 10 日召开第十一届董事会第十次会议，审议通过《关于回购部分社会公众股份方案的议案》，同意公司使用自有资金以集中竞价交易方式回购公司 A 股股份，资金总额不低于 30 亿元（含）且不超过 60 亿元（含）；回购股份价格不超过 70 元/股（2019 年年度权益分派方案实施完成后，回购价格由不超过 70 元/股调整为不超过 68.80 元/股。2020 年半年度权益分派方案实施完成后，回购价格由不超过 68.80 元/股调整为不超过 67.82 元/股）。回购股份用于公司员工持股计划或者股权激励。截至 2021 年 2 月 24 日，第一期股份回购计划已实施完毕，累计通过回购专用证券账户以集中竞价方式买入公司股份 108 365 753 股，最高成交价为 60.18

元/股，最低成交价为53.01元/股，成交总金额为5 999 591 034.74元（不含交易费用）。

（2）第二期股份回购。格力电器于2020年10月13日召开第十一届董事会第十六次会议，审议通过《关于回购部分社会公众股份方案的议案》，同意公司使用自有资金以集中竞价交易方式回购公司股份，资金总额不低于30亿元（含）且不超过60亿元（含）；回购股份价格不超过70元/股（2020年半年度权益分派方案实施完成后，回购价格由不超过70元/股调整为不超过69.02元/股）。截至2021年5月17日，第二期股份回购计划已实施完毕，累计买入公司股份101 261 838股，最高成交价为61.95元/股，最低成交价为56.46元/股，成交总金额为5 999 520 920.65元（不含交易费用）。

（3）第三期股份回购。格力电器于2021年5月26日召开第十一届董事会第二十一次会议，审议通过《关于回购部分社会公众股份方案的议案》，同意公司使用自有资金以集中竞价交易方式回购公司股份，资金总额不低于75亿元（含）且不超过150亿元（含），回购股份价格不超过70元/股（2020年年度权益分派方案实施完成后，回购价格由不超过70元/股调整为不超过67.22元/股）。截至2021年9月9日，第三期股份回购计划已实施完毕，累计买入公司股份315 760 027股，最高成交价为56.11元/股，最低成交价为40.21元/股，成交总金额为14 999 985 072.39元（不含交易费用）。

公司三次共回购公司股票525 387 618股，支付资金总额约270亿元，平均回购价格为51.39元。

表11-1至表11-4是格力电器2012—2020年末有关盈利能力、成长能力、偿债能力和营运能力的财务指标。

表11-1 格力电器的盈利能力指标

盈利能力指标	2020-12-31	2019-12-31	2018-12-31	2017-12-31	2016-12-31	2015-12-31	2014-12-31	2013-12-31	2012-12-31
净资产收益率（加权）（%）	18.88	25.72	33.36	37.44	30.44	27.24	35.23	35.77	31.38
净资产收益率（扣非/加权）（%）	17.27	25.17	32.56	35.38	30.77	26.84	35.20	29.31	29.75
总资产收益率（加权）（%）	7.93	9.30	11.32	11.33	9.05	7.94	9.83	9.06	7.72
销售毛利率（%）	26.14	27.58	30.23	32.86	32.70	32.46	36.10	33.04	26.29
销售净利率（%）	13.25	12.53	13.31	15.18	14.37	12.91	10.35	9.11	7.50

表 11-2　格力电器的成长能力指标

成长能力指标	2020-12-31	2019-12-31	2018-12-31	2017-12-31	2016-12-31	2015-12-31	2014-12-31	2013-12-31	2012-12-31
营业总收入（亿元）	1 705	2 005	2 000	1 500	1 101	1 006	1 400	1 200	1 001
归属净利润（亿元）	221.8	247.0	262.0	224.0	154.6	125.3	141.6	108.7	73.80
扣非净利润（亿元）	202.9	241.7	255.8	211.7	156.4	122.6	141.4	89.07	69.95
营业总收入同比增长（%）	−14.97	0.24	33.33	36.24	9.50	−28.17	16.63	19.91	19.87
归属净利润同比增长（%）	−10.21	−5.75	16.97	44.86	23.39	−11.46	30.22	47.30	40.92
扣非净利润同比增长（%）	−16.08	−5.51	20.83	35.33	27.62	−13.34	58.80	27.33	36.99
营业总收入滚动环比增长（%）	−0.47	−2.97	6.37	8.42	9.39	−18.68	6.63	7.46	3.63
归属净利润滚动环比增长（%）	36.23	−9.21	−6.62	13.99	11.68	−12.24	7.89	12.93	8.58
扣非净利润滚动环比增长（%）	33.56	−6.31	−4.93	8.82	9.15	−10.54	11.05	8.88	6.74

表 11-3　格力电器的偿债能力指标

偿债能力指标	2020-12-31	2019-12-31	2018-12-31	2017-12-31	2016-12-31	2015-12-31	2014-12-31	2013-12-31	2012-12-31
流动比率	1.348	1.258	1.267	1.163	1.127	1.074	1.108	1.075	1.079
速动比率	1.172	1.116	1.140	1.051	1.055	0.990	1.029	0.939	0.861
现金流量比率	0.121	0.164	0.171	0.111	0.117	0.394	0.175	0.134	0.234
资产负债率（%）	58.14	60.40	63.10	68.90	69.87	69.96	71.11	73.55	74.36
权益乘数	2.389	2.525	2.710	3.216	3.319	3.329	3.462	3.780	3.900
产权比率	1.409	1.552	1.736	2.258	2.361	2.381	2.516	2.851	2.99112

表 11-4　格力电器的营运能力指标

营运能力指标	2020-12-31	2019-12-31	2018-12-31	2017-12-31	2016-12-31	2015-12-31	2014-12-31	2013-12-31	2012-12-31
总资产周转天数（天）	593.5	479.6	419.5	476.8	562.4	569.1	372.8	361.8	346.6
存货周转天数（天）	75.29	55.31	47.63	46.27	45.69	49.28	44.42	67.98	85.42
应收账款周转天数（天）	18.46	47.35	74.21	86.01	84.01	130.6	132.4	125.8	128.1
总资产周转率（次）	0.607	0.751	0.858	0.755	0.640	0.633	0.966	0.995	1.039
存货周转率（次）	4.781	6.508	7.558	7.780	7.880	7.306	8.104	5.296	4.215
应收账款周转率（次）	19.50	7.603	4.851	4.185	4.285	2.757	2.720	2.861	2.811

要求：

（1）分析格力电器回购股份的动机是什么？

（2）结合公司 2012 年以来的有关财务指标，探讨公司目前的股票价格是否被市场低估。

（3）分析公司三次股份回购之后，为什么股价依然不断下跌？

练习题部分答案

一、名词解释

1. 股息：也称红利或现金股利，是股份有限公司以现金的形式从公司净利润中分配给股东的投资报酬，是股份有限公司最常用的股利分配形式。

2. 股票股利：股票股利是股份有限公司以股票的形式从公司净利润中分配给股东的股利。

3. 股权登记日：股权登记日是有权领取本期股利的股东资格登记截止日期。

4. 除息日：也称除权日，是指从股价中除去股利的日期，即领取股利的权利与股票分开的日期。

5. 股利无关理论：股利无关理论是由美国经济学家米勒和莫迪利亚尼于 1961 年在他们的著名论文《股利政策、增长和股票价值》中首先提出的理论，也称 MM 股利无关理论。股利无关理论认为，在完全的资本市场条件下，如果公司的投资决策和资本结构保持不变，那么公司价值取决于公司投资项目的盈利能力和风险水平，而与股利政策不相关。因此，公司未来是否分配股利和如何分配股利都不会影响公司目前的价值，也不会影响股东财富总额。

6. 股利相关理论：股利相关理论认为，在现实的市场环境下，公司的利润分配会影响公司价值和股票价格，因此，公司价值与股利政策是相关的。其代表性观点主要有"一鸟在手"理论、税收差别理论、信号传递理论、代理理论等。

7. "一鸟在手"理论：股利相关理论之一，该理论的主要代表人物是迈伦·戈登和约翰·林特。"一鸟在手"理论认为，由于公司未来的经营活动存在诸多不确定因素，投资者会认为现在获得股利的风险低于将来获得资本利得的风险，相对于资本利得而言，投资者更加偏好现金股利，因此，出于对风险的规避，股东更喜欢确定的现金股利，这样，公司如何分配股利就会影响股票价格和公司价值，即公司价值与股利政策是相关的。

8. 税收差别理论：由于不对称税率的存在，股利政策会影响公司价值和股票价格。研究税率差异对公司价值及股利政策影响的股利理论称为税收差别理论，其代表人物主要有利森伯格尔和拉马斯瓦米。税收差别理论认为，由于股利收入的所得税税率通常都高于资本利得的所得税税率，这种差异会对股东财富产生不同影响。出于避税的考虑，投资者更偏爱低股利支付率政策，公司实行较低的股利支付率政策可以为股东带来税收利益，有利于增加股东财富，促进股票价格上涨，而高股利支付率政策将导致股票价格下跌。

9. 股利政策：股利政策是确定公司的净利润如何分配的方针和策略。公司的股利政策主要包括四项内容：(1) 股利分配的形式，即采用现金股利还是股票股利；(2) 股利支付率的确定；(3) 每股股利额的确定；(4) 股利分配的时间，即何时分配和多长时间分配一次。

10. 剩余股利政策：剩余股利政策就是在公司确定的最佳资本结构下，税后利润首先要满足项目投资所需要的股权资本，然后若有剩余才用于分配现金股利。剩余股利政策是一种投资优先的股利政策。

11. 固定股利政策：固定股利政策是指公司在较长时期内每股支付固定的股利额的股利政策。固定股利政策在公司盈利发生一般的变化时，并不影响股利的支付，而是使其保持稳定的水平。只有当公司对未来利润增长确有把握，并且这种增长被认为不会发生逆转时，才会增加每股股利额。

12. 稳定增长股利政策：稳定增长股利政策是指在一定的时期内保持公司的每股股利额稳定地增长的股利政策。采用这种股利政策的公司一般会随着公司盈利的增加，保持每股股利平稳地提高。

13. 固定股利支付率政策：固定股利支付率政策是一种变动的股利政策，公司每年都从净利润中按固定的股利支付率发放现金股利。这种股利政策使公司的股利支付与盈利状况密切相关，盈利状况好，每股股利额就增加；盈利状况不好，每股股利额就减少，股利随公司的经营业绩而变化。

14. 低正常股利加额外股利政策：低正常股利加额外股利政策是一种介于固定股利政策与变动股利政策之间的折中的股利政策。这种股利政策每期都支付稳定的较低的正常股利额，当企业盈利较多时，再根据实际情况发放额外股利。

15. 股票分割：股票分割是指将面值较高的股票分割为几股面值较低的股票。通过股票分割，公司股票面值降低，同时公司股票总数增加，股票的市场价格也会相应下降，因此，股票分割不会增加公司价值，也不会增加股东财富。

16. 股票回购：股票回购是股份公司出资购回本公司发行在外的股票，将其作为库藏股或进行注销的行为。

17. 公开市场回购：公开市场回购是指上市公司在证券市场上按照股票市场价格回购本公司的股票。通常公司回购股票时都会有一个最高限价，对回购股票的数量也有明确的限定。通过公开市场回购的方式回购股票，很容易导致股票价格上涨，从而增加回购成本。

18. 要约回购：要约回购是指公司通过公开向股东发出回购股票的要约来实现股票回购计划。要约回购价格一般高于市场价格。在公司公告要约回购之后的限定期限内，股东可自愿决定是否按要约价格将持有的股票出售给公司。

19. 协议回购：协议回购是指公司与特定的股东私下签订购买协议回购其持有的股票。协议回购方式通常作为公开市场回购方式的补充。采用这种方式，公司必须公开披露股票回购的目的、数量等信息，并保证回购价格公平，以避免公司向特定股东进行利益输送，侵害其他股东利益。

20. 转换回购：转换回购是指公司用债券或者优先股来代替现金回购普通股的股票回购方式。转换回购方式下公司不必支付大量的现金，在公司现金流量并不充足的情况下，是一种可选的回购方式。

二、判断题

1. √	2. ×	3. √	4. √	5. ×
6. √	7. √	8. ×	9. √	10. √
11. √	12. √	13. √	14. √	15. ×
16. √	17. √	18. ×	19. √	20. √
21. √	22. ×	23. ×	24. ×	25. √
26. √	27. √	28. ×	29. ×	30. √

三、单项选择题

1. B	2. D	3. C	4. D	5. B
6. A	7. C	8. A	9. C	10. D
11. D	12. B	13. D		

四、多项选择题

1. ABC	2. AB	3. BCD	4. ABCDE	5. BCDE
6. ACE	7. BCE	8. ABCD	9. ABCDE	10. ABCD
11. ABCDE	12. AB	13. ABCD	14. ABCE	

五、简答题

1. 答：利润分配就是对企业所实现的经营成果进行分割与派发的活动。企业利润分配的基础是净利润，即企业缴纳所得税后的利润。利润分配必须依据法定程序进行，按照《公司法》《企业财务通则》等法律法规的规定，股份有限公司实现的税前利润应首先依法缴纳企业所得税，税后利润应当按照下列基本程序进行分配：

（1）弥补以前年度亏损。根据现行法律法规的规定，公司发生年度亏损，可以用下一年度的税前利润弥补，下一年度税前利润不足以弥补时，可以在5年内延续弥补，5年内仍然未弥补完的亏损，可用税后利润弥补。

（2）提取法定公积金。公司在分配当年税后利润时，应当按税后利润的10%提取法定公积金，但当法定公积金累计额达到公司注册资本的50%时，可以不再提取。

（3）支付优先股股息。公司应当在提取法定公积金之后，优先于普通股股东向优先股股东支付股息。在完全支付约定的优先股股息之前，不得向普通股分配利润。

（4）提取任意公积金。公司从税后利润中提取法定公积金和支付优先股股息之后，经股东大会决议，还可以从税后利润中提取任意公积金。

（5）向普通股股东分配股利。公司在按照上述程序弥补亏损、提取公积金和支付优先股股利之后，所余当年利润与以前年度的未分配利润构成可供普通股分配的利润，公司可根据股利政策向普通股股东分配股利。

2. 答：股份有限公司分配股利必须遵循法定的程序，一般先由董事会提出股利分配预案，然后提交股东大会决议通过才能进行分配。股东大会决议通过股利分配预案之后，要向股东宣布发放股利的方案，并确定股权登记日、除息日和股利发放日。股东大会决议通过并由董事会宣布发放股利的日期称为宣告日。公司董事会应先提出利润分配预案，并提交股东大会表决，利润分配方案经股东大会表决通过之后，董事会才能对外公布。股权登记日是有权领取本期股利的股东资格登记截止日期。只有在股权登记日这一天登记在册的股东才有资格领取本期股利，而在这一天没有登记在册，即使是在股利发放日之前买入股票的股东，也无权领取本次分配的股利。除息日也称除权日，是指从股价中除去股利的日期，即领取股利的权利与股票分开的日期。除息日之前的股票价格包含本次股利，除息日之后的股票价格则不再包含本次股利，因此投资者在除息日之前购买股票，才能领取本次股利，在除息日当天或以后购买股票，则不能领取本次股利。股利发放日，也称股利支付日，是公司将股利正式支付给股东的日期。

3. 答：股利无关理论建立在两个重要的假设基础上：（1）完全资本市场假设；（2）公司的投资决策不受股利政策影响。在这两个假设基础上，股利无关理论认为，公司的股利政策不会对公司价值产生任何影响。在完全的资本市场条件下，如果公司的投资决策和资本结构保持不变，那么公司价值取决于公司投资项目的盈利能力和风险水平，而与股利政策不相关。因此，公司未来是否分配股利和如何分配股利都不会影响公司目前的价值，也不会影响股东财富总额。根据股利无关理论，投资者不会关心公司股利的分配情况，在公司有良好投资机会的情况下，如果股利分配较少，留用利润较多，投资者可以通过出售股票换取现金来自制股利；如果股利分配较多，留用利润较少，投资者获得现金股利后可寻求新的投资机会，而公司可以通过发行新股筹集所需资本。

4. 答："一鸟在手"理论是股利相关理论之一，该理论的主要代表人物是迈伦·戈登和约翰·林特。"一鸟在手"理论认为，由于公司未来的经营活动存在诸多不确定因素，投资者会认为现在获得股利的风险低于将来获得资本利得的风险，相对于资本利得而言，投资者更加偏好现金股利，因此，出于对风险的规避，股东更喜欢确定的现金股利，这样公司如何分配股利就会影响股票价格和公司价值，即公司价值与股利政策是相关的。当公司支付较少的现金股利而留用利润较多时，就会增加投资的风险，股东要求的必要投资报酬率就会提高，从而导致公司价值和股票价格下降；当公司支付较多的现金股利而留用利润较少时，就会降低投资风险，股东要求的必要报酬率就会降低，从而促使公司价值和股票价格上升。

5. 答：由于不对称税率的存在，股利政策会影响公司价值和股票价格。研究税率差异对公司价值及股利政策影响的股利理论称为税收差别理论，其代表人物主要有利森伯格尔和拉马斯瓦米。税收差别理论认为，由于股利收入的所得税税率通常都高于资本利得的所得税税率，这种差异会对股东财富产生不同影响。出于避税的考虑，投资者更偏爱低股利支付率政策，公司实行较低的股利支付率政策可以为股东带来税收利益，有利于增加股东财富，促使股票价格上涨，而高股利支付率政策将导致股票价格下跌。除了税率上的差异，股利收入和资本利得的纳税时间也不同，股利收入在收到股利时纳税，而资本利得只有在出售股票获取收益时才纳税，因此，资本利得的所得税是延迟到将来才缴纳，股东可以获得货币时间价值的好处。

6. 答：信号传递理论认为，在投资者与管理层信息不对称的情况下，股利政策包含了公司经营状况和未来发展前景的信息，投资者通过对这些信息的分析来判断公司未来盈利能力的变化趋势，以决定是否购买其股票，从而引起股票价格的变化。因此，股利政策的改变会影响股票价格变化，二者存在相关性。如果公司提高股利支付水平，等于向市场传递了利好信息，投资者会认为公司的未来盈利水平会提高，管理层对公司的未来发展前景有信心，从而购买股票，引起股票价格上涨；如果公司以往的股利支付水平一直比较稳定，现在突然降低股利支付水平，就等于向市场传递了利空信息，投资者会对公司做出悲观的判断，从而出售股票，导致股票价格下跌。根据信号传递理论，稳定的股利政策向外界传递了公司经营状况稳定的信息，有利于公司股票价格的稳定，因此，公司在制定股利政策时，应当考虑市场反应，避免传递易被投资者误解的信息。

7. 答：现代企业理论认为，企业是一组契约关系的联结。契约关系的各方成为企业的利益相关者，各利益相关者之间的利益和目标并不完全一致，在信息不对称的情况下，企业各利益相关者之间形成诸多委托-代理关系。股利分配作为公司一种重要的财务活动，也会受到各种委托-代理关系的影响，与股利政策有关的代理问题主要有以下三类：一是股东与经理之间的代理问题；二是股东与债权人之间的代理问题；三是控股股东与中小股东之间的代理问题。这三类代理问题都会产生代理成本。代理理论认为，公司分派现金股利可以有效降低代理成本，提高公司价值，因此，在股利政策的选择上，主要应考虑股利政策如何降低代理成本。

8. 答：股利政策是确定公司的净利润如何分配的方针和策略。公司的股利政策主要包括四项内容：（1）股利分配的形式，即采用现金股利还是股票股利；（2）股利支付率的确定；（3）每股股利的确定；（4）股利分配的时间，即何时分配和多长时间分配一次。其中，每股股利与股利支付率的确定是股利政策的核心内容，它决定了公司的净利润中有多少以现金股利的形式发放给股东，有多少以留用利润的形式对公司进行再投资。

9. 答：股份有限公司在制定股利政策时，应遵循一定的程序。固定股利支付率政策制定的基本程序如下：

（1）测算公司未来剩余的现金量。预测未来的盈利和现金流量是一项比较复杂的工作，宏观经济形势、市场变化和公司自身经营状况都会影响对盈利和现金流量预测的准确性。因此，在做公司的经营预算和资本预算时，必须保持一定的弹性空间。公司要从股东的利益出发，在确保重要的经营活动和投资项目能够顺利完成的情况下，充分利用现金，提高资本利用效率。

（2）确定目标股利支付率。确定目标股利支付率是公司股利政策的一项重要内容。公司在确定股利支付率时，应考虑其发展阶段、经营规模、财务状况和股东构成等因素，并参照同行业具有可比性公司的股利支付率。

（3）确定年度股利额。理论上，公司支付的现金股利额应等于投资于所有净现值为正的投资项目之后的剩余现金数量，但在实践中，考虑投资预算的不确定性、股东的偏好、筹资的约束等因素，现金股利额应在此基础上进行适当调整。

（4）确定股利分派日期。公司确定了年度股利额之后，应当根据其经营预算、投资项目进展情况和现金流量状况合理地安排股利分派的日期。

10. 答：股票分割是指将面值较高的股票分割为几股面值较低的股票。股票股利是股份有限公司以股票的形式从公司净利润中分配给股东的股利。对于公司来说，进行股票分割与发放股票股利都属于股本扩张政策，二者都会使公司股票数量增加，股票价格降低，并且都不会增加公司价值和股东财富。从这些方面来看，股票分割与股票股利十分相似。但二者也存在以下差异：

（1）股票分割降低了股票面值，而发放股票股利不会改变股票面值。

（2）会计处理不同。股票分割不会影响资产负债表中股东权益各项目金额的变化，只是股票面值降低，股票股数增加，因而股本金额不会变化，资本公积金和留用利润的金额也不会变化。发放股票股利，公司应将股东权益中留用利润的金额按照发放股票股利面值总数转为股本，因而股本金额相应增加，而留用利润相应减少。

11. 答：股票回购是股份公司出资购回本公司发行在外的股票，将其作为库藏股或进行注销的行为。公司进行股票回购的主要动机在理论上有多种解释，信号理论、税差理论、代理理论和公司控制权市场理论等主流财务理论都对股票回购动机做出了各自的解释。总的来说，公司进行股票回购主要存在以下几种动机：（1）传递股价被低估信号的动机；（2）为股东避税的动机；（3）减少公司自由现金流量的动机；（4）反收购的动机。

12. 答：股票回购是股份公司出资购回本公司发行在外的股票，将其作为库藏股或进行注销的行为。公司进行股票回购主要可以通过以下四种方式进行：

（1）公开市场回购。公开市场回购是指上市公司在证券市场上按照股票市场价格回购本公司的股票。通常公司回购股票时都会有一个最高限价，对回购股票的数量也有明确的限定。通过公开市场回购的方式回购股票，很容易导致股票价格上涨，从而增加了回购成本。

（2）要约回购。要约回购是指公司通过公开向股东发出回购股票的要约来实现股票回购计划。要约回购价格一般高于市场价格。在公司公告要约回购之后的限定期限内，股东可自愿决定是否按要约价格将持有的股票出售给公司。如果股东愿意出售的股数多于公司计划回购的股数，公司可以自行决定购买部分或全部股票。通常在公司回购股票的数量较大时，可采用要约回购方式。

（3）协议回购。协议回购是指公司与特定的股东私下签订购买协议回购其持有的股票。协议回购方式通常作为公开市场回购方式的补充。采用这种方式，公司必须公开披露股票回购的目的、数量等信息，并保证回购价格公平，以避免公司向特定股东进行利益输送，侵害其他股东利益。协议回购方式回购股票的价格通常低于当前市场价格，并且一次回购股票的数量较大，通常作为大宗交易在场外进行。

（4）转换回购。转换回购是指公司用债券或者优先股代替现金回购普通股的股票回购方式。采用转换回购方式，公司不必支付大量的现金，对于现金流量并不充足的公司而言，这是一种可选的回购方式。而且，采用这种回购方式还可以起到调整资本结构的作用。

13. 答：根据我国相关法律法规的规定，上市公司回购的股份可以用于以下用途：

（1）注销以减少公司注册资本。

（2）用于员工持股计划或者股权激励。

（3）用于转换上市公司发行的可转换为股票的公司债券。

（4）出于维护公司价值及股东权益的需要。为维护公司价值及股东权益的需要而回购的股份，可以按照证券交易所规定的条件和程序，在履行预披露义务后，通过集中竞价交易方式出售，3 年内未依法转让的，应当在期限届满前注销。

六、计算与分析题

1. 解：首先，确定按目标资本结构需要筹集的股权资本。

$$800\times40\%=320(\text{万元})$$

其次，确定应分配的股利总额。

1 500－320＝1 180(万元)

因此，海虹公司还应当筹集的债务资本为：

800－320＝480(万元)

2. 解：20×4 年度公司留用利润＝1 000－300＝700（万元）

20×5 年自有资金需要量＝2 000×60%＝1 200（万元）

20×5 年外部资金筹集金额＝1 200－700＝500（万元）

3. 解：(1) 20×6 年投资需要的自有资金＝ 500×60%＝300(万元)

20×5 年的现金股利额＝900－300＝600(万元)

(2) 如果采用固定股利政策，则 20×5 年应分配的现金股利额为 420 万元。

(3) 固定股利支付率＝ 420/1 200×100%＝35%

20×5 年的现金股利额＝ 900×35%＝315(万元)

(4) 如果采用低正常股利加额外股利政策，则 20×5 年应分配的现金股利额为 420 万元。

4. 解：(1) 该公司本年应分配的股利总额＝4 000×50%＝2 000(万元)

$$\text{每股股利}=\frac{2\,000}{1\,500}=1.33(\text{元})$$

(2) 留用利润＝4 000－2 000＝2 000(万元)

股权筹资需要额＝5 000×(1－40%)＝3 000(万元)

外部股权筹资额＝3 000－2 000＝1 000(万元)

5. 解：(1) 采用固定股利支付率政策。

20×4 年股利支付率＝250/1 000×100%＝25%

20×5 年的股利总额＝1 000×(1＋3%)×25%＝257.5(万元)

(2) 采用剩余股利政策。

投资所需的权益筹资额＝900×5/9＝500(万元)

20×5 年的股利总额＝1 000×(1＋3%)－500＝530(万元)

(3) 采用稳定增长的股利政策。

20×5 年的股利总额＝250×(1＋3%)＝257.5(万元)

剩余股利政策在股利分配时，有利于保持理想的资本结构，使综合资本成本最低。但是由于股利分配优先考虑投资机会的选择，其股利额会随所面临的投资机会而变动。因为公司每年面临不同的投资机会，会造成股利较大变动，不利于公司股价稳定。

固定股利支付率政策由于按固定的比率支付，股利会随每年盈余的变动而变动，使公司的股利支付极不稳定，不利于公司价值最大化目标的实现。

稳定增长的股利政策股利发放额稳定增长，有利于树立公司良好的形象，使公司股价稳定，有利于公司长期发展，但实行这一政策的前提是公司的收益稳定且能够正确地预计其增长率。

根据上述分析，由于公司已经进入了稳定增长期，因此，建议公司选择稳定增长的股利政策或固定股利支付率政策。

七、论述题

1. 答：股利政策是确定公司的净利润如何分配的方针和策略。在公司利润分配的实践中，制定股利政策会受各种因素的影响和制约，公司必须认真审查这些影响因素，以便制定出适合本公司的股利政策。一般来说，影响股利政策的主要因素有法律因素、债务契约因素、公司自身因素、股东因素、行业因素等。

(1) 法律因素。为了保护投资者的利益，各国法律如公司法、证券法等都对公司的股利分配做了一定的限制。影响公司股利政策的主要法律因素有：资本保全的约束、企业积累的约束、企业利润的约束、偿债能力的约束。

(2) 债务契约因素。债权人为了防止公司过多发放现金股利，影响其偿债能力，增加债务风险，会在债务契约中规定限制公司发放现金股利的条款。这种限制性条款通常包括：规定每股股利的最高限额；规定未来股息只能用贷款协议签订以后的新增收益来支付，而不能动用签订协议之前的留存利润；规定企业的流动比率、利息保障倍数低于一定标准时，不得分配现金股利；规定只有当公司的盈利达到某一约定的水平时，才可以发放现金股利；规定公司的股利支付率不得超过限定的标准；等等。

(3) 公司自身因素。公司自身因素的影响是指公司内部的各种因素及其面临的各种环境、机会对其股利政策产生的影响。主要包括现金流量、筹资能力、投资机会、资本成本、盈利状况、公司所处的生命周期等。

(4) 股东因素。公司的股利分配方案必须经股东大会决议通过才能实施，股东对公司股利政策具有举足轻重的影响。一般来说，影响股利政策的股东因素主要有以下几方面：追求稳定的收入，规避风险的需要；担心控制权的稀释；规避所得税。

(5) 行业因素。不同行业的股利支付率存在系统性差异。调查研究显示，成熟行业的股利支付率通常比新兴行业高；公用事业的公司大多实行高股利支付率政策，而高科技行业的公司股利支付率通常较低。这说明股利政策具有明显的行业特征。

2. 答：股利政策是确定公司的净利润如何分配的方针和策略。在实践中，股份公司常用的股利政策主要有以下五种类型：

（1）剩余股利政策。剩余股利政策就是在公司确定的最佳资本结构下，税后利润首先要满足项目投资的需要，若有剩余才用于分配现金股利。剩余股利政策是一种投资优先的股利政策。采用这种股利政策的先决条件是公司必须有良好的投资机会，并且该投资机会的预期报酬率要高于股东要求的必要报酬率，这样才能为股东所接受。如果公司投资项目的预期报酬率不能达到股东要求的必要报酬率，股东会更愿意公司发放现金股利，以便寻找其他的投资机会。

（2）固定股利政策。固定股利政策是指公司在较长时期内每股支付固定股利额的股利政策。固定股利政策在公司盈利发生一般的变化时，并不影响股利的支付，而是使其保持稳定的水平。只有当公司对未来利润增长确有把握，并且认为这种增长不会发生逆转时，才会增加每股股利额。实行这种股利政策者都支持股利相关论，他们认为公司的股利政策会对公司股票价格产生影响，股利的发放是向投资者传递公司经营状况的某种信息。

（3）稳定增长股利政策。稳定增长股利政策是指在一定的时期内保持公司的每股股利额稳定增长的股利政策。采用这种股利政策的公司一般会随着公司盈利的增加，保持每股股利平稳提高。公司确定一个稳定的股利增长率，实际上是向投资者传递该公司经营业绩稳定增长的信息，可以减少投资者对该公司风险的担心，从而有利于股票价格上涨。公司在采取稳定增长股利政策时，要使股利增长率等于或略低于利润增长率，这样才能保证股利增长具有可持续性。稳定增长股利政策适合处于成长或成熟阶段的公司，在公司的初创阶段或衰退阶段不适合采用这种股利政策。

（4）固定股利支付率政策。固定股利支付率政策是一种变动的股利政策，公司每年都从净利润中按固定的股利支付率发放现金股利。这种股利政策使公司的股利支付与盈利状况密切相关，盈利状况好，则每股股利额增加；盈利状况不好，则每股股利额减少。股利随公司的经营业绩“水涨船高”。这种股利政策不会给公司造成较大的财务负担，但其股利水平可能变动较大，忽高忽低，这样可能向投资者传递该公司经营不稳定的信息，容易使股票价格产生较大波动，不利于树立良好的公司形象。

（5）低正常股利加额外股利政策。低正常股利加额外股利政策是一种介于固定股利政策与变动股利政策之间的折中的股利政策。这种股利政策每期都支付稳定的较低的正常股利额，当公司盈利较多时，再根据实际情况发放额外股利。这种股利政策具有较大的灵活性，在公司盈利较少或投资需要较多资金时，可以只支付较低的正常股利，这样既不会给公司造成较大的财务压力，又能保证股东定期得到一笔固定的股利收入；在公司盈利较多且不需要较多投资资本时，可以向股东发放额外的股利。低正常股利加额外股利政策既可以维持股利的一贯稳定性，又有利于使公司的资本结构达到目标资本结构，使灵活性与稳定性较好地相结合，因而为许多公司所采用。

八、案例题

答：(1) 公司回购股份的动机一般有：传递股价被低估的信号、用回购股票替代发放现金股利从而为股东带来税收利益、减少公司自由现金流量和反收购等。格力电器在发布的回购公告中表示："基于对公司未来发展前景的信心和对公司价值的高度认可，并结合公司经营情况、主营业务发展前景、公司财务状况以及未来的盈利能力等因素，拟使用自有资金以集中竞价交易方式回购部分社会公众股份，用于实施公司股权激励或员工持股计划，以此进一步完善公司治理结构，构建管理团队持股的长期激励与约束机制，确保公司长期经营目标的实现，推动全体股东的利益一致与收益共享，提升公司整体价值。"根据格力电器实际经营情况和 2020 年 4 月份第一期回购前的股价，公司股票的市盈率不到 12 倍，公司股票估值偏低，因此回购股份有传递股价被低估的动机。此外，回购股份也有未来用于实施股权激励或员工持股计划的目的。

(2) 从格力电器 2020 年的各项财务指标看：2020 年公司的总资产周转率和存货周转率明显下降，应收账款周转率明显增加，这说明资产总体运营效率下降，产品销售不力，这从营业总收入降低 14.97%可以得到印证。公司的资产负债率和权益乘数都下降，表明公司降低了财务杠杆水平，公司的销售净利率 13.25%比 2019 年略有提高，从长期看仍然处于较高水平，这说明公司产品销售的盈利能力并没有减弱，但由于权益乘数和总资产周转率的下降，净资产收益率明显降低。总的来看，从公司的经营情况来看，12 倍的市盈率处于较低水平。

(3) 公司通过三次股份回购，股票价格从 2020 年 12 月初以来一路下跌，至 2021 年 9 月 15 日公司已经完成三期股份回购，但股价跌破了 40 元。股价下跌有多种原因，既有股票市场大势的影响，也有投资者对公司未来预期的判断。一方面，2021 年春节后反映中国股市大公司的沪深 300 指数有较大幅度下跌，市场风格发生转化，中小型成长股表现较好；另一方面，公司的营业总收入增长率和净利率增长率在 2019 年和 2020 年已经连续两年下降，这说明投资者对未来业绩下降趋势能否扭转依然信心不足。

□ 教材习题解析

一、思考题

1. 答：在完全资本市场条件下，如果公司的投资决策和资本结构保持不变，那么公司价值取决于公司投资项目的盈利能力和风险水平，而与股利政策不相关。可分以下两种情况进行讨论：

第一，公司的投资决策和资本结构确定之后，需要向股东支付现金股利，但是，为了保证投资所需资本和维持现有资本结构不变，公司需要发行新股筹集资本。公司在支付现金股利后，老股东获得了现金，但减少了与现金股利等值的股东权益，股东的财富从对公司拥有的股东权益形式转化为手中持有的现金形式，二者价值相等，因而老股东的财富总额没有发生变化。同时，为了保持现有资本结构不变，公司必须发行新股筹集与现金股利等值的资本，以弥补因发放现金股利而减少的股权资本，新股东投入了现金，获得了与其出资额等值的股东权益。这样，公司支付股利而减少的资本刚好被发行新股筹集的资本抵补，公司价值不会发生变化。

第二，公司的投资决策和资本结构确定之后，公司决定将利润全部作为留用利润用于投资项目，不向股东分配现金股利。如果股东希望获得现金，可以将部分股票出售给新的投资者来换取现金，这种交易即自制股利。自制股利交易的结果相当于第一种情况中发放股利和发行新股两次交易的结果，原有股东将部分股权转让给新的投资者获得了现金，其股东财富不变，公司价值也不会发生变化。

因此，无论是哪一种情况，公司股东财富和公司价值都不会发生变化，这说明在完全资本市场条件下，股利政策不会对公司价值产生影响，即股利政策与股价无关。

2. 答：公司在确定股利分配政策时，会受到各种委托-代理关系的影响。与股利政策有关的代理问题主要有以下三类：（1）股东与经理之间的代理问题；（2）股东与债权人之间的代理问题；（3）控股股东与中小股东之间的代理问题。

这三类代理问题都会产生代理成本。代理理论认为，公司分派现金股利可以有效地降低代理成本，提高公司价值，因此，在股利政策的选择上，主要应考虑股利政策如何降低代理成本。代理理论主张高股利支付率政策，认为提高股利支付水平可以降低代理成本，有利于提高公司价值。但是，这种高股利支付率政策也会带来外部筹资成本增加和股东税负增加的问题。所以，在实践中，需要在降低代理成本与增加筹资成本和税负之间权衡，制定出最符合股东利益的股利政策。

在我国，上市公司比较普遍地存在低股利支付率的股利政策，许多公司即使有能力支付现金股利，也不愿意支付或者支付的水平较低，这里可能存在一定的代理问题。

3. 答：股利政策是公司财务管理的一项重要政策，公司如何分配利润对股东财富具有现实的影响。在实践中，公司的股利政策主要包括四项内容：（1）股利分配的形式，即采用现金股利还是股票股利；（2）股利支付率的确定；（3）每股股利的确定；（4）股利分配的时间，即何时分配和多长时间分配一次。

其中，每股股利与股利支付率的确定是股利政策的核心内容，它决定了公司的净利润中有多少以现金股利的形式发放给股东，有多少以留用利润的形式对公司进行再投资。一般来说，投资者对每股股利的变动会比较敏感，如果公司各年度之间的每股股利相差较大，就会给市场传递公司经营业绩不稳定的信号，不利于公司股票价格的稳定。因此，对于一家上市公司来说，在经营正常的情况下应当选择比较稳定的股利政策。

用来评价公司股利政策的指标主要有两个：股利支付率和股利报酬率。

股利支付率是公司年度现金股利总额与净利润总额的比率，或者是公司年度每股股利与每股利润的比率。股利支付率用来评价公司实现的净利润中有多少用于给股东分派红利。股利支付率反映了公司所采取的股利政策是高股利政策还是低股利政策。根据股利理论可知，股利支付率的高低并不是区分股利政策优劣的标准。基于各种原因，不同的公司会选择不同的股利支付率。

股利报酬率是公司年度每股股利与每股价格的比率，它反映了投资者进行股票投资所取得的红利收益，是投资者判断投资风险、衡量投资报酬的重要标准之一。较高的股利报酬率说明公司股票具有较好的投资回报，投资者通常倾向于购买高股利报酬率的股票。

4. 答：我国上市公司股利分配政策的主要特点是：

(1) 股利分配的形式多样化，公司不分配的现象逐渐减少。随着上市公司业绩的提高，不进行股利分配的公司所占的比例在逐年降低，我国的证券市场产生了转增、同时派现和送股、同时派现和转增、同时转增和送股以及派现、送股和转增相结合等多种分配形式。但是我国的上市公司中有相当多的公司，即使有分配的能力，也不进行利润分配，尤其是业绩增长一般和业绩有一定程度下降的公司。

(2) 借较好的分配方案进行股本扩张的现象普遍。在进行分配（包括转增和配股）的上市公司中，往往伴随着股木的扩张行为，公司送股、转增和配股的比例增大，公司股本不断扩张。

(3) 分配行为不规范，随意性大。为了维持股价的相对稳定，保证股东利益，国外的上市公司倾向于稳定的股利支付水平。但是我国证券市场的上市公司频繁变动股利支付水平和股利支付的具体方式，其股利政策稳定性和连贯性较差，而且不把维护全体股东的利益放在首位。

在完全的资本市场中，是否分配股利与公司价值及股东财富无关，即股利无关论。然而，由于存在信息、权利的不对称以及税负、交易成本的差异，在不完全市场中，股利政策不仅反映了不同股东的意志，受各利益相关主体的影响，而且是股东和管理层之间的矛盾之一，最终影响不同股东的利益和公司价值。我国资本市场尚不完善，在现实的市场环境下，公司的股利分配会影响公司价值和股票价格，因此，股利分配与股票价格之间存在相关性。

5. 答：证监会上调上市公司现金分红标准将成为资本市场基础性制度建设的重要内容。一方面，这将使股票报酬率趋于稳定，降低风险溢价，对旨在长期投资、获得稳定回报的大型机构投资者来说，不但可以吸引更多长期资金入市，也会相应减少单纯以获取股票价差为目的的二级市场操作行为，对减少市场波动、维护市场稳定具有重要作用。另一方面，对一般投资者而言，如果能获得长期、稳定的现金分红回报，有利于稳定投资者心态，对培育和形成长期价值投资理念有重要意义。

现金分红的多少对公司的影响应从企业所处的生命周期来考虑。企业按照业务发展的情况可以分为初创期、扩张期、稳定期及衰退期四个。在这四种不同的阶段，公司对现金的需求是不同的，所以不能笼统地说现金分红就是有利或者有害的。在初创期和扩张期，一般需要大量的投资，比如建厂房、购买设备、市场推广等活动，这时不应该进行大比例的现金分派；而在稳定期，现金流比较稳定，可以根据企业的发展方向，选择是否进行现金分派；到了衰退期以后，企业如果没有更好的项目投入，则应该把现金分给股东，由股东自己进行选择。所以，大比例的现金分派对于那些刚处于初创期和扩张期的企业来说是不利的，对于稳定期的企业需综合考虑，而对于衰退期的企业则是明智的。

现金分红的多少对股东的影响主要应从长期来看。如果现金在上市公司手中所产生的现金流折现值大于分派给股东所产生的收益，那么就不应该分红，反之，则应该进行分派。

6. 答：股份公司在选择采用股票股利进行股利分配时，应考虑法律因素、债务契约因素、公司自身因素、股东因素、行业因素等，以制定出适合本公司的股利政策。

股票股利政策对公司的影响主要包括：

(1) 发放股票股利可使股东分享公司的盈利而无须分配现金，公司留存了大量的现金，便于进行再投资，有利于公司的长期发展。同时，股票股利将不影响所有者权益的总额，资产、负债等均不发生变化；只有在公司同时存在普通股和优先股的时候，发放股票股利才会引起股本结构中两种股本的比例变化。

(2) 发放股票股利可以降低每股价值，抑制股票价格过快上涨。一般来说，当企业经营良好时，股票价格上涨过快，反而会使投资者产生恐惧心理，认为风险过大，不适宜大量交易。发放股票股利就可以降低每股价格，从而达到分散个别投资者风险的目的，但总体风险无法分散。而降低每股价格，也可以吸引更多的投资者。

(3) 发放股票股利往往会向社会传递公司将会继续发展的信息，从而提高投资者对公司的信心，在一定程度上稳定股票价格。但在某些情况下，发放股票股利也会被认为是公司资金周转不灵的征兆，从而降低投资者对公司的信心，加剧股价下跌。

（4）发放股票股利使公司总股本增加，这要求公司未来业绩保持较高的增长率才能使每股收益不降低，因此会增加公司经营方面的压力。

股票股利政策对股东的影响是：从理论上看，股票股利并不会增加股东的财富，但在实践中，发放股票股利的市场信号可能会导致股价上涨，从而使股东可能获得较高的溢价收入。另外，股票股利可使股东少缴个人所得税，因为按现行税法规定，现金股利应计入个人应纳税所得，股票股利不计入个人应纳税所得。将股票股利抛售换成现金资产时，在我国目前是免缴个人所得税的，仅仅缴纳股票交易过程的交易费用，从而给股东带来节税效应。

7. 答：集中竞价交易是证券交易所内进行证券买卖的一种交易方式，目前我国上交所、深交所均采用这一交易方式。在这种形式下，既有买者之间的竞争，也有卖者之间的竞争，买卖各方都有比较多的交易者。集中竞价时，当买者一方中的人员提出的最高价和卖者一方的人员提出的最低价相一致时，证券的交易价格就已确定，其买卖就可成交。以集中竞价交易方式回购股票，很容易导致股票价格上涨，从而增加回购成本。另外，交易手续费和交易佣金也是不可忽视的成本。

要约回购是指公司通过公开向股东发出回购股票的要约来实现股票回购计划。要约回购价格一般高于市场价格。在公司公告要约回购之后的限定期间内，股东可自愿决定是否按要约价格将持有的股票出售给公司。如果股东愿意出售的股数多于公司计划回购的股数，公司可以自行决定购买部分或全部股票。通常在公司回购股票的数量较大时，可采用要约回购方式。

要约回购具有以下特点：

第一，赋予所有股东向公司出售其所持股票的均等机会，而且通常情况下公司享有在回购数量不足时取消回购计划或延长要约有效期的权利。固定价格要约回购通常被认为是更积极的信号，其原因是要约价格存在高出市场当前价格的溢价。

第二，公司可以在较短的时间内完成回购股票的任务。

第三，向市场发出了有关公司经营稳定、现金充裕的积极信号。

相对于集中竞价交易方式，要约回购要经过较多的环节，操作程序比较烦琐，公司的收购成本较高，对公司造成的压力更大。但是一般情况下，要约收购都是在所有股东平等获取信息的基础上由股东自主选择，被视为完全市场化的规范收购模式。此外，要约回购信号作用更强，更有利于提高公司的股价。

二、练习题

1. 解：（1）资本公积＝34 000－50 000×2/10＝24 000（万元）

未分配利润＝35 000－50 000×3/10＝20 000（万元）

股本总额=50 000+10 000+15 000=75 000(万元)

股票股数=75 000/10=7 500(万股)

股东权益=75 000+24 000+36 000+20 000=155 000(万元)

股价=60×5 000/7 500=40(元/股)

(2) 未分配利润=35 000−1.2×5 000=29 000(万元)

股东权益=155 000−6 000=149 000(万元)

股本总额=50 000(万元)

股价=60−1.2=58.8(元/股)

(3) 股东权益=155 000(万元)

股本总额=50 000(万元)

股票股数=5 000×2=10 000(万股)

股价=60×5 000/10 000=30(元/股)

股票面值=10/2=5(元)

2. 解：(1) 固定股利政策下各年的现金股利总额和外部筹资总额计算如表11-5所示。

表11-5 现金股利和外部筹资额 单位：万元

项目	第1年	第2年	第3年	第4年	第5年
资本性支出	2 500	4 000	3 200	3 000	4 000
净利润	3 600	3 800	3 800	4 000	4 200
股利	3 500	3 500	3 500	3 500	3 500
留用利润增加额	100	300	300	500	700
需要外部筹资	2 400	3 700	2 900	2 500	3 300

未来5年的现金股利总额=3 500×5=17 500(万元)

未来5年的外部筹资总额=2 400+3 700+2 900+2 500+3 300

=14 800(万元)

(2) 剩余股利政策下各年的现金股利总额和外部筹资总额如表11-6所示。

表11-6 现金股利和外部筹资额 单位：万元

项目	第1年	第2年	第3年	第4年	第5年
资本性支出	2 500	4 000	3 200	3 000	4 000
净利润	3 600	3 800	3 800	4 000	4 200
投资所需自有资金	1 000	1 600	1 280	1 200	1 600
股利	2 600	2 200	2 520	2 800	2 600
留用利润增加额	1 000	1 600	1 280	1200	1 600
需要外部筹资	1 500	2 400	1 920	1800	2 400

未来 5 年的现金股利总额＝2 600＋2 200＋2 520＋2 800＋2 600
＝12 720(万元)

未来 5 年的外部筹资总额＝1 500＋2 400＋1 920＋1 800＋2 400
＝10 020(万元)

(3) 固定股利支付率政策下各年的现金股利总额和外部筹资总额如表 11－7 所示。

表 11－7　现金股利和外部筹资额　　单位：万元

项目	第 1 年	第 2 年	第 3 年	第 4 年	第 5 年
资本性支出	2 500	4 000	3 200	3 000	4 000
净利润	3 600	3 800	3 800	4 000	4 200
股利	2 160	2 280	2 280	2 400	2 520
留用利润增加额	1 440	1 520	1 520	1 600	1 680
需要外部筹资	1 060	2 480	1 680	1 400	2 320

未来 5 年的现金股利总额＝2 160＋2 280＋2 280＋2 400＋2 520
＝11 640(万元)

未来 5 年的外部筹资总额＝1 060＋2 480＋1 680＋1 400＋2 320
＝8 940(万元)

(4) 第一种方案，采用固定股利政策的现金股利总额最大；第三种方案，采用固定股利支付率政策的外部筹资总额最小。

固定股利政策的优点：

第一，固定股利政策可以向投资者传递公司经营状况稳定的信息。

第二，固定股利政策有利于投资者有规律地安排股利收入和支出。

第三，固定股利政策有利于股票价格的稳定。

尽管这种股利政策有股价稳定的优点，但它仍可能会给公司造成较大的财务压力，尤其是在公司净利润下降或现金紧张的情况下，公司为了保证股利的照常支付，容易导致现金短缺、财务状况恶化。在非常时期，可能不得不减少股利额。因此，这种股利政策一般适合经营比较稳定的公司采用。

采用剩余股利政策的公司，因其有良好的投资机会，投资者会对公司未来的盈利能力有较好的预期，因而其股票价格会上升，并且以留用利润来满足最佳资本结构下对股权资本的需要，可以降低企业的资本成本，也有利于提高公司价值。但是，这种股利政策不会受到希望有稳定股利收入的投资者的欢迎，如那些依靠股利生活的退休者，因为剩余股利政策往往会导致各期股利忽高忽低。

固定股利支付率政策不会给公司造成较大财务负担，但是，公司的股利水平可能变动较大、忽高忽低，这样可能向投资者传递该公司经营不稳定的信息，容易使股票价格产生较大波动，不利于树立良好的公司形象。

3. 解：(1) 股票分割后股东权益各项目的金额如表11-8所示。

表11-8 股东权益 单位：万元

项目	金额
股本（面值5元，16 000万股）	80 000
资本公积	48 000
盈余公积	36 000
未分配利润	54 000
股东权益合计	218 000

未分配利润＝54 000－80 000×1/10－16 000×0.20＝42 800(万元)

股本＝80 000＋8 000＝88 000(万元)

分配股利后股东权益各项目的金额如表11-9所示。

表11-9 股东权益 单位：万元

项目	金额
股本（面值5元，17 600万股）	88 000
资本公积	48 000
盈余公积	36 000
未分配利润	42 800
股东权益合计	214 800

(2) 股票分割和股利分配之后，持有新华公司的普通股股数是22 000股。

股票价格＝68×8 000/17 600－0.20＝30.71(元/股)

原来的财富＝68×10 000＝680 000(元)

现在的财富＝68×8 000/17 600×22 000＝680 000(元)

所拥有的财富不会因股票分割和分配股利而变化。

4. 解：(1) 每股市价＝16 000/10 000×15＝24(元)

每股股利＝12 000/10 000＝1.2(元)

股利报酬率＝1.2/24×100%＝5%

(2) 12 000/24＝500(万股)

(3) 每股利润＝16 000/9 500＝1.684(元)

回购股票之后股票的价格＝1.684×15＝25.26(元/股)

第 12 章

Chapter 12 并购与重组

学习指导

1. **学习重点**：本章学习的重点内容包括公司并购的类型、公司并购的各种理论、公司并购的价值评估方法和公司并购的支付方式。

2. **学习难点**：本章的学习难点在于理解公司并购的各种理论，并且运用这些理论解释公司并购的动机，同时正确运用各种价值评估方法。

练习题

一、名词解释

1. 吸收合并
2. 新设合并
3. 收购
4. 接管
5. 横向并购
6. 纵向并购
7. 混合并购
8. 善意并购
9. 敌意收购
10. 杠杆并购
11. 公司重组
12. 资产剥离
13. 公司分立
14. 财务危机
15. 财务危机预警
16. 企业破产
17. 破产界限
18. 重整程序
19. 和解程序
20. 破产清算程序
21. 债务和解
22. 企业清算

二、判断题

1. 公司通过横向并购可以消除竞争，扩大市场份额。（　　）

2. 公司通过纵向并购可以实现纵向产业一体化，有利于相互协作，缩短生产经营周期，节约费用。（　　）

3. 公司通过混合并购可以实现多元化经营，分散投资风险。（　　）

4. 清算价值是以公平竞争的市场环境下的资产交易为假设前提所评估出的价值。（　　）

5. 市场比较法的基本前提是在完全的市场中，类似的资产应该具有类似的价值。（　　）

6. 公司并购采用现金支付方式会改变并购公司的股权结构。（　　）

7. 公司并购采用股票支付方式时，目标公司的股东会丧失其股权。（　　）

8. 采用股票支付方式进行公司并购会使并购公司原有股东的控制权被稀释。（　　）

9. 公司进行资产剥离不会使其经营规模缩减。（　　）

10. 负协同效应是指某一部门单独衡量时的价值要超过其在公司整体结构中的价值的情况。（　　）

11. 资产剥离出售的是公司的资产或部门而非股份。（　　）

12. 财务危机指的是企业的经济失败。（　　）

13. 经济失败是指企业发生经营亏损或者盈利低于预期水平的情况。（　　）

14. 根据《中华人民共和国破产法》（以下简称《破产法》）的规定，企业法人不能清偿到期债务，并且资产不足以清偿全部债务或者明显缺乏清偿能力的，可申请破产。（　　）

15. 重整程序是一种再建型的债务清偿制度，其目的在于促进债务人复兴。（　　）

16. 债权人会议由依法申报债权的所有债权人组成，决定债务人在破产期间的重大事项。（　　）

三、单项选择题

1. A公司与B公司合并，合并后A，B两家公司解散，成立一家新的公司C，这种合并是（　　）。

A. 吸收合并　　B. 新设合并　　C. 横向并购　　D. 混合并购

2. 一家整车生产企业并购一家汽车配件生产企业，这种并购属于（　　）。

A. 横向并购　　B. 纵向并购　　C. 新设并购　　D. 混合并购

3. 收购公司仅利用少量的自有资本，主要以被收购公司的资产和将来的收益作抵押筹集大量资本用于收购，这种收购属于（　　）。

A. 混合并购　　B. 善意并购　　C. 敌意并购　　D. 杠杆并购

4. 下列评估方法中，考虑了资产实际价值的是（　　）。

A. 账面价值法　　B. 清算价值法

C. 市场价值法　　D. 市场比较法

5. 公司并购采用股票支付方式的优点是（　　）。

A. 目标公司原有股东不会丧失其股权

B. 并购公司原有股东控制权不会被稀释

C. 手续简便快捷，可迅速完成并购

D. 不会引起股票价格波动

6. 下列关于公司自由现金流量的说法中，不正确的是（　　）。

A. 公司自由现金流量是以公司为主体计算的现金流量

B. 公司自由现金流量不包括公司为债权人创造的现金流量

C. 公司自由现金流量是全部现金流入量扣除成本费用和必要的投资后剩余的现金流量

D. 公司自由现金流量是公司在一定期间内为包括普通股股东、优先股股东和债权人在内的所有投资者创造的净现金流量

7. 下列关于资产剥离的说法中，正确的是（　　）。

A. 资产剥离是出售所持有的子公司股权

B. 资产剥离会使公司的经营业务收缩

C. 资产剥离会产生负协同效应

D. 资产剥离通常会使公司的资产总额减少

8. 将一个公司分割成两个新的公司的经济行为是（　　）。

A. 派生分立　　B. 新设分立　　C. 资产剥离　　D. 股权出售

9. 下列各项中，不属于企业财务失败的是（　　）。

A. 破产　　B. 债券违约

C. 经营发生亏损　　D. 无力偿还到期债务

10. 根据《破产法》的规定，企业破产界限是（　　）。

A. 企业资不抵债　　B. 陷入财务危机

C. 经营亏损　　D. 不能清偿到期债务

四、多项选择题

1. 公司并购按照并购双方所处行业性质不同可以分为（　　）。

A. 吸收合并　　B. 新设合并

C. 横向并购　　D. 纵向并购

E. 混合并购

2. 公司并购按照出资方式不同可以分为（　　）。

A. 出资购买资产式并购　　B. 出资购买股票式并购

C. 以债券换取资产式并购
D. 以股票换取资产式并购
E. 以股票换取股票式并购

3. 下列价值评估方法中，属于成本法的有（　　）。
A. 账面价值法
B. 市场价值法
C. 市盈率法
D. 市销率法
E. 清算价值法

4. 下列价值评估方法中，属于市场比较法的有（　　）。
A. 市场价值法
B. 市盈率法
C. 市销率法
D. 市净率法
E. 现金流量折现法

5. 公司并购的价值评估方法有（　　）。
A. 成本法
B. 资产负债法
C. 市场比较法
D. 现金流量折现法
E. 换股并购估价法

6. 采用现金支付方式进行公司并购的主要优点有（　　）。
A. 简便快捷，易于为并购双方所接受
B. 不会形成沉重的财务负担
C. 可以保证并购公司股权结构不受影响
D. 目标公司股东可以立即收到现金，承担的风险较小
E. 目标公司股东不会丧失股权

7. 采用股票支付方式进行公司并购需要考虑的影响因素有（　　）。
A. 并购公司的股权结构
B. 每股利润的变化
C. 每股净资产的变化
D. 财务杠杆的变化
E. 当前股票价格水平

8. 公司进行资产剥离的主要原因有（　　）。
A. 盈利状况欠佳
B. 负协同效应
C. 增加现金流量
D. 资本市场的因素
E. 经营业务不符合公司发展规划

9. 公司分立的原因主要有（　　）。
A. 提高公司运营效率
B. 扩大经营规模
C. 防范敌意收购
D. 避免反垄断诉讼
E. 实行多元化经营，分散经营风险

10. 公司发生财务危机在财务指标方面可能表现出的征兆有（　　）。
A. 缺乏偿付到期债务的现金流量
B. 销售量非预期下降
C. 利润严重下滑
D. 平均收账期延长

E. 偿债能力指标恶化

11. 公司发生财务危机在经营状况方面可能表现出的征兆有（　　）。

A. 盲目扩大企业规模　　B. 企业信誉不断降低

C. 关联企业趋于倒闭　　D. 产品市场竞争力不断减弱

E. 无法按时编制会计报表

12. 现代破产制度主要包括的基本程序有（　　）。

A. 重整程序　　B. 和解程序

C. 分拆程序　　D. 出售程序

E. 破产清算程序

五、简答题

1. 公司并购按照双方所处行业不同可以分为哪几类?
2. 公司并购按照出资方式不同可以分为哪几类?
3. 简述公司并购的程序。
4. 公司并购的价值评估方法有哪些?
5. 简述公司自由现金流量与股权自由现金流量的差别。
6. 公司并购采用现金支付方式的优缺点是什么?
7. 公司并购采用股票支付方式的优缺点是什么?
8. 简述公司资产剥离的主要原因。
9. 简述资产剥离的财务估价步骤。
10. 简述公司分立的概念及其形式。
11. 《破产法》规定的企业破产界限是什么?
12. 现代企业破产制度包括哪些基本程序?
13. 简述企业重整的基本程序。
14. 简述企业债务和解的基本程序。

六、计算与分析题

1. A公司计划收购B公司的全部股份，经过综合比较，A公司管理层决定采用市盈率法对B公司价值进行评估。根据调查发现，资本市场上与B公司具有可比性的公司的平均市盈率为15倍。A公司确定的决策期间为未来3年，在未来3年中，B公司预计年均可实现净利润为4 800万元。

要求：评估B公司的价值。

2. 某房地产开发公司计划收购S公司，需要对S公司进行价值评估。S公司股票市场价值的影响因素主要有净利润、股东权益和销售收入。经调查，市场上存在三个与S公司相类似的公司：A公司、B公司和C公司，三个公司的有关指标如表12-1所示。

表 12-1 财务指标

指标	A公司	B公司	C公司	平均值
市盈率	18	16	20	18
市净率	1.4	1.5	1.6	1.5
市销率	1.1	1.0	1.2	1.1

经预测，目标公司S在未来决策期内年均净利润预计为80万元，年均净资产预计为1 000万元，年均销售收入预计为1 200万元。

要求：采用市场比较法，利用类比公司的平均市盈率、平均市净率和平均市销率评估S公司价值，判断哪种方法计算的公司价值最高。

3. 亚宝公司正考虑采用股票支付方式收购凯伦公司。两家公司目前的有关财务信息如表12-2所示。

表 12-2 财务信息

项目	亚宝公司	凯伦公司
净利润总额（万元）	4 000	1 000
普通股股数（万股）	2 000	800
每股收益（元）	2.00	1.25
市盈率	12	8

亚宝公司计划向凯伦公司支付高于其股票市价20%的溢价。

要求：

(1) 计算股票交换比例，确定亚宝公司需要发行多少新股。

(2) 计算公司完成并购之后新公司的每股收益。

(3) 如果并购后公司的市盈率仍能够维持12倍，计算其股票市价。

4. 东海公司的总市值为36 000万元，西蒙公司的总市值为25 000万元。东海公司计划以现金支付方式收购西蒙公司的全部股权，估计并购之后会产生协同效应，合并后的公司经营效率将得到明显提高。估计并购后公司价值将达到66 000万元，东海公司收购西蒙公司股份时将支付1 000万元的溢价，并且会发生并购费用300万元。

要求：计算东海公司该项收购活动可获得的并购净收益。

七、案例题

美的集团吸收合并小天鹅案例

(一) 并购双方的基本情况

1. 美的集团的基本情况

1968年26岁的何享健带领23位居民集资5 000元创办了北滘街办塑料生产

组，何享健任组长，从此开始了“美的”的创业史。在随后的十多年里，这个生产组转产发电机的小配件等产品。何享健开始走南闯北地找市场，在这期间，他磨炼出了对市场的敏感嗅觉。1980 年开始制造风扇，进入家电行业。1981 年正式注册使用“美的”商标。1985 年美的成立空调设备厂，开始了窗式空调机的组装生产。1992 年成立美的集团，并进行股份制改造。1993 年 11 月广东美的集团股份有限公司在深圳证券交易所上市，股票简称“粤美的 A”，成为中国第一家由乡镇企业改组而成的上市公司。2004 年公司更名为广东美的电器股份有限公司，股票简称更改为“美的电器”。2008 年 2 月美的电器收购小天鹅 A 股 24.01%的股份，并通过其境外全资子公司 Titoni Investments Development Ltd. 在二级市场购入了 18 000 006 股小天鹅 B 股股票，占小天鹅总股本的 4.93%。合计持有小天鹅 105 673 347 股股份，占小天鹅总股本的 28.94%，成为小天鹅的实际控制人。2010 年 12 月，小天鹅向美的电器非公开发行 84 832 004 股 A 股股票收购美的电器持有的荣事达洗衣设备 69.74%的股权，本次交易完成后，美的电器合计持有小天鹅 247 193 729 股股份，约占小天鹅总股本的 39.08%。2013 年 9 月美的集团股份有限公司发行股份吸收合并广东美的电器股份有限公司，换股吸收合并完成后，美的电器的法人资格注销，“美的电器”股票终止上市，美的集团股份有限公司股票于 2013 年 9 月 18 日在深圳证券交易所上市，股票简称“美的集团”。这次吸收合并完成后，美的电器及 Titoni 持有小天鹅 40.08%的股权由美的集团承继。2014 年 7 月美的集团要约收购小天鹅 A 和小天鹅 B 股票，本次要约收购完成后，美的集团直接和间接持有小天鹅 33 153 059 股股份（美的集团持有 238 948 117 股 A 股，Titoni 持有 94 204 942 股 B 股），占小天鹅总股本的 52.67%。

目前，美的集团已经成为一家全球运营的公司，业务与客户遍及全球，在全球拥有约 200 家子公司、28 个研发中心和 34 个主要生产基地，员工约 15 万人，业务覆盖 200 多个国家和地区。美的集团的业务包括智能家居事业群、机电事业群、暖通与楼宇事业部、机器人与自动化事业部和数字化创新业务五大业务板块，提供多元化的产品种类与服务。2020 年美的集团总资产 3 603 亿元，净资产 1 175 亿元，营业收入 2 842 亿元，净利润 272 亿元。2020 年 5 月福布斯发布第 18 期全球企业 2 000 强榜单，美的集团位列第 229 位。2020 年《财富》世界 500 强榜单中，美的集团位列第 307 名。2020 年《财富》中国 500 强榜单中，美的集团排名第 35 位，连续 6 年蝉联同行业第一。据英国品牌评估机构发布的“2021 全球最有价值的 100 大科技品牌”榜单，美的集团位列第 33 位，领先国内同行业其他品牌。

2. 小天鹅的基本情况

小天鹅前身是始建于 1958 年的无锡陶瓷厂，1978 年无锡陶瓷厂更名为无锡洗衣机厂，同年制造出中国第一台全自动洗衣机。1986年无锡洗衣机厂改名为无锡小天鹅电器工业公司，小天鹅的品牌正式诞生。1990年小天鹅洗衣机唯一荣获行业内国优金奖；1997年小天鹅商标被认定为中国洗衣机行业第一枚驰名商标。1996年和1997年小天鹅分别发行B股和A股，先后成功在深圳证券交易所上市。20世纪90年代是小天鹅最为鼎盛的时期，彼时的小天鹅牌洗衣机一度随着公司在央视打出的“全心全意小天鹅”广告语而销往全国。

2001年，小天鹅提出二次创业，实行多元化，将空调业务作为第二支柱产业，同时发展家电、机械、外贸、零部件四大产业板块。因为市场环境的变化以及公司对市场需求的误判，小天鹅的多元化最终以失败告终。2002年小天鹅净亏损达到6.31亿元。此后因为连续两年亏损，小天鹅股票还被带上了“ST”的帽子。2003—2007年，业绩惨淡的小天鹅经历了一系列股权变化，直到2007年，无锡国联接手了小天鹅，小天鹅才开始逐渐回归洗衣机主业。2008年，国联集团退出，美的集团以接近17亿元的价格收购了小天鹅24%的股权，成为小天鹅的控股股东。此后，美的集团亦不断增持小天鹅的股份，并在2010年将荣事达洗衣机业务装进小天鹅，小天鹅逐渐成为美的集团旗下负责洗衣机业务的核心平台。在此后的十年间，小天鹅的营业收入和净利润逐渐恢复了上涨的态势，公司的营业收入从2008年的42.93亿元增长至2018年的236.37亿元，归母净利润从2008年的4 003.83万元增长至2018年的18.62亿元，增长了46.51倍。

小天鹅的主营业务为家用洗衣机及干衣机的生产与销售业务。在生产方面，小天鹅目前在江苏省无锡市和安徽省合肥市有两大生产基地，总占地面积超过1 200亩，年产能超过2 400万台，拥有国内、国际一流的生产设备和富有经验的制造团队。在研发方面，小天鹅注重研发投入，拥有超过900人的研发团队、一个国家级企业技术中心和两个国家认定实验室，技术研发体系完善。在销售方面，小天鹅产品在国内市场和海外160多个国家和地区均有销售，其中外销收入占比约为20%。小天鹅外销以OEM/ODM为主，同时注重对自有品牌的发展。小天鹅实行“小天鹅”“美的”双品牌战略，近几年来，“小天鹅”与“美的”品牌业务均保持较好较快的增长。根据奥维数据统计，2018年上半年，“小天鹅”与“美的”双品牌的线上市场份额合计为27.50%，线下市场份额合计为24.70%，位居市场第二。

截至2018年9月30日，美的集团直接及通过Titoni间接持有小天鹅52.67%的股份，为小天鹅的控股股东。小天鹅公司的股权结构如图12－1所示。

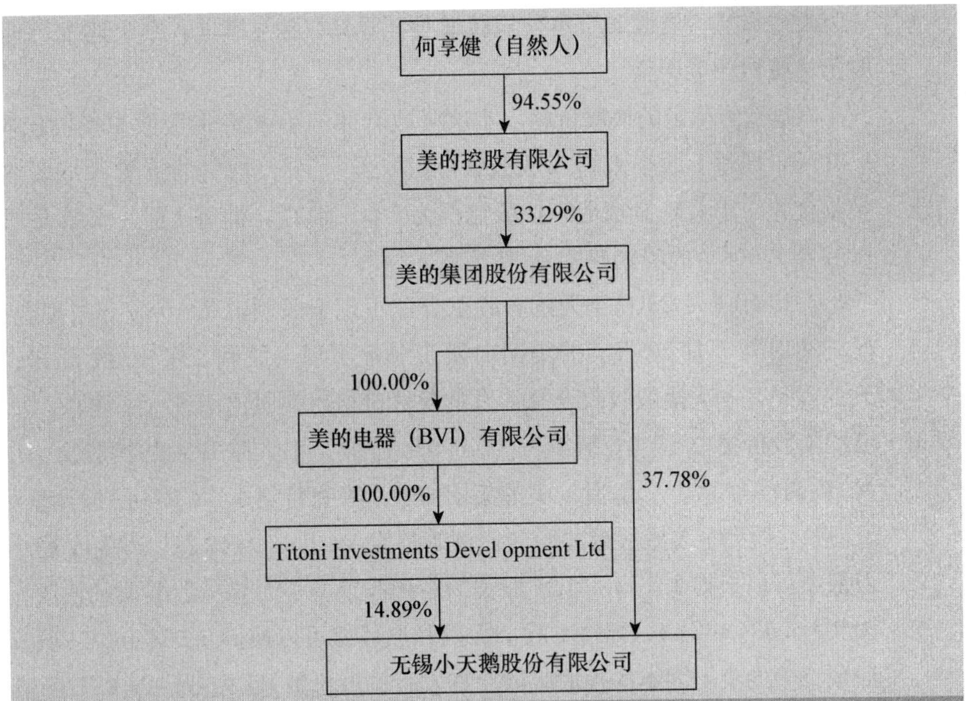

图 12－1　小天鹅公司股权结构图

（二）换股吸收合并方案

2018 年 10 月 23 日美的集团与小天鹅签订了《换股吸收合并协议》。2019 年 3 月 14 日美的集团公告了《发行 A 股股份换股吸收合并无锡小天鹅股份有限公司暨关联交易报告书（修订稿）》。根据双方签订的《换股吸收合并协议》，美的集团收购小天鹅采用换股方式吸收合并小天鹅。美的集团向小天鹅除美的集团及 Titoni 外的所有换股股东发行 A 股，交换该等股东所持有的小天鹅 A 股股票及小天鹅 B 股股票。美的集团及 Titoni 所持有的小天鹅 A 股及 B 股股票不参与换股，该等股票将在本次换股吸收合并后予以注销。本次换股吸收合并完成后，小天鹅将终止上市并注销法人资格，美的集团或其全资子公司将承接小天鹅的全部资产、负债、业务、人员、合同及其他一切权利与义务。美的集团因本次换股吸收合并所增发的 A 股股票将申请在深圳证券交易所主板上市流通。

经双方协商确定，在本次合并中，美的集团的换股价格为定价基准日前 20 个交易日的交易均价，即 42.04 元/股。小天鹅 A 股的换股价格以定价基准日前 20 个交易日的均价 46.28 元/股为基准，并在此基础上给予 10%的换股溢价率，确定换股价格为 50.91 元/股。小天鹅 B 股的换股价格以定价基准日前 20 个交易日的均价 37.24 港元/股为基准，并在此基础上给予 30%的换股溢价率，确定换股价格为 48.41 港元/股（采用小天鹅 B 股停牌前一交易日即 2018 年 9 月 7 日中国人民银行公布的人民币对港元汇率中间价（1 港元＝0.869 0 元人民币）进行折算，折合人民币 42.07 元/股）。自定价基准日至换股日前，若合并双方中的任一方发生派息、送股、资本公积转增股本等除权除息事项，则上述发行价格或换股价格将做相应调整。

根据双方确定的换股价格，本次吸收合并的小天鹅A股股东换股比例为1∶1.2110，即每1股小天鹅A股股票可以取得1.2110股美的集团A股股票，本次吸收合并的小天鹅B股股东换股比例为1∶1.0007，即每1股小天鹅B股股票可以取得1.0007股美的集团A股股票。

2019年4月23日小天鹅向股东分配了现金股利，每10股分派现金股利40元。2019年5月30日美的集团向股东分配了现金股利，每10股派13.039620元。因此，本次换股吸收合并涉及的换股价格、换股比例进行了调整。小天鹅A股的换股价格由50.91/股调整为46.91元/股，小天鹅B股的换股价格由42.07元/股调整为38.07元/股。美的集团的股票发行价格由42.04元/股调整为40.74元/股。小天鹅A股股票的换股比例调整为1∶1.15144821，即每1股小天鹅A股股票可以换得1.15144821股美的集团股票。小天鹅B股股票的换股比例调整为1∶0.93446244，即每1股小天鹅B股股票可以换得0.93446244股美的集团股票。美的集团因本次换股吸收合并发行的股份数量调整为323657476股。

2019年6月19日美的集团和小天鹅分别发布公告，2019年6月20日为美的集团换股吸收合并小天鹅的换股股权登记日。小天鹅股票于6月21日终止上市，美的集团换股新增股份323657476股于6月21日在深圳证券交易所上市。至此，美的集团完成了换股吸收合并小天鹅的并购活动。

要求：

（1）分析美的集团吸收合并小天鹅的目的。

（2）分析采用换股并购有哪些优缺点。

（3）分析换股并购对于并购方会产生哪些影响。

练习题部分答案

一、名词解释

1. 吸收合并：也称兼并，是指由一家公司吸收另一家或多家公司加入本公司，吸收方存续，被吸收方解散并取消原法人资格的合并方式。

2. 新设合并：新设合并是指两家或多家公司合并成一家新的公司，原合并各方解散，取消原法人资格的合并方式。

3. 收购：收购是指一家公司为了对另一家公司进行控制或实施重大影响，用现金、非现金资产或股权购买另一家公司的股权或资产的并购活动。

4. 接管：接管通常指一家公司的控制权的变更，这种变更可能是由于股权的改变（如收购），也可能是托管或委托投票权的原因而发生接管。

5. 横向并购：横向并购是指两个或两个以上同行业公司之间的并购。

6. 纵向并购：纵向并购是指公司与其供应商或客户之间的并购。

7. 混合并购：混合并购是指与本公司生产经营活动无直接关系的公司之间的并购。

8. 善意并购：善意并购是指收购公司与被收购公司双方通过友好协商达成并购协议而实现的并购。

9. 敌意收购：也称非善意并购，是指收购公司不是直接向目标公司提出并购要求，而是在资本市场上通过大量收购目标公司股票的方式实现并购，敌意并购不是建立在并购双方友好协商的基础上的，而是强行并购。

10. 杠杆并购：杠杆并购是指收购公司仅利用少量的自有资本，而主要以被收购公司的资产和将来的收益作抵押，筹集大量的资本用于收购的一种并购活动，由于这种并购是一种高度负债的并购方式，因此称为杠杆并购。

11. 公司重组：公司重组是指公司为了实现其战略目标，对公司的资源进行重新组合和优化配置的活动。公司重组的根本目的是实现公司的战略目标，属于战略层面的问题，而不是具体的经营层面的问题。公司重组有广义与狭义之分，广义的公司重组包括扩张重组、收缩重组和破产重组三种类型，狭义的公司重组仅仅包括收缩重组。

12. 资产剥离：资产剥离是指公司将其拥有的某些子公司、部门或固定资产等出售给其他的经济主体，以获得现金或有价证券的经济活动。最常见的资产剥离形式是母公司将一个子公司或者部门出售给另一个公司。

13. 公司分立：公司分立是指一个公司依法分成两个或两个以上具有法人资格的公司的经济行为。公司分立有两种形式，即新设分立和派生分立。公司分立是公司收缩经营规模的一种重要方式。

14. 财务危机：也称财务困境或财务失败，是指企业由于现金流量不足，无力偿还到期债务，而被迫采取非常措施的一种状态。

15. 财务危机预警：也称财务预警，是指根据企业经营状况和财务指标等因素的变化，对企业经营活动中存在的财务风险进行监测、诊断和报警的方法。财务预警作为一种诊断工具，对企业的财务风险进行预测和诊断，避免潜在的财务风险演变成财务危机，从而起到防患于未然的作用。

16. 企业破产：企业破产是市场经济条件下的一种客观经济现象，它是指企业在市场竞争中，出于各种原因不能清偿到期债务，通过重整、和解或者清算等法律程序，使得债权债务关系依据重整计划或者和解协议得到调整，或者通过变卖债务人财产，使得债权人公平受偿。

17. 破产界限：破产界限是指法院据以宣告债务人破产的法律标准，在国际上称为法律破产原因。

18. 重整程序：重整程序是指对陷入财务危机但仍有转机和重建价值的企

业，根据一定程序进行重新整顿，使企业得以维持和复兴，并按约定的方式清偿债务的法律程序。

19. 和解程序：和解程序是指在债务人无法清偿到期债务的情况下，由债务人提出债务和解协议并向法院提出和解申请，经债权人会议通过和法院认可后，按照和解协议规定的条件清偿债务的法律程序。

20. 破产清算程序：破产清算程序是指在债务人无法清偿到期债务的情况下，由债务人或债权人向法院申请对债务人进行财产清算，并公平偿还债权人的法律程序。

21. 债务和解：也称债务重组，是指在债务人发生财务危机的情况下，债权人按照其与债务人达成的协议或法院的裁定作出让步，使债务人减轻债务负担，渡过难关，从而解决债务人债务问题的行为。

22. 企业清算：企业清算是企业在终止过程中，为终结现存的各种经济关系，对企业的财产进行清查、估值和变现，清理债权和债务，分配剩余财产的行为。

二、判断题

1. √	2. √	3. √	4. ×	5. √
6. ×	7. ×	8. √	9. ×	10. √
11. √	12. ×	13. √	14. √	15. √
16. √				

三、单项选择题

1. B	2. B	3. D	4. C	5. A
6. B	7. B	8. B	9. C	10. D

四、多项选择题

1. CDE	2. ABDE	3. ABE	4. BCD	5. ACDE
6. ACD	7. ABCDE	8. ABCDE	9. ACD	10. ABCDE
11. ABCDE	12. ABE			

五、简答题

1. 答：公司并购按照并购双方所处行业性质不同，可以分为以下三种类型：

（1）横向并购。横向并购是指两个或两个以上同行业公司之间的并购。横向并购的双方公司生产同类产品或者经营同类业务，在并购之前是竞争对手，通过横向并购可以消除竞争，扩大市场份额。在横向并购活动中，通常是优势公司兼并劣势公司，从而形成规模经营，增强公司的市场竞争力。

（2）纵向并购。纵向并购是指公司与其供应商或客户之间的并购。纵向并购通常是优势公司兼并与本公司生产经营紧密相关的上下游公司。纵向并购双方是处于同一产业链的上下游公司，双方之间的经营业务具有互补性，通过纵向并购可以实现纵向产业一体化，有利于相互协作，加强生产经营过程各个环节的配合，缩短生产经营周期，节约费用。由于纵向并购公司之间原来是合作关系，不是竞争对手，双方都熟悉彼此的生产经营状况，因此并购之后容易整合，有利于提高公司整体经营效率。

（3）混合并购。混合并购是指与本公司生产经营活动无直接关系的公司之间的并购。混合并购双方既不是同行业的竞争对手，也不是同一产业链上的供应商或客户，它们原来在经营活动上没有任何关系。混合并购的目的是扩大生产经营范围，减少长期经营一个行业所带来的特定行业风险。通过混合并购，公司可以进入一个新的行业，实现多元化经营，从而分散投资风险。

2. 答：公司并购按照出资方式不同，可以分为以下四种类型：

（1）出资购买资产式并购。这种并购是指收购公司使用现金购买被收购公司的全部资产，一般属于吸收合并，收购公司将被收购公司的全部资产购买之后，被收购公司就成为收购公司的一部分，被收购公司并入收购公司后其原有的法人资格被取消。一般来说，这种并购方式比较适用于非上市公司。

（2）出资购买股票式并购。这种并购是指收购公司通过出资购买被收购公司股票，要求被收购公司必须是上市公司，收购公司出资购买被收购公司的股票既可以通过场外市场进行，也可以通过场内市场进行。

（3）以股票换取资产式并购。这种并购是指收购公司向被收购公司发行本公司的股票来交换被收购公司资产，必须由并购双方签订协议，收购公司同意承担被收购公司的债务责任，被收购公司同意解散公司，并将持有的收购公司股票分配给其原有股东。

（4）以股票换取股票式并购。这种并购是指收购公司直接向被收购公司的股东发行本公司股票，以交换其所持有的被收购公司股票。一般来说，交换股票的数量至少要达到能够控制被收购公司的持股比例才能达到并购的目的。通过这样的股票交换，被收购公司原股东成为收购公司的股东，而收购公司成为被收购公司的股东，从而实现对被收购公司的控制或重大影响。

3. 答：公司并购的一般程序如下：

（1）并购双方提出并购意向。公司并购前通常由并购的一方或双方提出并购的意向，并购意向也可以由公司的大股东提出。并购意向经双方确认之后，双方应互换有关资料，并就并购的有关事宜进行谈判。

（2）签订并购协议。签订并购协议主要适用于善意并购。并购各方就并购的有关具体事宜进行谈判并达成一致之后，就可以由并购各方的法人代表或其代理人签订并购协议。

（3）股东大会通过并购决议。并购协议必须经股东大会通过，形成合并决议之后才能生效。根据《公司法》的规定，股东大会对公司合并作出决议，必须经出席会议的股东所持表决权的2/3以上通过才具有法律效力。

（4）通告债权人。公司并购协议经过股东大会决议通过之后，即具备法律效力。并购各方应当在法定期限内通知债权人，债权人可以自接到通知后在法定期限内提出合并异议，如果超过法定期限，债权人未提出异议，即可视为承认公司的合并。

（5）办理合并登记手续。公司并购完成以后，被合并的公司消亡，取消法人资格，应当到工商行政管理部门办理注销企业法人资格的手续，吊销营业执照。存续的公司或新设的公司应当在法定期限内持有关文件到工商行政管理部门办理登记手续，并进行公告。

4. 答：公司并购的价值评估方法主要有：成本法、市场比较法、现金流量折现法和换股并购估价法。

（1）成本法，也称资产基础法，是指以目标公司的资产价值为基础对目标公司价值进行评估的方法。确定目标公司的资产价值，关键是要选择合适的资产价值标准。根据资产的价值标准不同，成本法可以分为账面价值法、市场价值法和清算价值法。

（2）市场比较法，也称相对价值法，是以资本市场上与目标公司的经营业绩和风险水平相当的公司的平均市场价值作为参照标准，以此来估算目标公司价值的一种价值评估方法。市场比较法的基本假设是：在完全市场中，类似的资产应该具有类似的价值。市场比较法根据所选择的观测变量不同，可以分为市盈率法、市净率法和市销率法等。

（3）现金流量折现法，是资产价值评估的一种重要方法，其基本原理是：资产价值等于以投资者要求的必要投资报酬率为折现率，对该项资产预期未来的现金流量进行折现所计算出的现值之和。

（4）换股并购估价法。如果并购双方都是股份公司，则可以采用换股并购，即股票换股票的方式实现并购，并购公司用本公司股票交换目标公司股东的股票，从而实现对目标公司的收购。采用换股并购时，对目标公司的价值评估主要体现在换股比例的大小上。换股比例是指1股目标公司的股票交换并购公司股票的股数。

5. 答：公司自由现金流量是以目标公司为主体计算的现金流量，它是公司经营活动产生的税后现金流量扣除资本性支出和净营运资本增加额后剩余的净现金流量。公司自由现金流量是公司在一定期间内为包括普通股股东、优先股股东和债权人在内的所有投资者创造的净现金流量。公司自由现金流量等于息税前利润减去所得税费用、加上折旧再减去资本性支出和净营运资本增加额后的余额。

股权自由现金流量是公司普通股股东所能获得的现金流量，它是公司全部现金流入量扣除税后利息费用再加上负债净增加额后的净现金流量。股权自由现金流量等于净利润加上折旧、新增债务额，再减去资本性支出、净营运资本增加额、债务本金偿还额和优先股股利之后的余额。

6. 答：现金支付方式是并购公司以现金为支付手段完成对目标公司收购的一种并购支付方式。现金支付方式是公司并购活动中最常用的支付方式，可分为现金购买资产和现金购买股份两种方式。

现金支付方式的优点主要有：

(1) 现金支付方式简便、快捷，易于为并购双方所接受。

(2) 现金支付方式可以保证并购公司的股权结构不受影响。

(3) 目标公司的股东可以即时收到现金，与其他支付方式相比承担的风险较小。因此，目标公司股东乐于接受这种支付方式。

现金支付方式也存在如下缺点：

(1) 对于并购公司来说，需要在短时间内准备大量的现金，容易导致公司现金流量紧张，可能会形成较沉重的财务负担。

(2) 对于目标公司的股东来说，在收到现金时须确认资本利得收益，形成了纳税义务，缴纳资本利得税，因此，这种支付方式无法延迟纳税，目标公司的股东不能获得税收利益。税收的影响可能对边际税率较低的中小股东或者享有免税政策的养老金等机构投资者来说无关紧要，但是，对于边际税率较高的股东来说影响较大。

7. 答：股票支付方式是指并购公司以增发本公司股票作为支付手段来收购目标公司的一种支付方式。股票支付方式可分为股票购买资产和股票交换股票两种方式。

股票支付方式的优点主要有：

(1) 并购公司不需要支付大量的现金，因而不会影响并购公司的现金流量。

(2) 并购完成之后，目标公司的股东并没有丧失其股权，而是成为并购公司的股东，并且可以获得并购所实现的价值增值。

(3) 目标公司的股东可以推迟收益的确认时间，避免在并购后缴纳资本利得税，因此可获得延迟纳税带来的好处。

股票支付方式也存在如下缺点：

(1) 对于并购公司来说，原有股东的控制权被稀释。由于股票支付方式需要发行新股，势必改变原有的股权结构，目标公司的股东成为并购公司的股东，使并购公司的原股东持股比例下降，控制权被稀释。

(2) 股票支付方式手续烦琐，办理时间较长。采用股票支付方式时，并购公司必须向证券监督管理部门提出增发新股的申请，经证券监督管理部门审核批准之后，才可以发行新股进行收购。发行新股会受到一定的限制，办理时间较长，手续较烦琐，可能会延迟并购时间。

（3）采用股票支付方式，可能会引起股票价格的波动，为并购带来一定风险。

8. 答：资产剥离是指公司将其拥有的某些子公司、部门或固定资产等出售给其他的经济主体，以获得现金或有价证券的经济活动。公司进行资产剥离主要有以下几种原因：

（1）盈利状况欠佳。如果公司的某一子公司或部门的盈利状况欠佳，长期以来其投资收益率无法超过公司要求的最低投资收益率，公司就应考虑将其出售。

（2）经营业务不符合公司的发展规划。有些部门的业务可能不再符合公司的未来发展规划，公司可能希望脱离这一行业，此时就需要对这些部门进行剥离。尽管这些部门对公司的利润可能依然有贡献，但是会占用公司许多资源，并且不符合公司的未来发展方向，因此，将其出售更有利于公司的未来发展。

（3）负协同效应。负协同效应是指某一部门单独衡量时的价值要超过其在公司整体结构中的价值的情况，即产生 4－1＝5 的情况。也就是说，这个部门对于公司价值的贡献要小于其市场价值，在这种情况下，外部收购者的开价可能超过该部门在母公司中所体现的价值，这样公司就应当考虑进行资产剥离。

（4）资本市场的因素。资产剥离可能会给公司以及被剥离出去的部门在资本市场上赢得更多的机会。

（5）增加现金流入量。公司通过资产剥离出售一些非战略性的资产或部门，能够立刻给公司带来大量的现金流入，改善公司的现金流量状况。有时处于财务困境的公司通常会被迫出售有价值的资产来改善其现金流量状况。

（6）被动剥离。公司进行资产剥离大多是主动的，但有时也可能是被动的，这主要是因为政府的反垄断管制。如果政府认为一家公司存在垄断情况，就可能根据反垄断法强制公司进行资产剥离，这种剥离称为被动剥离。

9. 答：公司在进行资产剥离时，应对计划出售的子公司、部门或资产进行价值评估。通常评估过程应当包括下面几个基本步骤：

（1）估计被剥离部门或资产的税后现金净流量。在估计被剥离部门或资产的现金流量时，必须考虑其与公司之间的相关性，因为被剥离的部门或资产可能给公司的现金流量带来正面或者负面的影响，在估值中必须考虑这些因素。

（2）确定被剥离部门或资产所适用的折现率。确定折现率应当考虑被剥离部门或资产的风险特性，通常可参照与其业务相同且规模相近的公司的资本成本率来确定折现率。

（3）计算现值。用确定的折现率对被剥离部门或资产的税后现金净流量进行折现即可计算出其现值。

（4）计算被剥离部门的价值。如果出售的是公司的固定资产，不需要负担任何负债，则步骤（3）所计算的现值就是被剥离资产的价值；如果出售的是公司的一个部门或子公司，还要减去该部门或子公司所应负担的负债的市场价值，才可计算出该部门或子公司作为原公司一部分时所具有的价值。

10. 答：公司分立是公司收缩经营规模的一种重要方式。公司分立是指一个公司依法分成两个或两个以上公司的经济行为。

公司分立主要有以下两种形式：

（1）新设分立。新设分立是指将一个公司分割成两个或两个以上的具有法人资格的公司，原公司解散。

（2）派生分立。派生分立是指一个公司将原公司的一部分资产和业务分离出去，另设一个新的公司，原公司存续。

11. 答：破产界限是指法院据以宣告债务人破产的法律标准，在国际上称为法律破产原因。破产原因是适用破产程序所依据的特定法律实事，它是破产程序开始的前提，也是法院进行破产案件受理的实质要件和破产宣告的重要依据。关于企业法人的破产界限，《破产法》作出了如下规定：（1）企业法人不能清偿到期债务，并且资产不足以清偿全部债务或者明显缺乏清偿能力的。（2）企业法人有前款规定情形，或者有明显丧失清偿能力可能的。

12. 答：现代破产制度主要包括三个基本程序，即重整程序、和解程序与破产清算程序。重整程序与和解程序可以统称为破产重组。

重整程序是指对陷入财务危机但仍有转机和重建价值的企业，根据一定程序进行重新整顿，使企业得以维持和复兴，并按约定的方式清偿债务的法律程序。启动重整程序后，不对无偿付能力的债务人进行财产清算，而是在法院的主持下，由债务人与债权人达成协议，制定重整计划，规定在一定的期限内，债务人按一定的方式全部或部分清偿债务，同时债务人可以继续经营其业务。

和解程序是指在债务人无法清偿到期债务的情况下，由债务人提出债务和解协议并向法院提出和解申请，经债权人会议通过和法院认可后，按照和解协议规定的条件清偿债务的法律程序。

破产清算程序是指在债务人无法清偿到期债务的情况下，由债务人或债权人向法院申请对债务人进行财产清算，并公平偿还债权人的法律程序。

13. 答：重整是一个完整的法律程序。根据《破产法》的规定，企业重整应当按如下程序进行：

（1）重整申请。

（2）重整计划的制定和批准。

（3）重整计划的执行。

（4）重整程序的终止。分为正常终止和失败终止两种情况。正常终止是指重整计划经债权人会议通过，并经法院批准后，债务人成功执行了重整计划，债务问题得以解决，重整程序正常终止。失败终止是指在重整期间发生了法律规定的情形后，经管理人或者利害关系人请求，法院裁定终止重整程序，并宣告债务人破产。

14. 答：债务和解也称债务重组，是指在债务人发生财务危机的情况下，债权人按照其与债务人达成的协议或法院的裁定作出让步，使债务人减轻债务负担，渡过难关，从而解决债务人债务问题的行为。通过债务重组，债务人可以延缓债务的偿还期限，减轻债务负担，调节资本结构，从而使企业走出困境。

企业在符合债务和解条件情况下，可以与债权人协商债务和解，对债务企业进行整顿。通常债务和解应遵循以下程序：

(1) 提出申请。企业进行债务和解应由债务人向法院提出申请。

(2) 签订债务和解协议。债务人提出的债务和解协议草案须经债权人会议表决通过。

(3) 债务和解程序的终止。债务人按照和解协议的条件清偿债务，按照和解协议减免的债务，自和解协议执行完毕时起，债务人不再承担清偿责任，债务和解程序顺利终止。

六、计算与分析题

1. 解：B公司价值 $V=15\times 4\,800=72\,000$(万元)

2. 解：S公司价值评估计算如表12-3所示。

表12-3 S公司价值评估表 金额单位：万元

指标	金额	平均比率	公司价值
净利润	80	18	1 440
股东权益账面价值	1 000	1.5	1 500
销售收入	1 200	1.1	1 320

由上表的计算可知，采用类比公司的平均市净率法对S公司进行市场价值的评估，所计算的价值最高为1 500万元。

3. 解：(1) 亚宝公司目前的股价$=2\times 12=24$(元/股)

凯伦公司目前的股价$=1.25\times 8=10$(元/股)

因此，

$$亚宝公司的收购价格=10\times(1+20\%)=12(元/股)$$

$$股票交换比例=\frac{12}{24}=0.5$$

可见，每1股凯伦公司的股票应交换0.5股亚宝公司股票。则

$$亚宝公司应发行新股股数=800\times 0.5=400(万股)$$

(2) 公司完成并购之后新公司的普通股总股数为2 400万股，则

$$新公司的每股收益=\frac{4\,000+1\,000}{2\,400}=2.08(元)$$

(3) 如果并购后公司的市盈率仍能够维持 12 倍，则

$$股票市价=2.08\times12=24.96(元)$$

4. 解：东海公司该项收购可获得的并购净收益为：

$$66\,000-(36\,000+25\,000+1\,000+300)=3\,700(万元)$$

七、案例题

答：(1) 美的集团吸收合并小天鹅的目的如下：

第一，美的集团吸收合并小天鹅后，美的集团作为存续公司，有利于其全面整合洗衣机板块内部资源，通过发挥协同效应提升公司价值，巩固美的集团的行业领先地位。

第二，有利于发挥双方的协同效应，更好地保护合并双方股东的利益。美的集团是一家全球领先的消费电器、暖通空调、机器人与自动化系统、智能供应链的科技集团。小天鹅是洗衣机行业具有一定竞争优势的企业。合并之后，美的集团可以借助小天鹅在洗衣机行业的发展优势，在品牌效应、规模议价、用户需求挖掘、全球性战略客户网络及研发投入等多方面实现内部协同效应，进一步提升美的集团在家电行业的地位，有利于美的集团未来的长远发展和提升全体股东的整体利益。

第三，有利于避免潜在同业竞争，消除关联交易。虽然本次交易实施前美的集团与小天鹅的主营业务不存在实质性同业竞争，但不排除美的集团与小天鹅的未来业务在发展过程中发生交叉、重叠的可能。美的集团换股吸收合并小天鹅，可以彻底解决双方潜在的同业竞争问题，突破合并双方各自业务发展的瓶颈，同时小天鹅与美的集团的关联交易也将随之全面消除。

(2) 采用换股并购方式，存在如下优缺点：

换股并购的优点是：并购方不需要支付大量现金，不会对并购公司的现金状况产生影响；被并购公司的原有股东并没有丧失股权，将成为并购公司股东，可以享有并购公司未来的发展利益。

换股并购的缺点是：并购公司需要增发行股份，稀释了原有股东的股权，而且，新增股份上市可能会引起股票价格的波动。换股并购中，换股价格和换股比例确定比较复杂，容易受双方股票价格波动的影响，增加并购风险。

(3) 换股并购对并购方会产生如下影响：

第一，会影响美的集团的股权结构。并购完成后，美的集团原有股东的持股比例有所下降，股权被稀释。

第二，对财务状况也会产生一定的影响，并购完成后美的集团及其子公司承

接了小天鹅的全部资产和负债，对美的集团的财务状况会产生一定的影响，每股收益和每股净资产也会发生变化。

第三，吸收合并后，美的集团承接了小天鹅的全部业务、人员、合同及其他一切权利与义务，需要对公司业务和管理进行整合和调整，双方的企业文化可能存在差异，都需要做出相应的协调。

教材习题解析

一、思考题

1. 答：成功的企业并购与内部扩张方式相比，一般具有以下优点：

（1）当两家或更多的公司合并时会产生协同效应。能给企业带来管理协同效应、经营协同效应、财务协同效应以及税收协同效应，还能实现公司的多元化发展，同时也是解决代理问题的外部控制手段之一。

（2）有助于企业整合资源，提高规模经济效益。有助于企业以很快的速度扩大生产经营规模，确立或者巩固企业在行业中的优势地位；有助于企业消化过剩的生产能力，降低生产成本；有助于企业降低资本成本，改善财务结构，提升企业价值；有助于实现并购双方在人才、技术、财务等方面的优势互补，增强研发能力，提高管理水平和效率；有助于实现企业的战略目标，谋求并购战略价值等。

但是，企业并购也可能带来潜在的危机和风险，主要体现为以下几方面：

（1）营运风险。即企业并购完成后，可能并不会产生协同效应，甚至会出现规模不经济。

（2）筹资风险。企业并购往往需要大量资金，如果企业筹资不当，就会对企业资本结构和财务杠杆产生不利影响，增加企业财务风险。

（3）反收购风险。如果企业并购演化成敌意收购，被并购方就会不惜代价设置障碍，从而增加企业收购成本，甚至有可能导致收购失败。

（4）安置被收购企业员工风险。在实施企业并购时，并购方往往会被要求安置被收购企业员工或者支付相关成本，如果并购方处理不当，往往会因此背上沉重的包袱，增加其管理成本和经营成本。

（5）资产不实风险。由于并购双方的信息不对称，有时并购方看好的被并购方的资产，在并购完成后有可能存在严重高估，甚至一文不值，从而给并购方造成很大的经济损失。

总之，企业并购与企业内部扩张相比，兼并和收购是推动公司规模扩张的更快途径，同时带来的管理协同效应、税收协同效应等是企业无法通过内部扩张实现的。但是并购也可能使公司面临更多的风险。

2. 答：公司并购是公司扩张的一种重要方式。关于公司并购的动因在理论上有不同的观点。通常认为公司并购可以产生协同效应，从而提高公司价值。正是追求这种协同效应，成为许多公司管理层热衷于并购的主要理由。公司并购的协同效应主要来源于以下两个方面：

（1）收入增加。公司合并之后，可以通过战略协同、营销策略的调整或者减少竞争等手段，使合并后的公司取得比两家单一公司更多的收入，从而使并购产生协同效应。

（2）成本下降。合并后的公司可能会比两家单一公司更有效率，从而降低经营成本。一般而言，公司并购后可以利用规模经济效应、纵向整合、资源互补、消除低效率等来降低成本，从而获得 1＋1＞2 的效果，实现并购的协同效应。

上述动因被认为是并购的合理理由。但在实践中，也存在一些并购的不合理理由，如追求多元化等。一些资金富裕的公司可能会以追求多元化为理由进行公司并购，但这样的理由并不可靠，多元化本身并不能增加公司的价值。

3. 答：目标公司价值评估方法主要有：成本法、市场比较法、现金流量折现法和换股并购股价法。

（1）成本法主要以目标公司的资产价值为基础进行评估，可分为账面价值法、市场价值法和清算价值法。

（2）市场比较法，也称相对价值法，以资本市场上与目标公司的经营业绩和风险水平相当的公司的平均市场价值为参照来评估目标公司价值。其基本假设是：在完全市场中，类似的资产应该有类似的价值。在难以通过其他方法确定评估对象的价值时可以考虑这种方法。同时，上市公司采用这种方法的好处是信息披露及时、充分，资本市场对类似的公司常常有相近的估值水平。市场比较法根据所选择的观测变量不同，可以分为市盈率法、市净率法和市销率法等。

（3）现金流量折现法，其基本原理是：资产价值等于以投资者要求的必要投资报酬率为折现率，对该项资产预期未来的现金流量进行折现所计算出的现值之和。对于经营性资产来说，其价值并非简单取决于资产的购置成本或者现行市场价格。从投资的角度来看，一项资产的价值主要取决于在其寿命期限内能够给投资者带来的期望报酬。现金流量折现法既可用于单项资产的价值评估，也可用于对一个公司的价值评估。

（4）如果并购双方都是股份公司，则可以采用换股并购的方式，即股票换股票的方式实现并购，并购公司用本公司股票交换目标公司股东的股票，从而实现对目标公司的收购。采用换股并购时，对目标公司的价值评估主要体现在换股比例的大小上。

在选择评估方法时要综合考虑被评估公司的实际情况。对于收购一家上市公司来说，一般可根据其股票市值，并参考同类公司的有关指标进行必要的调整来评估其公司价值比较合理。

4. 答：现金流量折现法是资产价值评估的一种重要方法，其基本原理是：

资产价值等于以投资者要求的必要投资报酬率为折现率，对该项资产预期未来的现金流量进行折现所计算出的现值之和。对于经营性资产来说，其价值并非简单取决于资产的购置成本或者现行市场价格。从投资的角度来看，一项资产的价值主要取决于在其寿命期限内能够给投资者带来的期望报酬（通常以现金流量来表示）。

在采用这种方法时，应当注意影响目标公司评估价值的主要因素，具体包括现金流量、期限和折现率。

（1）现金流量。在公司并购决策中，目标公司的净现金流量是指该公司未来持续经营期限内所创造出的自由现金流量，可分为公司自由现金流量和股权自由现金流量。

（2）期限。即目标公司现金流量的预测时间。期限长短对公司价值的评估结果会有较大的影响。从理论上讲，目标公司的现金流量的持续时间应当等于公司预计经营期限。在持续经营的假设下，公司将无限期经营下去，这就给预测期限的确定带来了难题。在实践中，可根据具体情况不同来确定期限。如果并购公司对目标公司有一个明确的计划经营期限，就可以按计划经营期限来确定预测期限；如果并购公司对目标公司没有明确的计划经营期限，预测期限一般以对目标公司的持续追加投资的预计内含报酬率等于资本成本之时为时间截止点。

（3）折现率。在价值评估中一般采用资本成本率作为折现率。资本成本与公司的风险水平密切相关。并购决策所采用的折现率需要考虑更多的因素，不仅要考虑目标公司的风险大小，还需要考虑并购之后对公司整体风险的影响。由于在价值评估中采用的现金流量不同，在确定折现率时也应选择不同的资本成本率。如果现金流量采用公司自由现金流量，折现率就应当选择公司的加权平均资本成本率；如果现金流量采用股权自由现金流量，折现率就应当选择股权资本成本率。

5. 答：资产剥离是指公司将其拥有的某些子公司、部门或固定资产等出售给其他经济主体，以获得现金或有价证券的经济活动。股权出售是指公司将持有的子公司的股份出售给其他投资者。与资产剥离相比，资产剥离出售的是公司的资产或部门而非股份，而股权出售是出售公司所持有的子公司的全部或部分股份。一般来说，公司进行资产剥离或者股权出售可能是出于以下原因：

（1）盈利状况欠佳。如果公司的某一子公司或部门的盈利状况欠佳，长期以来其投资收益率无法超过公司要求的最低投资收益率，公司就应考虑将其出售。

（2）经营业务不符合公司的发展规划。有些部门的业务可能不再符合公司的未来发展规划，公司可能希望脱离这一行业，此时就需要对这些部门进行剥离。

（3）负协同效应。负协同效应是指某一部门单独衡量时的价值要超过其在公司整体结构中的价值的情况，即产生 4－1＝5 的情况。也就是说，这个部门对于公司价值的贡献要小于其市场价值，在这种情况下，外部收购者的开价可能超过该部门在母公司中所体现的价值。

（4）资本市场的因素。资产剥离可能会给公司以及被剥离出去的部门在资本市场上赢得更多的机会。

（5）增加现金流入量。公司通过资产剥离出售一些非战略性的资产或部门，能够立刻给公司带来大量的现金流入，改善公司的现金流量状况。

（6）被动剥离。公司进行资产剥离大多是主动的，但有时也可能是被动的，这主要是因为政府的反垄断管制。

6. 答：公司分立是公司收缩经营规模的一种重要方式。一般来说，公司分立的主要动机有以下几种：

（1）提高公司运营效率。公司的生产经营达到一定规模时才是最经济的，生产经营规模太大或太小都不利于提高公司的经济效益。生产经营规模太大，往往会降低管理的效率，容易滋生官僚主义，也会影响公司的经济效益。对规模过于庞大的公司进行分立，有利于加强公司管理，提高运营效率，更好地适应市场变化。

（2）避免反垄断诉讼。当公司的规模过大面临政府的反垄断管制时，就有可能因涉嫌垄断而遭到诉讼。公司分立就可以避免这种诉讼的发生。

（3）防范敌意收购。公司分立可以成为反收购的一种手段。当公司面临敌意收购时，可能会分立出某些部门以降低自身对收购者的吸引力，这种公司分立是一种防御性分立。

（4）公司分立可能会给股东带来财富效应。如果公司分立之后，各新公司的价值之和大于原来公司的价值，就可以为股东带来财富效应。

7. 答：财务危机，也称财务困境或财务失败，是指企业由于现金流量不足，无力偿还到期债务，而被迫采取非常措施的一种状态。企业发生财务危机的主要标志就是现金流量短缺并呈持续状态，无力履行偿还到期债务的义务，不得不采取在现金流量正常情况下不可能采取的非常措施，如变现重要的经营性资产、高息借贷、停发现金股利、债务重组、申请破产等。

在我国，企业出现财务危机的原因主要有：

（1）企业管理结构存在缺陷。企业高级管理层存在结构缺陷，会导致企业重大决策失误，由此可能给企业带来重大损失。

（2）会计信息系统存在缺陷。可靠的会计信息可以帮助管理层及时发现问题，为作出正确的决策提供依据。但是，失败的企业会计信息系统常常是不健全的，主要表现在：缺乏预算控制系统，或者预算控制系统不健全；缺乏现金流量的预测；没有成本核算系统；对资产价值的估值不当。不健全的会计信息掩盖了问题，使财务风险不断积累，直到危机爆发。

（3）面对经营环境的变化，企业不能及时采取恰当的应对措施。

（4）制约企业对环境变化作出反应的因素。来自政府或社会的一些限制因素可能会制约企业对环境变化的反应，降低企业的自由度，导致企业付出较高的成本。

（5）过度经营。企业过度经营有许多表现形式，例如，过度筹资降低了资金利用效率；以牺牲利润率的方式追求销售额的增长等。

（6）盲目开发大项目。管理层过于乐观，盲目开发大项目，高估项目的收入或低估项目的成本，导致企业现金流量紧张。企业经常开发的大项目主要包括并购、多元化经营、开发新产品、项目扩张等。如果管理层对大项目判断错误，就可能导致项目失败，给企业造成重大损失。

（7）高财务杠杆。在经济环境不景气、企业经营业绩下降的情况下，较高的资产负债率会加大财务风险，导致企业发生亏损和现金流量紧张。

（8）常见的经营风险。任何企业都会面对一些常见的经营风险，这些经营风险一般不会导致企业经营失败，但对于实力弱小、管理水平较低的企业来说，常见的经营风险也可能使企业陷入财务危机之中。

8. 答：企业财务危机在发生之前都会存在一定的征兆，如果能事先察觉这些征兆，就可以采取有效措施预防财务危机的发生。一般来说企业在陷入财务危机之前，在财务指标上会表现出以下征兆：

（1）现金流量。企业出现财务危机首先表现为缺乏偿付到期债务的现金流量。如果企业经营活动现金流量不断减少，现金流入小于现金流出，并且这种趋势在短时间内并无好转的迹象，就需要引起管理层的注意，及时采取措施，避免现金流量状况继续恶化。

（2）存货异常变动。保持一定数量的存货对于均衡生产、促进销售有着重要的意义。除季节性生产企业外，对于正常经营的企业来说，存货量应当比较稳定。如果在某一时期企业出现存货大幅增加或大幅减少，发生异常变动，就应当引起注意，这可能是企业财务问题的早期信号。

（3）销售量的非预期下降。销售量的非预期下降会带来严重的财务问题。比如，当一个销售量正在下降的企业仍在扩大向其客户提供赊销时，管理人员就应该预见到其现金流量将面临困境。

（4）利润严重下滑。几乎所有发生财务危机的企业都要历经3～5年的亏损，随着亏损额的增加，历年的积累被蚕食，而长期亏损的企业又很难从外部获得资金支持，这就出现了财务危机的明显征兆，长期下去，企业必然陷入财务困境。

（5）平均收账期延长。收账期是反映企业应收账款周转速度的一个重要指标。平均收账期延长，会增加企业在应收账款方面的投资，占用大量的资金。当企业的现金余额由于客户延迟付款而逐渐减少时，较长的平均收账期就会成为企业严重的财务问题。所以，管理层应重视企业的收账期，以免问题变得更加严重。

（6）偿债能力指标恶化。反映企业偿债能力的财务指标主要有资产负债率、利息保障倍数、流动比率、速动比率等，如果这些财务指标在连续多个会计期间不断恶化，就是财务危机的明显征兆。

9. 答：根据《破产法》的规定，债务人不能清偿到期债务，并且资产不足以清偿全部债务或者明显缺乏清偿能力的，或者有明显丧失清偿能力可能的，债务人或者债权人可以直接向法院申请对债务人进行重整。重整程序是指对陷入财务危机但仍有转机和重建价值的企业，根据一定程序进行重新整顿，使企业得以维持和复兴，并按约定的方式清偿债务的法律程序。启动重整程序后，不对无偿付能力的债务人进行财产清算，而是在法院的主持下，由债务人与债权人达成协议，制定重整计划，规定在一定的期限内，债务人按一定的方式全部或部分清偿债务，同时债务人可以继续经营其业务。重整程序是一种再建型的债务清偿制度，其立法目的在于促进债务人复兴，这是破产法相关法律制度的国际惯例，它使得破产法不仅仅是一个市场退出法和死亡法，还是一个企业恢复生机法和拯救法。在提出破产申请后，陷入困境的企业依然有可能通过有效的重整避免破产清算。在重整期间，债务人可以在管理人的监督下自行管理财产并继续进行经营活动。

10. 答：重整程序与和解程序可以统称为破产重组，但是二者有明显的区别。

重整程序是指对陷入财务危机但仍有转机和重建价值的企业，根据一定程序进行重新整顿，使企业得以维持和复兴，并按约定的方式清偿债务的法律程序。启动重整程序后，不对无偿付能力的债务人进行财产清算，而是在法院的主持下，由债务人与债权人达成协议，制定重整计划，规定在一定的期限内，债务人按一定的方式全部或部分清偿债务，同时债务人可以继续经营其业务。重整程序是一种再建型的债务清偿制度，其立法目的在于促进债务人复兴。

和解程序是指在债务人无法清偿到期债务的情况下，由债务人提出债务和解协议并向法院提出和解申请，经债权人会议通过和法院认可后，按照和解协议规定的条件清偿债务的法律程序。和解程序侧重对债务的清偿，但通常债权人会作出一定的让步，从而使债务人不至于破产清算。

二、练习题

1. 解：A 公司该项收购可获得的并购净收益为：

$$48\,000-26\,000-18\,000-(1\,200+500)=2\,300(\text{万元})$$

2. 解：(1) $15\,000+12\,000+3\,000=30\,000$(万元)

(2) 因为 3 000<4 000，所以合并没有净收益。

(3) 有利，因为合并收益为 3 000 万元。华建公司股东获得 2 000 万元净收益。东海公司股东获得 1 000 万元净收益。

3. 解：(1) 分析：佳利公司收购 10 家华美连锁店，在第 1 年年初需支付 5 000 万元收购款，同时，出售其中的 3 家连锁店可收到 300 万元（100×3）现金，对留下的 7 家连锁店进行升级改造需发生 2 100 万元（300×7）的现金流出，该项改造支出可假定是在第 1 年年初时一次性支付的。改造后的 7 家连锁店在第 1 年年末发生亏损 350 万元（50×7），该项亏损可以抵减所得税 87.5 万元（350×25%），并且改造后的 7 家连锁店每年折旧额为 280 万元（40×7），因此，7 家连锁店在第 1 年年末发生的净现金流量为 17.5 万元（−350+87.5+280）。从第 2 年开始，7 家连锁店每年可实现净利润 787.5 万元（112.5×7），每年可产生净现金流量为 1 067.5 万元（787.5+280）。因此，华美公司的价值可计算如下：

$$
\begin{aligned}
V &= \frac{-350+350\times 25\%+40\times 7}{1+12\%}+\frac{(112.5+40)\times 7}{12\%}\times\frac{1}{1+12\%} \\
&\quad +100\times 3-300\times 7 \\
&=6\,158.333(\text{万元})
\end{aligned}
$$

华美公司的价值高于收购价格，所以该项收购是可行的。

(2) 还需要综合考虑这次并购带来的报酬和风险，比如能否带来协同效应，增加的经营风险、管理层和员工的人员安排等风险，以及所增加的风险是否能够承担，还有并购与企业的经营战略是否相符等问题。

4. 解：海星公司自由现金流量计算如表 12－4 所示。

表 12－4　海星公司自由现金流量计算表　　单位：万元

项目	2021 年	2022 年	2023 年	2024 年
销售收入	12 000	13 200	14 520	15 972
经营成本（不含折旧与利息）	5 100	5 610	6 171	6 788.1
折旧	600	660	726	798.6
利息费用	120	120	120	120
税前利润	6 180	6 810	7 503	8 265.3
所得税费用	1 545	1 702.5	1 875.75	2 066.325
税后利润	4 635	5 107.5	5 627.25	6 198.975
息前税后利润	4 755	5 227.5	5 747.25	6 318.975
资本性支出	800	880	968	1 068
营运资本	2 400	2 640	2 904	3 194.4
营运资本增加额		240	264	290.4
公司自由现金流量（FCFF）		4 767.5	5 241.25	5 762.375

海星公司的价值为：

$$V=\frac{4\ 767.5}{1+12\%}+\frac{5\ 241.25}{(1+12\%)^{2}}+\frac{5\ 762.375}{(1+12\%)^{3}}+\frac{5\ 762.375}{10\%}\times\frac{1}{(1+12\%)^{3}}$$

$$=53\ 551.98(\text{万元})$$

综合模拟题

一、名词解释（每题 2 分，共 10 分）

1. 全面预算
2. 可转换债券
3. 最佳资本结构
4. 财务风险
5. 吸收合并

二、单项选择题（每题 1 分，共 20 分）

1. 下列财务活动中，属于筹资引起的是（　　）。

A. 购买股票　　B. 支付广告费用

C. 支付债券利息　　D. 分配股利

2. 已知某种证券的 β 系数等于 1，则表明该证券（　　）。

A. 无风险

B. 有非常低的风险

C. 与证券市场上所有证券平均风险一致

D. 比证券市场上所有证券平均风险高一倍

3. 在其他条件不变的情况下，如果企业资产负债率增加，则财务杠杆系数将会（　　）。

A. 保持不变　　B. 增大

C. 减小　　D. 变化但方向不确定

4. 下列财务比率中，反映企业短期偿债能力的是（　　）。

A. 现金净流量比率　　B. 所有者权益比率

C. 利息保障倍数　　D. 资产负债率

5. 下列经济业务中，会使企业的速动比率提高的是（　　）。

A. 销售产成品　　B. 收回应收账款

C. 购买短期债券　　D. 用固定资产对外进行长期投资

6. 下列各项中，属于发行公司债券筹资缺点的是（　　）。

A. 资本成本较高　　B. 财务风险较高

C. 分散公司股东控制权　　D. 不利于调整资本结构

7. 下列各项不会影响公司债券估值变化的是（　　）。

A. 债券的市场价格　　B. 债券的票面利率

C. 市场利率　　D. 付息方式

8. 下列筹资方式中，属于间接筹资方式的是（　　）。

A. 发行股票　　B. 发行债券　　C. 银行借款　　D. 投入资本

9. 当营业杠杆和财务杠杆系数都为 1.5 时，联合杠杆系数为（　　）。

A. 3　　B. 2.25　　C. 1.5　　D. 0.75

10. 甲公司的优先股每季度支付股利 1.2 元，年必要投资报酬率为 12%，则该公司优先股的价值是（　　）元。

A. 20　　B. 40　　C. 10　　D. 60

11. 如果某一长期投资项目的净现值为负数，则说明该项目（　　）。

A. 为亏损项目，不可行

B. 为盈利项目，可行

C. 投资报酬率低于预定的折现率，不可行

D. 投资报酬率低于本企业的正常投资报酬率，不可行

12. 在互斥决策或非常规项目决策中，应最好选用（　　）。

A. 内含报酬率法　　B. 净现值法

C. 获利指数法　　D. 投资回收期法

13. 信用条件“2/10，n/30”表示（　　）。

A. 信用期限为 10 天，折扣期限为 30 天

B. 如果在开票后 10～30 天内付款，可享受 2%的折扣

C. 信用期限为 30 天，现金折扣为 20%

D. 如果在 10 天内付款，可享受 2%的现金折扣

14. 下列各项中，可作为应收账款的机会成本的是（　　）。

A. 收集信息的费用　　B. 账簿的记账费用

C. 因故不能收回而发生的损失　　D. 有价证券利息率

15. 领取股利的权利与股票分开的日期是（　　）。

A. 股权登记日　　B. 除息日

C. 股利宣告日　　D. 股利发放日

16. 关于股票分割，下列说法中正确的是（　　）。

A. 导致公司股本规模扩大　　B. 使股东权益总额增加

C. 增加了股东财富　　D. 改变了公司股权结构

17. 赞成公司采用低股利支付率股利政策的理论是（　）。

A. 代理理论　　B. 税收差别理论

C. “一鸟在手”理论　　D. 信号传递理论

18. 下列公司并购中，属于横向并购的是（　）。

A. 服装企业与纺织企业之间的并购

B. 制药企业与房地产企业之间的并购

C. 发电公司与煤炭公司之间的并购

D. 波音公司与麦道公司之间的并购

19. 下列活动中属于资产剥离的是（　）。

A. 公司将一个分公司出售给其他公司

B. 一个公司分成两个新的公司

C. 将公司的一部分业务分离出去另设一个新公司

D. 公司出售其持有的子公司的股权

20. 关于财务危机预警的 Z 计分模型，下列说法中正确的是（　）。

A. 该模型属于定性分析法

B. 该模型属于多变量预警模型

C. 预测的时间越长，其准确性就越高

D. Z 值越高，说明企业破产的可能性越大

三、多项选择题（每题 2 分，共 20 分）

1. 下列各项因素中，引起的风险属于非系统性风险的有（　）。

A. 国家税法变化引起的风险　　B. 公司经营决策失误引起的风险

C. 货币政策变化引起的风险　　D. 公司投资失败引起的风险

E. 公司在法律诉讼中败诉引起的风险

2. 下列财务指标中，反映企业营运能力的有（　）。

A. 市盈率　　B. 速动比率

C. 存货周转率　　D. 总资产周转率

E. 利息保障倍数

3. 股份公司进行股票回购的动机有（　）。

A. 反收购　　B. 为股东避税

C. 提高公司筹资能力　　D. 减少公司自由现金流量

E. 传递股价被低估的信号

4. 下列关于优先股的说法中，正确的有（　）。

A. 具有优先分配股利的权利　　B. 可以优先分配公司的剩余财产

C. 股利一般固定　　D. 享有优先表决权

E. 通过发行优先股可以维持企业的举债能力

5. 每年营业净现金流量的计算方法有（　　）。

A. 每年营业净现金流量＝年营业收入－年付现成本－所得税

B. 每年营业净现金流量＝税后利润＋折旧

C. 每年营业净现金流量＝税后收入－税后成本－税负减少

D. 每年营业净现金流量＝税后收入－税后成本＋税负减少

E. 每年营业净现金流量＝税前利润＋折旧＋所得税

6. 下列关于短期金融资产的说法中，正确的有（　　）。

A. 可以作为现金的替代品　　B. 可直接用作支付手段

C. 具有较高的流动性　　D. 具有较高的变现性

E. 收益高于现金资产

7. 下列关于筹资政策的说法中，正确的有（　　）。

A. 配合型筹资政策可降低公司不能偿还到期债务的风险

B. 激进型筹资政策的资本成本高于配合型筹资政策

C. 激进型筹资政策是一种报酬高、风险大的筹资政策

D. 稳健型筹资政策下，临时性短期负债满足临时性短期资产和长期资产的需要

E. 稳健型筹资政策是一种风险低、报酬低的筹资政策

8. 下列关于股利理论的说法中，正确的有（　　）。

A. 只有在完全资本市场条件下，股利分配政策才不会影响公司价值

B. 当存在不对称税率时，股利政策对公司价值和股票价格就会产生影响

C. 信号传递理论认为投资者与管理层之间的信息是对称的

D. 代理理论认为公司分派现金股利会导致代理成本的上升

E. 高股利支付政策可能会导致外部筹资成本增加

9. 企业并购活动中，股票支付方式的主要优点有（　　）。

A. 不会影响并购公司的每股净资产

B. 不会影响并购公司的现金流量

C. 目标公司的股东没有丧失股权

D. 并购公司原有股东的控制权不会被稀释

E. 目标公司的股东可获得延迟纳税的好处

10. 企业发生财务危机的征兆主要有（　　）。

A. 存货数量多年来没有大的变化

B. 平均收账期延长

C. 关联企业趋于倒闭

D. 经营活动现金流量减少

E. 企业信用等级降低

四、简答题（每题5分，共20分）

1. 财务战略选择的依据有哪些？

2. 可转换债券筹资的优缺点有哪些？

3. 营运资本管理中应遵循什么原则？

4. 如何理解并购实现的多元化经营有利于公司价值的提高？

五、计算与分析题（每题6分，共18分）

1. 已知新中公司现金收支平稳，预计全年（按360天计算）现金需要量为360 000元，现金与有价证券的转换成本为每次300元，有价证券年均报酬率为6%。

要求：

（1）运用存货模型计算最佳现金持有量。

（2）计算最佳现金持有量下的最低现金管理相关总成本、全年现金转换成本和全年现金持有机会成本。

2. 永利公司因业务发展需要，准备购入一套新的生产设备。经市场调查后，确定有甲、乙两个供应商提供的设备可满足要求，甲、乙设备均可使用5年，都采用直线法计提折旧。所不同的是，甲设备投资需40万元，5年后设备无残值；乙设备投资需50万元，但5年后有残值8万元。如果采用甲设备，未来5年中每年可实现销售收入20万元，支付相关的付现成本5万元；如果采用乙设备，需垫支营运资本5万元，未来5年中每年的销售收入可达25万元，第一年需支付付现成本6万元，以后随着设备的使用，逐年需增加日常维护费5 000元。假设所得税税率为25%。

要求：

（1）试计算选用不同设备的现金流量。

（2）如果该公司资本成本率为10%，试用净现值法对两个设备做出选择。

3. 星火公司在当前信用政策下的经营情况如表1所示。

表1 星火公司的经营情况

项目	数据
S_0：销售收入（元）	300 000
P'：销售利润率	18%
$\overline{C}_0$：平均收现期（天）	45
$\overline{B}_0$：平均坏账损失率	5%
R_0：应收账款占用资金的机会成本率	12%

星火公司准备对信用标准进行调整，财务部门提出A，B两个方案。按照新方案，销售收入和应收账款可能发生的变化如表2所示。

表2 星火公司备选信用方案的影响

项目	A方案（较紧的信用标准）	B方案（较松的信用标准）
销售收入	减少30 000元	增加45 000元
收现期	销售收入减少部分的平均收现期为75天，剩余部分的平均收现期降为30天	销售收入增加部分的平均收现期为90天，原300 000元的平均收现期仍为45天
坏账损失率	销售收入减少部分的坏账损失率为8%，剩余部分的平均坏账损失率降为5.5%	销售收入增加部分的坏账损失率为12%，原300 000元的平均坏账损失率仍为6%

要求：请帮助星火公司对两个备选方案进行分析并作出决策。

六、论述题（每题12分，共12分）

试论述企业投资决策中折现现金流量指标的应用。

综合模拟题参考答案

一、名词解释（每题2分，共10分）

1. 全面预算：是企业根据战略规划、经营目标和资源状况，运用系统方法编制的企业经营、资本、财务等一系列业务管理标准和行动计划，据以进行控制、监督和考核、激励。企业的全面预算主要由营业预算、资本预算和财务预算构成。

2. 可转换债券：简称可转债，是指由公司发行并规定债券持有人在一定期限内按约定的条件可将其转换为发行公司普通股的债券。

3. 最佳资本结构：是指企业在适度财务风险的条件下，使其预期的综合资本成本率最低，同时企业价值最大化的资本结构。它应作为企业的目标资本结构。

4. 财务风险：也称筹资风险，是指企业经营活动中与筹资有关的风险，尤其是指在筹资活动中利用财务杠杆可能导致企业所有者收益下降的风险，甚至可能导致企业破产的风险。

5. 吸收合并：也称兼并，是指由一家公司吸收另一家或多家公司加入本公司，吸收方存续，被吸收方解散并取消法人资格的合并方式。存续公司应承接被吸收合并公司的所有资产和负债。

二、单项选择题（每题1分，共20分）

1. C	2. C	3. B	4. A	5. A
6. B	7. A	8. C	9. B	10. B
11. C	12. B	13. D	14. D	15. B
16. A	17. B	18. D	19. A	20. B

三、多项选择题（每题2分，共20分）

1. BDE	2. CD	3. ABDE	4. ABCE	5. ABD
6. ACDE	7. ACE	8. ABE	9. BCE	10. BCDE

四、简答题（每题 5 分，共 20 分）

1. 答：(1) 财务战略的选择必须与宏观周期相适应。在经济复苏阶段适宜采取扩张型财务战略；在经济繁荣期适宜先采取扩张型财务战略，再转为稳健型财务战略；在经济衰退期应采取防御型财务战略。

(2) 财务战略的选择必须与企业的发展阶段相适应。初创期和扩张期，可采取扩张型财务战略；在稳定期，可采取稳健型财务战略；在衰退期，可采取防御或收缩型财务战略。

(3) 财务战略的选择必须与企业经济增长方式相适应。在企业从粗放型增长向集约型增长转变的过程中，一方面要调整企业投资战略，加大基础项目的投资力度；另一方面，要加大财务制度创新力度，建立与现代企业制度相适应的现代企业财务制度。

2. 答：(1) 发行可转换债券是一种特殊的筹资方式，其优点主要是：

1) 有利于降低资本成本。可转换债券的利率通常低于普通债券，故在转换前，可转换债券的资本成本低于普通债券；转换为股票后，又可节省股票的发行成本，从而降低了股票的资本成本。

2) 有利于筹集更多资本。可转换债券的转换价格通常高于发行时的股票价格，因此，可转换债券转换后，其筹资额大于当时发行股票的筹资额；另外也有利于稳定公司的股价。

3) 有利于调整资本结构。可转换债券是一种兼具债务筹资和股权筹资双重性质的筹资方式。可转换债券在转换前属于发行公司的一种债务，若发行公司希望可转换债券持有人转股，还可以借助诱导，促其转换，借以调整资本结构。

4) 有利于避免筹资损失。当公司的股票价格在一段时期内连续高于转换价格超过某一幅度时，发行公司可按赎回条款中事先约定的价格赎回未转换的可转换债券，从而避免筹资损失。

(2) 可转换债券筹资也有不足，其缺点主要是：

1) 转股后可转换债券筹资将失去利率较低的好处。

2) 若确需股票筹资，但股价并未上升，可转换债券持有人不愿转股时，发行公司将承受偿债压力。

3) 若可转换债券转股时股价高于转换价格，则发行公司将遭受筹资损失。

4) 回售条款的规定可能使发行公司遭受损失。当公司的股票价格在一段时期内连续低于转换价格并达到一定幅度时，可转换债券持有人可按事先约定的价格将所持债券回售公司，从而使发行公司受损。

3. 答：(1) 认真分析生产经营状况、合理确定营运资本的需要数量；

(2) 在保证生产经营需要的前提下，节约使用资金；

(3) 加速营运资本的周转，提高资金的利用效率；

(4) 合理安排短期资产与短期负债的比例关系，保障企业有足够的短期偿债能力。

4. 答：(1) 公司多元化经营可以给公司管理者和其他雇员提供工作的安全感和晋升的机会，并且在其他条件不变的情况下，可以降低公司的劳动力成本。

(2) 多元化经营可以保证公司业务活动的平稳有效过渡以及公司团队的连续性，提高对人力资源的利用效率。

(3) 多元化经营有利于保护公司的商业声誉，提高公司价值。公司在经营过程中可能会形成良好的商业声誉。

(4) 多元化经营可以提高公司的举债能力，并且降低由于并购活动而引起的现金流量的波动，给公司带来财务协同效应和税收上的利益。

五、计算与分析题（每题6分，共18分）

1. 解：(1) 最佳现金持有量 $=\sqrt{\frac{2\times 360\ 000\times 300}{6\%}}=60\ 000$(元)

(2) 最低现金管理相关总成本 $=(60\ 000/2)\times 6\%+(360\ 000/60\ 000)\times 300$
$=3\ 600$(元)

全年现金转换成本 $=(360\ 000/60\ 000)\times 300=1\ 800$(元)

全年现金持有机会成本 $=(60\ 000/2)\times 6\%=1\ 800$(元)

2. 解：(1) 甲设备每年折旧额 $=400\ 000/5=80\ 000$(元)

乙设备每年折旧额 $=(500\ 000-80\ 000)/5=84\ 000$(元)

甲、乙设备的营业现金流量计算如表1、表2所示。

表1 甲设备的营业现金流量 单位：元

项目	第1年	第2年	第3年	第4年	第5年
销售收入	200 000	200 000	200 000	200 000	200 000
付现成本	50 000	50 000	50 000	50 000	50 000
折旧	80 000	80 000	80 000	80 000	80 000
税前利润	70 000	70 000	70 000	70 000	70 000
所得税费用	17 500	17 500	17 500	17 500	17 500
税后利润	52 500	52 500	52 500	52 500	52 500
现金流量	132 500	132 500	132 500	132 500	132 500

表2 乙设备的营业现金流量 单位：元

项目	第1年	第2年	第3年	第4年	第5年
销售收入	250 000	250 000	250 000	250 000	250 000
付现成本	60 000	65 000	70 000	75 000	80 000

续表

项目	第1年	第2年	第3年	第4年	第5年
折旧	84 000	84 000	84 000	84 000	84 000
税前利润	106 000	101 000	96 000	91 000	86 000
所得税费用	26 500	25 250	24 000	22 750	21 500
税后利润	79 500	75 750	72 000	68 250	64 500
现金流量	163 500	159 750	156 000	152 250	148 500

选用甲、乙设备的现金流量计算如表3、表4所示。

表3　选用甲设备的现金流量计算表　　单位：元

项目	第0年	第1~5年
固定资产投资	−400 000	
营业现金流量		132 500
现金流量	−400 000	132 500

表4　选用乙设备的现金流量计算表　　单位：元

项目	第0年	第1年	第2年	第3年	第4年	第5年
固定资产投资	−500 000					
营运资本垫支	−50 000					
营业现金流量		163 500	159 750	156 000	152 250	148 500
固定资产残值						80 000
营运资本回收						50 000
现金流量	−550 000	163 500	159 750	156 000	152 250	278 500

(2) 计算甲设备的净现值。

$$NPV_{甲}=-400\ 000+132\ 500\times PVIFA_{10\%,5}$$
$$=-400\ 000+132\ 500\times 3.791=102\ 307.5(\text{元})$$

计算乙设备的净现值。

$$NPV_{乙}=-550\ 000+163\ 500\times PVIF_{10\%,1}+159\ 750\times PVIF_{10\%,2}+156\ 000\times PVIF_{10\%,3}+152\ 250\times PVIF_{10\%,4}+278\ 500\times PVIF_{10\%,5}$$
$$=124\ 666.25(\text{元})$$

因为选用乙设备可产生更大的净现值，所以应选用乙设备。

3. 解：对两个备选方案的收益和成本进行分析，如表5所示。

表 5　收益和成本分析

项目	A 方案（较紧的信用标准）	B 方案（较松的信用标准）
销售利润	$P_A=(S_0-\Delta S_A)\times P'$ $=(300\ 000-30\ 000)\times 18\%$ $=48\ 600$（元）	$P_B=(S_0+S_B)\times P'$ $=(300\ 000+45\ 000)\times 18\%$ $=62\ 100$（元）
应收账款机会成本	$I_A=\left[(S_0-\Delta S_A)\times\frac{\overline{C}_A}{360}\right]\times R_0$ $=(300\ 000-30\ 000)\times 12\%\times\frac{30}{360}$ $=2\ 700$（元）	$I_B=\left[(S_0+\Delta S_B)\times\frac{\overline{C}_B}{360}\right]\times R_0$ $=(300\ 000\times\frac{45}{360}+45\ 000\times\frac{90}{360})\times 12\%$ $=5\ 850$（元）
坏账损失	$K_A=(S_0-\Delta S_A)\times\overline{B}_A$ $=(300\ 000-30\ 000)\times 5.5\%$ $=14\ 850$（元）	$K_B=(S_0+\Delta S_B)\times\overline{B}_B$ $=300\ 000\times 6\%+45\ 000\times 12\%$ $=23\ 400$（元）
净收益	$P_{mA}=P_A-I_A-K_A$ $=48\ 600-2\ 700-14\ 850$ $=31\ 050$（元）	$P_{mB}=P_B-I_B-K_B$ $=62\ 100-5\ 850-23\ 400$ $=32\ 850$（元）

因为选用较宽松的信用政策能给企业带来更多的净收益，所以应选择 B 方案。

六、论述题（每题 12 分，共 12 分）

答：(1) 投资决策中的折现现金流量指标主要有净现值、内含报酬率、获利指数以及折现的投资回收期等。这类指标的使用体现了折现现金流量的思想，即把未来现金流量折现，使用现金流量的现值计算各种指标，并据以进行决策。净现值是投资项目投入使用后的净现金流量，按资本成本率或企业要求达到的报酬率折算为现值，减去初始投资以后的余额；内含报酬率是使净现值为零的报酬率，反映了投资项目的真实报酬；获利指数是投资项目未来报酬的总现值与初始投资额的现值之比。这些折现现金流量指标可把不同时间点收入或支出的现金按统一的折现率折算到同一时间点上，使不同时期的现金具有可比性，因此在企业投资决策中得到广泛使用。

(2) 在多数情况下，运用净现值和内含报酬率这两种方法得出的结论是相同的。但在如下两种情况下，有时会产生差异。

1) 互斥项目。对于常规的独立项目，净现值法和内含报酬率法的结论是完全一致的，但对于互斥项目，有时就会不一致。不一致的原因主要有两个：投资规模不同及现金流量发生的时间不同。

第一，当一个项目的投资规模大于另一个项目时，规模较小的项目的内含报酬率可能较大但净现值可能较小。在互斥项目中，净现值和内含报酬率的比较实际是在更多的财富和更高的报酬率之间的选择，很显然，决策者将选择财富。所以，当互斥项目投资规模不同并且资金可以满足投资规模时，净现值决策规则优于内含报酬率决策规则。

第二，有的项目早期现金流入量比较大，而有的项目早期现金流入量比较小。之所以会产生现金流量发生时间的问题，是因为“再投资率假设”，即两种方法假定投资项目使用过程中产生的现金流量进行再投资时，会产生不同的报酬率。净现值法假定产生的现金流入量重新投资会产生相当于企业资本成本的利润率，而内含报酬率法却假定现金流入量重新投资产生的利润率与此项目特定的内含报酬率相同。

2）非常规项目。非常规项目的现金流量形式在某些方面与常规项目有所不同，如现金流出不发生在期初或者期初和以后各期有多次现金流出等。非常规项目可能会导致净现值决策规则和内含报酬率决策规则产生的结论不一致。一种比较复杂的情况是：当不同年度的未来现金流量有正有负时，就会出现多个内含报酬率的问题。例如，企业付出一笔初始投资后，在项目经营过程中会获得正的现金流量，而在项目结束时需要付出一笔现金进行环境清理。

（3）当初始投资不同时，采用净现值决策和采用获利指数决策会产生差异。由于净现值法是用各期现金流量现值减初始投资，是一个绝对数，代表投资的效益或者是给公司带来的财富；而获利指数是用现金流量现值除以初始投资，是一个相对数，代表投资的效率，因此评价的结果可能会不一致。

（4）在没有资金限制的情况下，利用净现值法在所有的投资评价中都能作出正确的决策。而利用内含报酬率和获利指数在独立项目评价中也能作出正确的决策，但在互斥选择决策或非常规项目决策中有时会得到错误的结论。最高的净现值符合企业的最大利益，净现值越高，企业的收益越大，因此，在没有资金限量情况下的互斥选择决策中，应选用净现值较大的投资项目。可以说，在折现现金流量评价方法中，净现值法是最好的评价方法。

图书在版编目(CIP)数据

《财务管理学（第 9 版·立体化数字教材版）》学习指导书/王化成，刘俊彦，荆新主编. --北京：中国人民大学出版社，2021.9

中国人民大学会计系列教材

ISBN 978-7-300-29852-8

Ⅰ.①财… Ⅱ.①王… ②刘… ③荆… Ⅲ.①财务管理-高等学校-教材 Ⅳ.①F275

中国版本图书馆 CIP 数据核字（2021）第 182069 号

国家级教学成果奖

中国人民大学会计系列教材

《财务管理学（第 9 版·立体化数字教材版）》学习指导书

主编　王化成　刘俊彦　荆　新

《Caiwu Guanlixue（Di 9 Ban·Litihua shuzi Jiaocai Ban）》Xuexi Zhidaoshu

---

出版发行	中国人民大学出版社		
社　　址	北京中关村大街 31 号	**邮政编码**	100080
电　　话	010－62511242（总编室）		010－62511770（质管部）
	010－82501766（邮购部）		010－62514148（门市部）
	010－62515195（发行公司）		010－62515275（盗版举报）
网　　址	http://www.crup.com.cn		
经　　销	新华书店		
印　　刷	北京溢漾印刷有限公司		
开　　本	787 mm×1092 mm　1/16	**版　　次**	2021 年 9 月第 1 版
印　　张	18.5 插页 1	**印　　次**	2024 年 8 月第 8 次印刷
字　　数	350 000	**定　　价**	42.00 元

中国人民大学出版社　管理分社

教师教学服务说明

中国人民大学出版社管理分社以出版工商管理和公共管理类精品图书为宗旨。为更好地服务一线教师，我们着力建设了一批数字化、立体化的网络教学资源。教师可以通过以下方式获得免费下载教学资源的权限：

- 在中国人民大学出版社网站 www.crup.com.cn 进行注册，注册后进入“会员中心”，在左侧点击“我的教师认证”，填写相关信息，提交后等待审核。我们将在一个工作日内为您开通相关资源的下载权限。
- 如您急需教学资源或需要其他帮助，请加入教师 QQ 群或在工作时间与我们联络。

中国人民大学出版社　管理分社

教师 QQ 群：648333426（工商管理）　114970332（财会）　648117133（公共管理）
教师群仅限教师加入，入群请备注（学校＋姓名）

联系电话：010-62515735，62515987，62515782，82501048，62514760

电子邮箱：glcbfs@crup.com.cn

通讯地址：北京市海淀区中关村大街甲 59 号文化大厦 1501 室（100872）

管理书社　　人大社财会　　公共管理与政治学悦读坊